多维数据驱动下电力能源运营与投资管理研究

浦正宁 著

中国财经出版传媒集团
中国财政经济出版社

图书在版编目（CIP）数据

多维数据驱动下电力能源运营与投资管理研究／浦正宁著 . -- 北京：中国财政经济出版社，2021.12
ISBN 978 - 7 - 5223 - 0989 - 7

Ⅰ.①多… Ⅱ.①浦… Ⅲ.①电力工业－工业企业－运营管理－研究－中国 ②电力工业－工业企业－投资－研究－中国 Ⅳ.①F426.61

中国版本图书馆 CIP 数据核字（2021）第 247234 号

责任编辑：段　钢　　　　　　责任印制：史大鹏
封面设计：卜建辰　　　　　　责任校对：胡永立

中国财政经济出版社 出版

URL：http://www.cfeph.cn
E-mail：cfeph@cfeph.cn

（版权所有　翻印必究）

社址：北京市海淀区阜成路甲 28 号　邮政编码：100142
营销中心电话：010 - 88191522
天猫网店：中国财政经济出版社旗舰店
网址：https://zgczjjcbs.tmall.com
北京财经印刷厂印刷　各地新华书店经销
成品尺寸：170mm×240mm　16 开　14.5 印张　223 000 字
2021 年 12 月第 1 版　2021 年 12 月北京第 1 次印刷
定价：68.00 元
ISBN 978 - 7 - 5223 - 0989 - 7
（图书出现印装问题，本社负责调换，电话：010 - 88190548）
本社质量投诉电话：010 - 88190744
打击盗版举报热线：010 - 88191661　QQ：2242791300

前　　言

2015年，一个偶然的机会下，经同事的介绍，我参加了一个由国家电网某省分公司所发起的管理咨询项目。项目的目的是希望看看当时建立的一套内部数据管理系统所总结产生的数据能否对县级子公司的管理效能提供改善。那是我第一次以一段完整的时间和电力系统基层子公司的相关同志聚在一起，近距离地感受到相关工作的压力与不易。同时，那也是我第一次开始对这种超大型企业中数据流与企业管理优化的问题产生兴趣。

在第一次合作顺利完成后，秉承着中国"一回生，二回熟"的传统，我又陆续与多家不同国家电网系统下的省、市公司进行合作，研究问题也基本围绕着电力企业在运行与运营中所产生的大量数据该如何予以有效推进企业的管理为话题所展开。在多位通情达理的项目发起人的"容忍"下，我和整个研究团队得以较为"任性"地以学术探讨的方式对包括电力能源运营管理以及电力能源投资管理在内的相关问题进行研究，并"自由自在"地将相关研究结果写在了研究报告当中。回首望去，这些研究的积淀与积累，已成为一个可以进一步探索的科学性研究方向，甚至还培养出了数位学生。本着继往开来的心态，我将过往七年内相关研究中感觉有趣及有价值的部分予以整理，形成了本书的原稿。

在本书中，将分别以"多维数据驱动下的电力能源运营管理"以及"多维数据驱动下的电力能源投资管理"为上下篇，分别对不同维度的电力能源运营数据针对电力企业在运营中不同问题的管理辅助效能展开探讨。这其中既包含了源自电力系统运营中所产生的高频类大数据，也包含了在企业运营和核算中所产生的企业业务数据。尽管这些分析依然处于初步阶段，但我们依然希望这些不成熟的研究能为未来同领域的研究者或感兴趣的读者带来启发与参考。

目　　录

上篇　多维数据驱动下的电力能源运营管理

第一章　数据管理与电力能源运营管理 ………………………… 3

　　第一节　电力能源运营管理背景 ………………………………… 3

　　第二节　相关问题研究的意义 …………………………………… 7

第二章　电力供需配网规划分析 ………………………………… 10

　　第一节　配网规划问题 …………………………………………… 10

　　第二节　配网规划模型选择 ……………………………………… 11

　　第三节　配网规划模型构建与仿真 ……………………………… 12

　　第四节　配网规划结果与启示 …………………………………… 22

第三章　电力供需管理决策基础 ………………………………… 23

　　第一节　电力供需管理决策的数据基础 ………………………… 23

　　第二节　电力供需管理决策的评价指标体系 …………………… 30

第四章　电力供需管理决策实证 ………………………………… 44

　　第一节　电力供需管理决策方法 ………………………………… 44

　　第二节　基于"县公司一套表"的数据挖掘应用 ……………… 65

第五章 政策冲击对电力供需影响分析 ················· 102

 第一节 "一带一路"倡议对电力供需的影响 ··············· 102

 第二节 生态省战略及供给侧结构性改革对电力供需影响分析 ······· 115

上篇 主要结论 ····························· 121

下篇 多维数据驱动下的电力能源投资管理

第六章 企业投资经营策略概述 ····················· 127

 第一节 企业投资经营策略 ······················· 127

 第二节 不同类型企业投资经营策略差异 ················ 129

 第三节 电网企业经营宏观环境 ···················· 129

 第四节 区域型电网企业投资经营的策略 ················ 131

第七章 国内典型企业投资经营策略分析 ················ 138

 第一节 国家电网投资经营策略 ···················· 138

 第二节 南方电网投资经营策略 ···················· 142

 第三节 两家能源企业策略对比 ···················· 146

 第四节 电力投资发展演化分析 ···················· 148

 第五节 新时期我国电力投资启示 ··················· 153

第八章 我国电力行业投资经营现状 ·················· 160

第九章 电网企业的投资效率的影响因素 ················ 165

 第一节 生产要素 ·························· 165

 第二节 需求条件 ·························· 167

 第三节 相关与支持性产业 ······················ 168

第四节　企业组织、战略与竞争 ·· 169

第五节　政府 ·· 171

第十章　省级电网企业投资效率分析 ·· 175

第一节　模型选择 ·· 175

第二节　模型构建 ·· 177

第三节　模型分析与讨论 ··· 178

第十一章　项目投资效率分析 ·· 184

第一节　项目投资的计量分析 ··· 184

第二节　项目投资的收益率分析 ··· 184

第三节　项目投资的有效性分析 ··· 186

第十二章　国家电网某省电力有限公司改进投资经营策略的辅助评价工具 ······ 189

第一节　行业评估工具 ·· 189

第二节　项目评估工具 ·· 190

第三节　团队评估工具 ·· 191

第四节　合规评估工具 ·· 191

下篇　主要结论 ·· 192

附录 ·· 194

附录一　基于"一套表"关键性指标测算方法 ······················· 194

附录二　基于"县公司一套表"评价指标体系 ························ 210

参考文献 ·· 218

上篇 多维数据驱动下的电力能源运营管理

与多数可能产生大数据或多维海量数据的企业一样,电力能源企业主要的数据维度来源,是源自其日常经营活动。而由于电力能源的供应是由不同层级的电能企业以基本不会停止的实时运行状态进行统计,这使在电力企业的日常运营、项目建设与维护中,会出现大量不同管理层级、不同时间跨度下的运行数据。如何运用有效的分析方法与工具对这些数据,以及结合相关数据与宏观分析数据一道展开有效分析,并尝试将分析的结果在具体的经营事项中起到决策辅助支撑的作用,始终是一个令人好奇的问题。

在本书的上篇中,我们在梳理了以国家电网公司为代表的我国电力能源企业对于内部不同层级,尤其是基层公司运行数据统计管理相关制度的基础上,分别从电力供需配网规划、电力供需调度管理决策以及政策冲击对区域电力冲击的影响三个视角,利用从瞬时数据到年度数据的不同数据层级,考察了在配网决策、电力供应系统维护、地方经济发展决策发展支撑以及国家宏观政策冲击响应等方面,不同维度的数据可进行不同的经济管理分析模型的处理,并形成针对对应问题的有效决策辅助支撑。

第一章

数据管理与电力能源运营管理

第一节 电力能源运营管理背景

在电力企业中,如何有效利用自身的经营数据实现更好的企业经营管理的问题由来已久。以国家电网为例,在企业的内部构建数据中台进行统合数据管理以促进电力运营管理,以及设立内部通用统计报表制度,以保证基层数据在电力供需决策中可以进行有效利用,成为企业早期实践中重要的工作经验。

一、数据统合与电力运营管理

(一)"一库三中心"的建立[①]

国家能源局在"十三五"期间的能源电力规划中部署了调整电力结构,优化电源布局,升级配电网,增强系统调节能力,提高电力系统效率的工作任务。为加快调整优化,转型升级,构建清洁低碳、安全高效的现代电力工业体系,以国家电网为代表的国内输配电企业均纷纷开始强化自身内部的综合数据管理,以期将企业中各运营部门产生的海量运营数据融合运用,形成统一的数据中台,以中台数据运营提升企业管理的效率。为实现数据的有效融合利用,国家电网公司的做法是以企业内部已存在的"一库三中心"为建设基础,力

---

① 有关一库三中心与一套表发展部分内容参考自:高骞,易波,徐超,等."县级供电企业生产经营统计一套"表辅助决策模式研究[J].企业导报,2016(9):88-89.

求提升"一库三中心"中数据的统合,并希望以多频次数据的综合利用实现各级公司管理决策的应用对区域配网的管理统计分析做出科学决策。

电力发展的"十三五"蓝图中明确提出要大力发展新能源,优化调整开发布局。改善电源结构,进一步优化电源结构按照集中开发与分散开发并举、就近消纳为主的原则优化风电布局,统筹开发与市场消纳,有序开发风电、光电。积极发展水电,统筹开发与外送。在坚持生态优先和移民妥善安置前提下,积极开发水电。安全发展核电,推进沿海核电建设。加快煤电转型升级,促进清洁有序发展。面对多分布式电源接入电网,无疑给配网的管理带来更大的负担,因此需要借助"一库三中心"强大的数据分析、统计处理能力,为电网运行、政府决策提供了强有力的决策依据。同时,如何更好地利用"一库三中心"数据计算平台进行以可靠性和经济效益为核心的配网管理统计分析以及决策模型成为一个值得探讨的话题。

而在电网发展方面,随着电网智能化、信息化进程的不断推进,其数字化程度越来越高,产生的监测和统计数量不断增大。因此有必要针对区域配网管理的大量数据进行分析探索,使之能产生对电网运行起到作用的有效信息。对于中国庞大的电网规模、海量的运行数据,大数据思想更是不可缺少。现今电网运行数据的数据量极为庞大,需要统计的面很广,统计数据也极其庞大,所以借助"一库三中心"进行处理,可以达到辅助分析和精确预测的目的。

(二)"一库三中心"的运用

"一库三中心"建设是基于先进管理理念,融合大数据技术,实现数据统计整理、发布查询、分析展示、决策支撑全过程的一体化集成应用,能够实现统计资源管理、统一数据存储、专业数据分析、科学监督决策,能够拓展发布形式、建立决策模式、持续推动统计服务现代化。

从实践来看,"一库三中心"运用主要如下:

1. 现代化电网评估指标体系的构建

构建"可靠性为核心、智能化为导向、全寿命周期为经济校核"的现代化电网评估指标体系,对电网的多重指标进行评估。

2. 电力供需与经济发展关联性分析

利用国家电网"一库三中心"数据源分析电力公司所在地区经济发展及

电力供需现状，可以深入分析电力需求随着经济发展的变化特征，研究电力需求与经济发展的内在关系，以期为电力需求预测分析、未来经济发展趋势分析提供理论依据。

3. 年度投资计划方案优选

利用国家电网"一库三中心"数据源，可以确定投资总额、对电力公司投资排序以及各电力公司投资额的分配。

4. 政府能效监测预警体系构建

建立了考虑能源消费、用能结构、经济结构变化、能源强度变化等因素的能效监测预警体系，依托相关平台对经济数据和电力消费数据进行综合性分析判断，尝试为各级政府的区域经济用能结构发展态势分析提供有效的决策支撑，进而帮助各级政府实现对节能减排和耗能等情况的预测与预警。

5. 分析经济、气象因素对电力市场的影响

利用国家电网"一库三中心"的基础数据库，对"十三五"社会经济发展主要指标和电力发展主要指标进行了预测，为电量预测提供决策支撑。

二、电力供需管理决策[①]

国家统计局早在20世纪90年代早期，就要求建立包括企业、事业、行政单位基层统计一套表制度。这一制度的最早实践，是在全国范围内以1993年年报和1994年定期报表的方式付诸实施。然而在制度实施过程中，受客观环境限制，电力企业的县级单位生产经营统计套表（即国家电网内部所简称"县公司一套表"）制度的运用，并未顺利展开。随着统计体制改革的深入、统计体制和统计方法的不断完善、信息技术的迅速发展，制约《县公司统计表》实施的部分条件得到了很大改善。

近年来，国家电网在内部基本实现了全公司统一的管理模式、管理标准和业务流程，建立统一的信息平台，加大资源重组整合和集约调控力度，提高人

---

① 一套表相关介绍部分细节参考自：桑学勇，何佳，王永勇．"一套表"推进农网管理精益化[J]．国家电网，2014（10）：82-83．汪路．探析县级供电企业生产经营一套表的应用实践[J]．统计与管理，2015（1）．

员、财产、物资的集中度和控制度，实现规模经济效益最大化。同时，该公司也初步建立完善了围绕企业规划、建设、经营、生产、营销等重大业务领域，全面推进管理体制和工作机制创新，转变组织结构，创新管理方法，优化业务流程的统一体系。这种制度上的改变，使该公司内部县级单位可以彻底作为贯彻公司"横到边、纵到底"精益化管理的主体，获得有效的管理与控制。在数据管理工作上的直接体现，则是国家电网的各县级作为统计分析工作的基础源头，已可初步提供较完善的"一套表"相关资料，形成基本完成的统计数据报送制度。

2012年末，国家电网公司在相关会议中提出了融合现有工作，建设一个国家电网统计"一库三中心"的目标管理任务。为贯彻落实"大规模规划"制度要求，完善县级单位的规划和统计管理，制定并颁布了一套县公司生产经营统计表。通过实践，"一套县级企业统计分析表"的统计分析工作进展顺利，对夯实县级企业单元数据库、提高基层分析能力发挥了重要作用。针对这一工作，国家电网在沿海地区的某省电力有限公司较早地将相关要求付诸实践。

国网某省电力有限公司发展主要可以从事某省境内电网建设、管理，经营某境内电量销售人员业务，是目前某省规模最大的国有中小企业，也是一个国家电网公司信息系统实现规模最大的省级电力公司。该司下辖13个市供电分公司、59个县（市、区）供电分公司。2013年以来，根据统一部署的国有网络《县级企业统计表》统计，全省积极指导下属51家县级企业开展相应工作。县级供电公司在成功完成相关统计报表的基础上，还积极开展了基于一套表格的数据分析和应用尝试，希望能将一套表格的统计数据与县级公司的日常运作结合起来，为县级公司的日常管理决策提供支持。

2015年，国网某省电力有限公司将基于"县公司一套表"深化应用的县级供电企业综合辅助决策模式主要研究作为社会发展策略以及管理会计领域的重要学习任务，旨在通过"县公司一套表"，系统归集各专业相关数据，通过一个相对固化的分析模板，综合分析电网运行、公司生产经营活动等方面的薄弱点、薄弱站、薄弱线，反映基层员工工作成效，支撑电网规划、综合计划及经营风险管理，服务县公司组织领导和上级单位人力资源统筹和决策。希望通过构建科学合理的辅助决策模型,并逐步将其应用到实际工作中,为提高公司管理决策的科学性、提高企业经营绩效水平做出有益的探索,并期望取得相应的成果,成为国有网络公司提高统计管理的助力。

第二节 相关问题研究的意义

一、宏观层面

随着我国电力企业体制改革的深入、电力市场体系的重构和竞争的激烈,国家电网公司为从根本上加强县级供电企业管理,提高其综合实力,启动了供电企业信息化建设活动。近年来,电力 MIS 系统、客户服务系统等现代化管理手段也相继投入使用,供电企业的信息化水平得到了有效提高。国家电网公司发展提出分阶段逐步实现网络营销管理现代化的具体措施和要求,各地电力公司需要根据我国市场经济需求,转变营销观念,调整营销理论体系,积极建设营销管理会计信息技术系统以提高自身竞争能力。

县级供电企业作为实施公司"横向到边、纵向到底"精益管理的主体和公司统计工作的基本源泉,应引入精益管理项目,加强自身管理,改进信息化建设技术,提高竞争力,以实现"清工、规范工、减工"的目标,建立基于"一套县级公司表"的辅助决策系统,使管理者的工作从事务型向思维型转变、从后处理到预测型转变,为供电企业的管理和决策提供科学依据。

从宏观角度来看,它有以下主要含义。

(1)在新常态的经济社会发展研究阶段下,利用综合分析数据辅助地方政府可以进行管理科学决策,服务地方经济。

在新的经济形势下,县级地方政府越来越多地依靠供电等一系列非统计数据作为决策支持依据。在这种情况下,"县公司一套表"中相关信息的有效整合,将使县供电公司的相关数据更有效地与地方政府的需求相结合,更好地协调县供电公司与县政府的关系,改善县供电公司的经营环境。

(2)规划管理工作向常态化转变,计划型统计研究工作向分析预警型发展。

县级供电企业是电网的基层单位，实现县级供电企业精益化管理，有利于县级供电企业由粗放型向集中型精益化转变，有利于实施"三个集中管理"，构建"五大"体系，有利于县级供电企业有序地实施自下而上、分层次的组织结构管理，从而有效提高国家电网公司"五位一体"建设工作的速度。

二、微观层面

通过开展"一套表"数据融合工作，不仅降低了各级统计人员的工作强度，而且提高了工作效率，进一步提高了统计工作质量，有效地支持了企业的科学决策，具体做法如下：

（1）实现自动统计，提高统计数据质量，推动跨专业协同发展合作。

通过数据融合工作，改变了统计数据的生产过程，使规划信息平台能够同步生成和自动填写各种专业指标，大大提高了统计工作的质量和效率，提高了数据资源的利用效率，实现了统计工作的自动化。"县公司建立一套表"的数据融合发展工作，是为消除"信息孤岛"和统计分析数据安全管理的碎片化，助推各系统间的横向融合，加强邻近业务操作系统的共通联动，做到统计系统与业务处理系统的无缝衔接，提高企业统计调查数据环境质量管控效能，提升统计服务能力水平的有益探索和创新实践。"县公司建立一套表"数据融合工作贯穿省市县三个层级，涉及经济发展、营销、财务等九个业务相关部门，以及企业规划研究计划成本管理信息系统、营销辅助决策分析系统、财务管控系统等十一个专业知识系统的接口，跨专业协同工作量巨大。深化应用"县公司没有一套表"统计制度，有利于推动跨专业协同合作、提高统计服务质量。

（2）改进数据采集方式，提升数据质量和数据价值，支持生产经营管理。

通过系统间数据集成，实现了统计数据的采集、整理、审核、传输和分析的无缝连接，保证了统计数据的唯一性、真实性和准确性，不仅打破了数据管理的障碍，而且解决了困扰统计工作的顽疾，避免了数据重复统计和统计漏报等，有效地提高了统计工作效率和统计服务水平。通过数据融合，在数据信息管理工作方面可以实现了专业负责，减少了各类外界因素的影响。同时，通过对统计指标项目的逐项梳理，进一步明确了指标的概念和统计口径，统计数据更加规范。各类统计数据的同步生成，缩短了统计数据的生成时间，真实反映了统计数据的及时性，更好地满足了各行各业对统计数据的需求，提高了统计数据的应用价值。

（3）数据归口能力得到强化，内部专业技术实现互联互通，服务企业生产营销能力提升。

进一步应用相关数据，收集计划、建设、调度、运输、检验、市场营销等专业部门的数据。一方面，数据集中能力加强，内部专业互联互通，服务产销能力提升。例如，通过对财务分析指标和非财务风险指标的倒逼过程管理中的"促供增销""降本增效"等环节，支撑电网诊断、配电网发展规划、服务工作计划经济决策、项目申报安排、线损精细化成本管理等基础管理存在问题，服务县公司主要领导和上级单位人力资源统筹和决策。另一方面，能及时发现生产管理中的薄弱环节，及时整改，更好地为用户服务，保证电能质量。

第二章

电力供需配网规划分析

第一节 配网规划问题

在对如何更好地将国网相关数据管理决策优化中予以应用这一问题上，是否可以将部分数据应用于配电网规划设计，成为第一个值得探讨的话题。配电网规划是根据规划期间负荷预测的结果和现有网络的基本状况，确定最优的系统建设方案，在满足负荷增长和安全可靠供应电能的前提下，使配电网的建设和运行费用最小。其目的在于以恰当的投资提高配电网的供电能力和供电质量、满足负荷不断增长的需要、支持城市建设和经济发展。而如何以现有数据进行适当预测，以使配网规划在远期变得更为合理则成为一个挑战。

在工作中，现有配网各台区所提供的高频载荷数据由于各台区所支持产业、终端用户的不同，会展现出不动的波动形态。这些形态一方面反映着地区电力的波动趋势；另一方面，合理刻画该函数，对长期而言的地区电力波动具有较好的预测效果，也可以对相对空白地区构建同类型的产业或用户配网起到借鉴与参考作用。因此，本章展现了一种借助调用"一库三中心"中某一特定台区所提供的高频载荷数据（15分钟载荷数据），从极端事件考察的视角对相关台区的波动情况做出考察，以展现高频类数据如何与现实观察问题相结合并形成管理决策支撑的相关信息。

第二节 配网规划模型选择[①]

重复间隔是两个连续超过（低于）一个正（负）阈值事件之间的时间间隔，通常用来研究波动中的极端事件。众所周知，极端事件发生概率较低，这也与电力市场中情况相符。不同于金融市场中投资者较关注价格下跌，电力供应商/消费者更关心电力负荷的上升，尤其是剧烈上升。本章选取了南通市某写字楼的情况进行相关分析。一般情况下，标准的写字楼拥有供暖、通风和空调系统，而它们在现代城市生活中会消耗大量电能。针对电力负荷波动中的极端事件，重复间隔分析可以更好地预测未来的能量负荷，并应用于电力供应/消费策略的制定上。

研究对象写字楼 A 位于中国某省××市。A 定位为集成型商务服务甲级写字楼，满足国际化企业对办公的全方位需求。它将技术性、多元性、便利性和人性化融为一体，是商务办公、酒店、会务、社交的整体解决方案。A 总高 58 层，其中 1~5 层为购物休闲广场，5 层部分及 6 层为大型餐厅作为餐饮配套，7~8 层为酒店配套（将配有游泳池、健身房、西餐厅、会议中心），9~26 层为酒店套房，27 层以上定位为甲级写字楼，且全部用来出租，不对外销售。本章收集的电力负荷数据来自 A 所在区域的变压器，为 30 分钟高频数据，样本时间从 2016 年 1 月 1 日到 2016 年 12 月 31 日，最终获得 14688 次电力负荷观测值，对时间序列观测值取一阶对数差分：

$$r(t) = \ln l(t) - \ln l(t - \Delta t) \tag{2-1}$$

其中，$\ln l(t)$ 是 t 时刻的电力负荷（单位：千瓦），由于数据为 15 分钟高频，因此 $\Delta t = 15 min$。负荷波动如图 2-1 所示，统计数据如表 2-1 所示。

[①] 模型与计算详细可参见作者论文：Zhang, C.; Pu, Z.; Fu, J. The Recurrence Interval Difference of Power Load in Heavy/Light Industries of China. *Energies* 2018, 11, 106. https://doi.org/10.3390/en11010106.

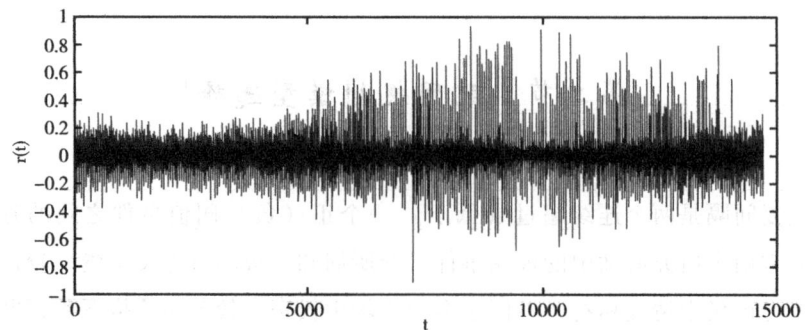

图 2-1　写字楼 A 电力负荷的对数差值

表 2-1　　　　　　写字楼 A 电力负荷对数差值统计结果

平均	最大值	最小值	标准差	偏度	Kurtosis	Nobs
-2.3867	0.9310	-0.9125	0.1058	1.0171	14.3746	14687

从图 2-1 中可以看出，差值结果不符合标准正态分布，而是出现了尖峰情况。从表 2-1 中可以看出，波动并不对称，其中负值的幅度高于正值。在大波动聚集的波动时期，重复间隔短而密。相反，在小波动时期，重复间隔大而疏。我们也可以观察到波动的聚集，大波动倾向于跟随大波动，小波动倾向于跟随小波动，这表明长期记忆的存在。此外，本章还进一步研究了是否存在多重分形性，即自相似性。

第三节　配网规划模型构建与仿真

为了应用重复间隔分析，将时间序列 r(t) 标准化，得到：

$$R(t) = \frac{r(t)}{[Er(t)^2 - E^2 r(t)]^{1/2}} \qquad (2-2)$$

其中 $[Er(t)^2 - E^2 r(t)]^{1/2}$ 为 r(t) 标准差。对于每个阈值 q，可以得到一组重复间隔 τ 的数据以及其概率密度函数。因此，重复间隔的数学表达式如下：

$$\tau(t) = \min\{t - t' : R(t) > q, t > t', q > 0\} \qquad (2-3)$$

一、概率密度函数

考虑阈值 q>0 时的重复间隔 τ，目前的共识是重复间隔的波动符合拉伸指数分布：

$$f(x) = \alpha \bar{\tau} e^{-(\beta \bar{\tau} x)^{\gamma}} \tag{2-4}$$

式（2-4）意味着，给定阈值 q，分布的重复间隔 $P_q(\tau)$，$\bar{\tau}$ 是平均重复间隔，是阈值 q 的函数。α、β、γ 是函数参数。图 2-2 描绘了不同阈值 q 下重复间隔 $P_q(\tau)$ 的分布状况，参数值通过最大似然估计得出，如表 2-2 所示。

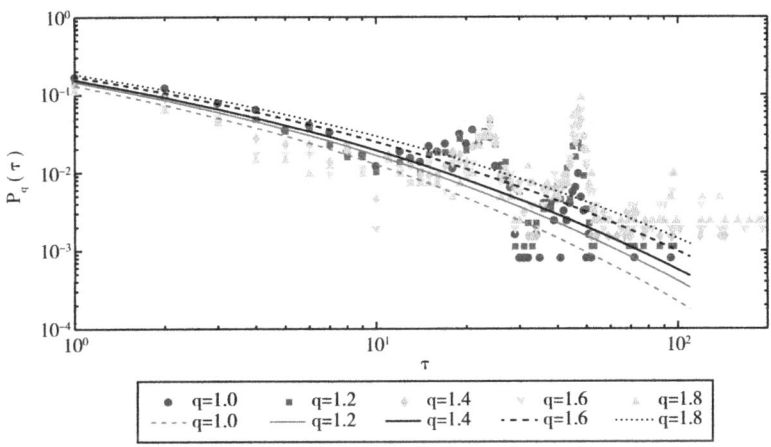

图 2-2 不同的电力负荷阈值下重复间隔的实际与理论概率分布

表 2-2　　　　　　　　　　拉伸指数函数的参数估计

q	α	β	γ
1.0	0.271	10.921	0.2462
1.2	0.192	7.719	0.2389
1.4	0.142	5.708	0.2317
1.6	0.113	4.569	0.2271
1.8	0.096	3.864	0.2206

从图 2-2 可以看出，随着阈值 q 的增加，重复间隔变大，这与事实相符：大波动具有更多的长时间间隔和更少的短时间间隔，这意味着连续两个大波动事

件之间的时间间隔变长的概率要高于变短的概率。在 x 轴右侧，可以观察到经验分布值略有上升，随后又继续下降。它表明当重复间隔达到某一点时，相应的发生概率将会有轻微的增加。图 2-2 中上升幅度可能太过明显难以忽视，但请注意，图 2-2 是双对数坐标，当把它变成正常坐标系时，这仅是理论与现实之间的一个微不足道的误差。此外，通过表 2-2 和图 2-2 发现，所有的函数曲线都有一个相似的形状，这使我们好奇这些概率分布函数之间是否存在标度行为。

为了验证这一点，本章引入 Yamasaki 等的方法：

$$f_q(\tau/\bar{\tau}) = P_q(\tau)\bar{\tau} \tag{2-5}$$

其中，$\tau/\bar{\tau}$ 是标度重复间隔，$P_q(\tau)\bar{\tau}$ 是标度概率密度函数。当阈值 q 变化时，$\bar{\tau}$ 会改变，且有 $(d\bar{\tau})/(dq)>0$，这表明平均重复时间间隔随波动性增加而增加，这与事实一致。假设 $f_q(\tau/\bar{\tau})$ 独立于 q，那么对不同阈值 q，会存在独一的函数 $f(x)$：

$$f_q(x) = f(x) \tag{2-6}$$

即，标度概率密度函数 $f_q(\tau/\bar{\tau})$ 将收敛于单一曲线 $f(\tau/\bar{\tau})$，重复间隔也具有标度行为。为了验证此点，$f_q(\tau/\bar{\tau})$ 作为 $\tau/\bar{\tau}$ 的函数的散点图如图 2-3 所示。可以清楚地看到，对不同阈值 q，$P_q(\tau)\bar{\tau}$ 不收敛于任何单一的曲线，说明不存在标度行为且大波动的行为不能推导出的小波动行为。

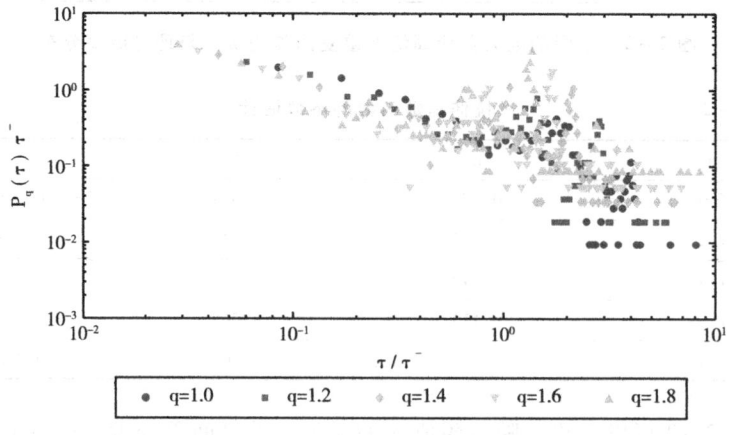

图 2-3　不同阈值下写字楼 A 功率负荷重复间隔标度概率密度分布

二、记忆效应

(一) 短期相关

为了探讨重复间隔的短期相关性,首先计算和比较条件概率密度函数 $P_q(\tau|\tau_0)$,即计算重复间隔 τ 出现在重复间隔 τ_0 后的概率。如果没有短期相关性,$P_q(\tau|\tau_0)$ 独立于 τ_0。然而,为了获得更多的数据,本章使用一定时间范围内而不是单一值的 τ_0 来计算 $P_q(\tau|\tau_0)$ 值。

对于一个给定的阈值 q,存在重复间隔集合 T,将其划分为四个不相交的子集,满足 $T = T_1 \cup T_2 \cup T_3 \cup T_4$,其中 $T_i \cap T_j = \phi$,$i \neq j$。在分区过程中,T 中所有重复间隔按递增排序,然后将其分为具有相同数量的子集。因此,最小 1/4 的重复间隔在第一子集 T_1,而 T_4 包含最大的 1/4 重复间隔,其中条件概率密度函数 $P_q(\tau|T_i) = P_q(\tau|\tau_0 \in T_i)$,如果不存在短期相关性,则有 $P_q(\tau|T_i) = P_q(\tau|T_j)$,$i \neq j$。

图 2-4 显示了 $P_q(\tau|\tau_0)\bar{\tau}$ 作为 τ_0 的函数结果。最小子集 T_1 为实心标志,最大子集 T_4 为空心标志,显然 $P_q(\tau|T_i) \neq P_q(\tau|T_j)$。同时注意到,对于较小的 $\tau/\bar{\tau}$,$P_q(\tau|\tau_0 \in T_1)$ 大于 $P_q(\tau|\tau_0 \in T_4)$;对于较大的 $\tau/\bar{\tau}$,$P_q(\tau|\tau_0 \in T_1)$ 小于 $P_q(\tau|\tau_0 \in T_4)$。这说明小 τ 倾向于跟随小 τ_0,而大 τ 倾

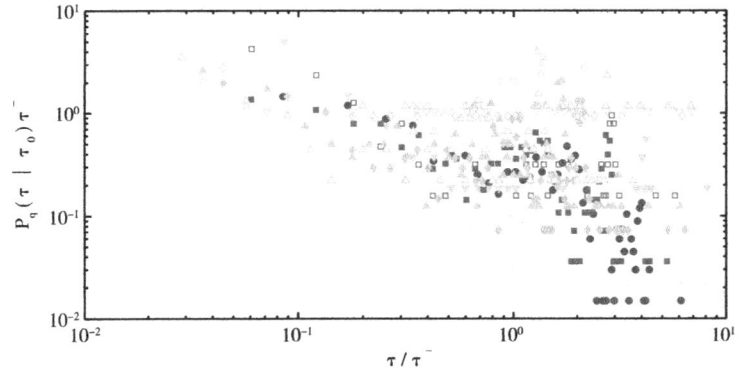

图 2-4 条件概率密度函数

注:$P_q(\tau|\tau_0)$ 与 $\tau_0 \in T_1$(实心)和 $\tau_0 \in T_4$(空心)。

向于跟随大 τ_0，表明重复间隔存在短期相关性。

（二）长期相关性

本章采用 MF-DFA（多重分形消除趋势波动分析）方法，计算写字楼 A 耗电量的长期相关性。传统 DFA 方法由 Peng 提出，旨在研究 DNA 核苷酸序列的长期相关性，也可用于研究时间序列分析中的自相关性。目前，DFA 的性质已经得到了广泛研究，可以用来检验时间序列的长期相关性。Kantelhardt 将多重分形与 DFA 结合，提出了 MF-DFA，它能够描述时间序列的多重分形特征，并计算了所有的 p 阶统计矩的赫斯特指数 $H(p)$。当 $p=2$ 时，MF-DFA 退化为常规 DFA。

对于非平稳时间序列，只有当 $0.5<H(p)<1$ 时，才具有长期相关性，表明系统在长期演化过程中具有波动模式。当 $H(p)$ 是 p 的函数时，时间序列具有多重分形特征。

在图 2-5 中，有 5 个子图，每个子图有 4 个子图，分别显示 MF-DFA 的结果。可以看出，每条线的 p 阶赫斯特指数在一定区域内大于 0.5，这表明在重复间隔内存在着长期相关性和多重分形特征。当 $h_p<0.5$ 时，意味着波动是反连续性的。

三、风险估计

在 RIA 中，风险概率函数 $W_q(\Delta t \mid t)$ 是一个重要的风险估计方法。考虑

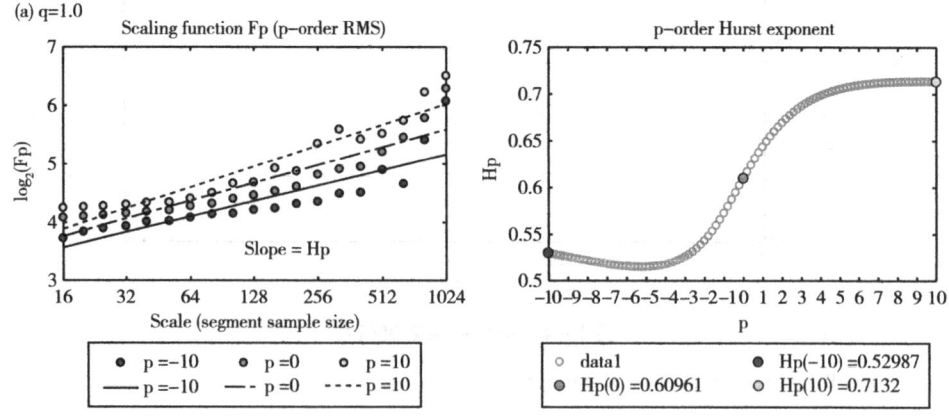

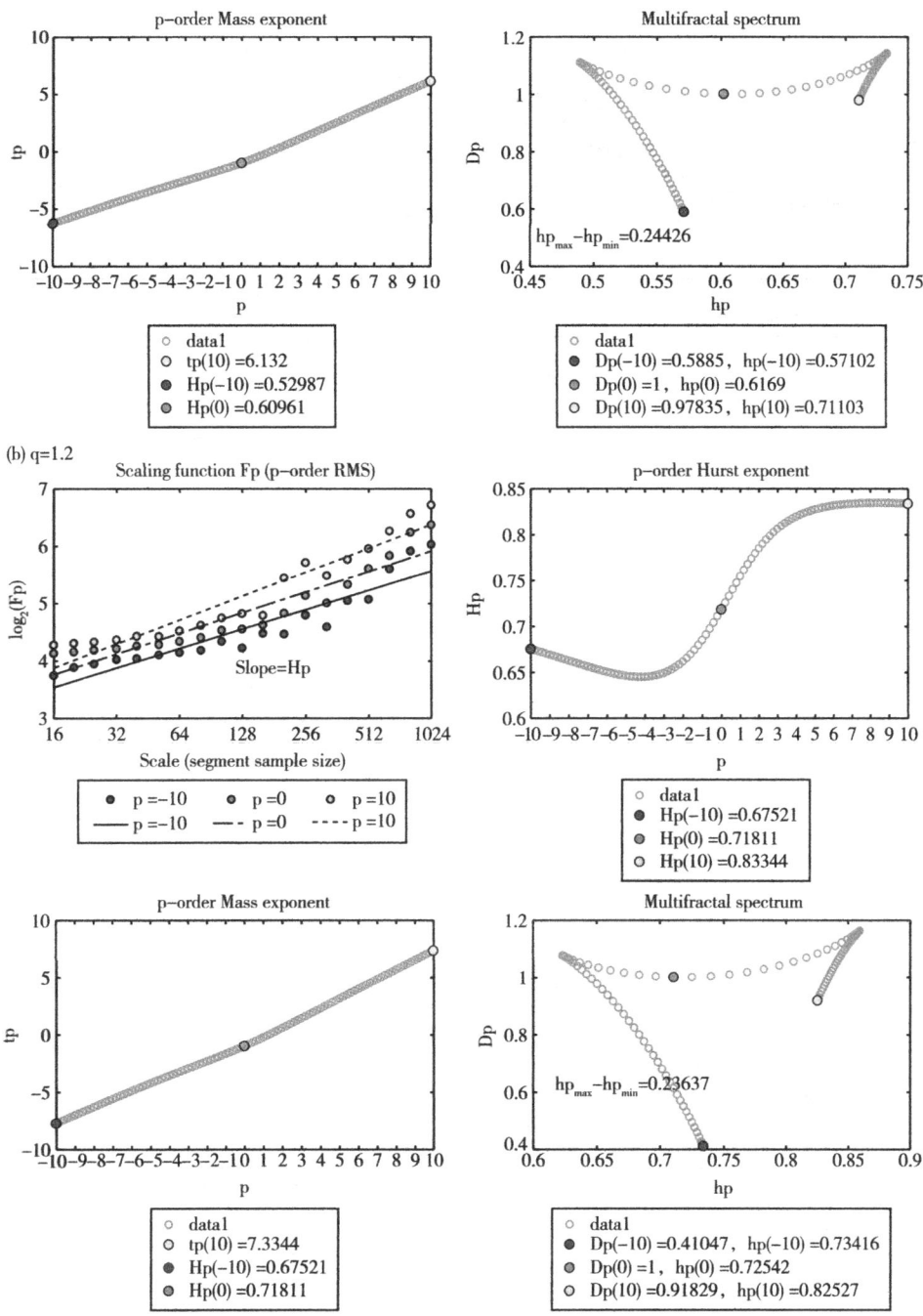

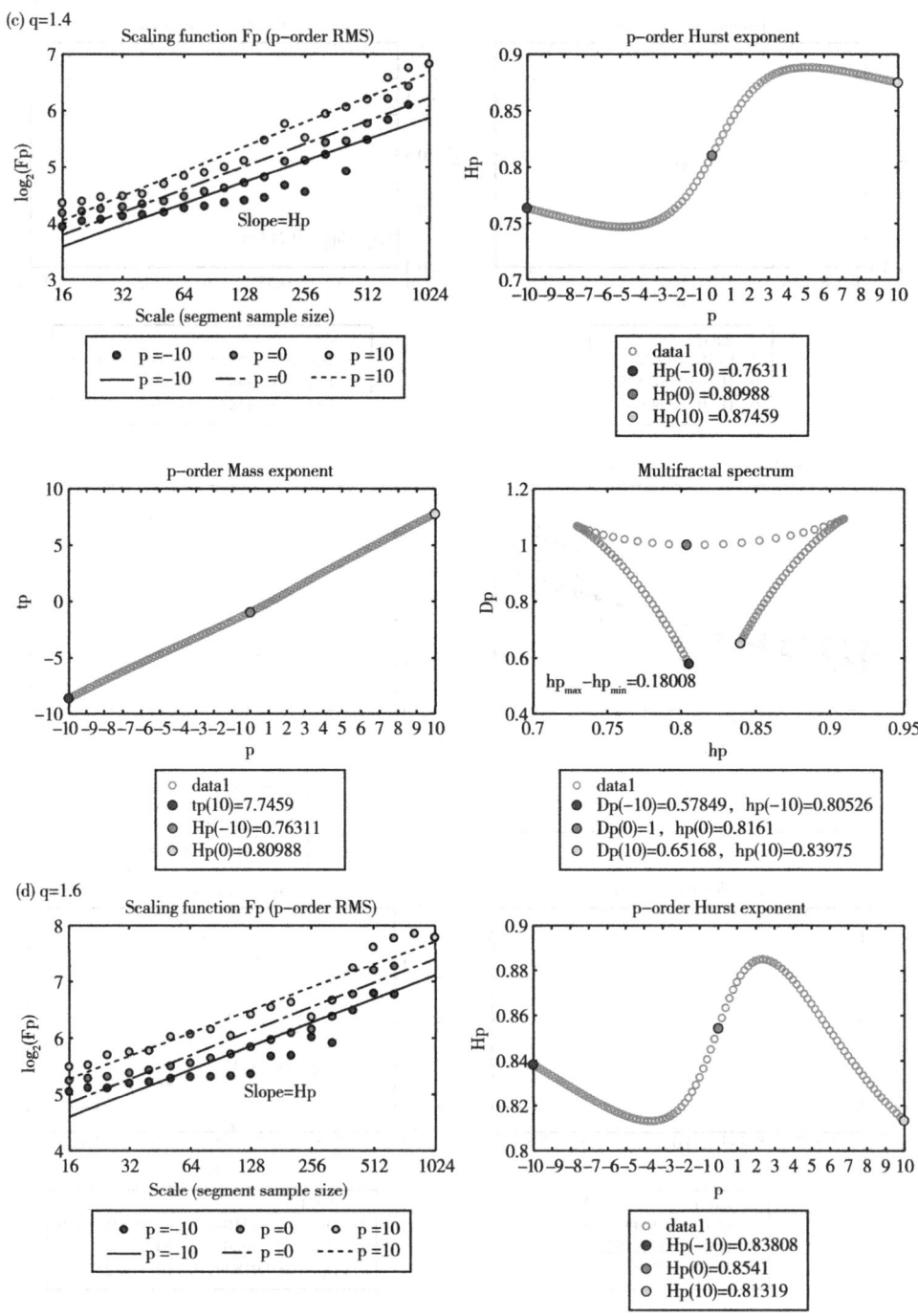

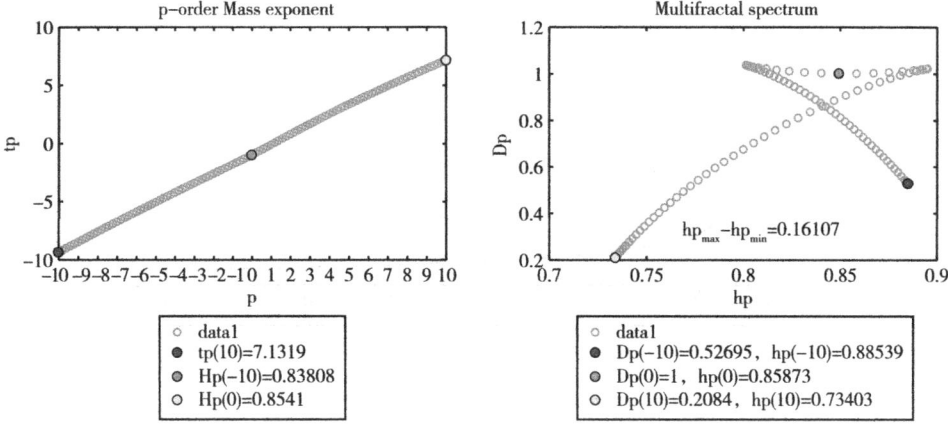

图 2-5　写字楼 A 在不同阈值下的 MF-DFA 结果

这一事实，距离上次波动大于 q 事件的发生已经过去了 t 单位时间，那么下一次波动大于 q 的事件在 Δt 时间内发生的概率在数学上表示为：

$$W_q(\Delta t \mid t) = \frac{\int_t^{t+\Delta t} P_q(\tau) d\tau}{\int_t^{\infty} P_q(\tau) d\tau} \quad (2-7)$$

因为每个分布 $P_q(\tau)$ 均拟合了一个拉伸指数函数，$W_q(\Delta t \mid t)$ 的理论值在表 2-2 中给出。此外，为了确定 $W_q(\Delta t \mid t)$ 的经验值，有：

$$W_q(\Delta t \mid t) = \frac{\text{count}(t < \tau_q \leq t + \Delta t)}{\text{count}(\tau_q > t)} \quad (2-8)$$

对于给定的 q，$\text{count}(\tau_q > t)$ 是重复间隔大于 t 单位时间的数量，$\text{count}(t < \tau_q \leq t + \Delta t)$ 是重复间隔大于 t 和不大于 $t + \Delta t$ 单位时间的数量。

图 2-6 描述了风险函数 $W_q(\Delta t = 30 \mid t)$ 的经验值（散点）和理论值（曲线）。结果表明，经验值与曲线较好重合，且经验值与理论值曲线之间的差异随着 t 的增大而减小。此外，$W_q(\Delta t = 30 \mid t)$ 随 t 增加而减小的这一趋势表明重复间隔存在聚集行为和长期相关性，并且在很短时间内，理论值低估了风险。因此，从理论上讲，对于给定的阈值 q，可以计算极端事件的重复概率。

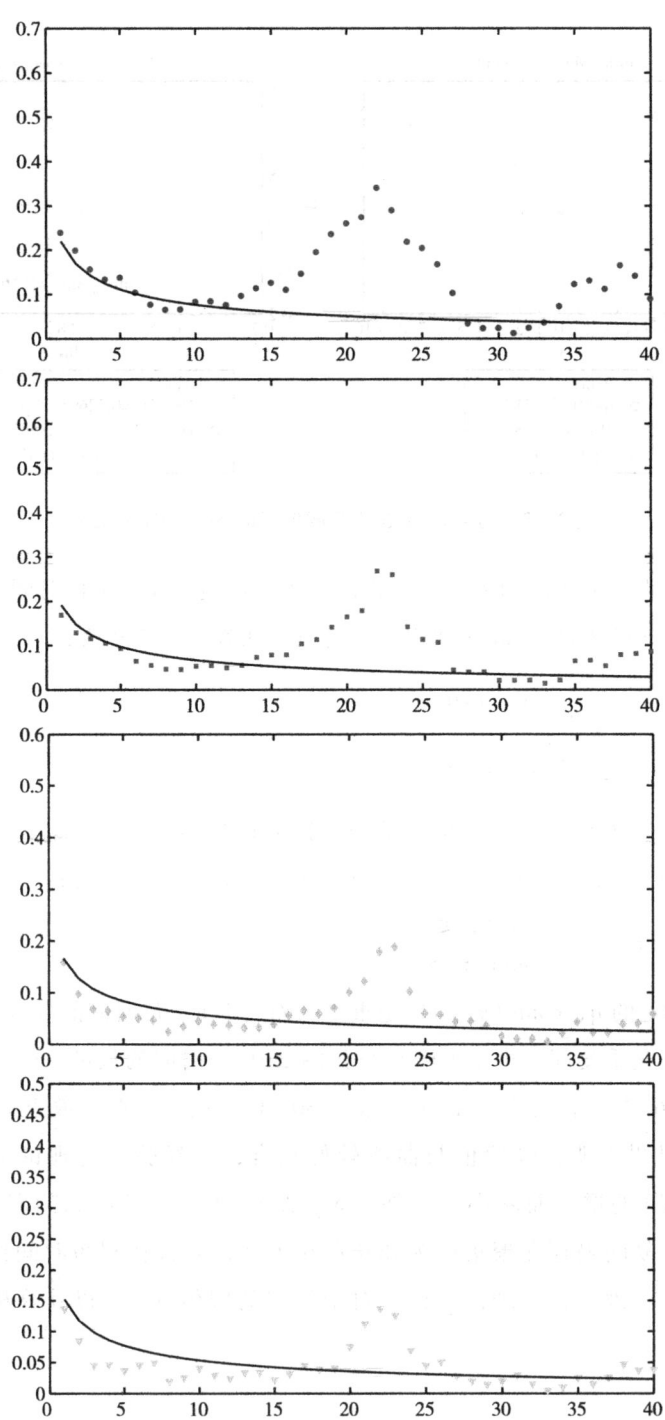

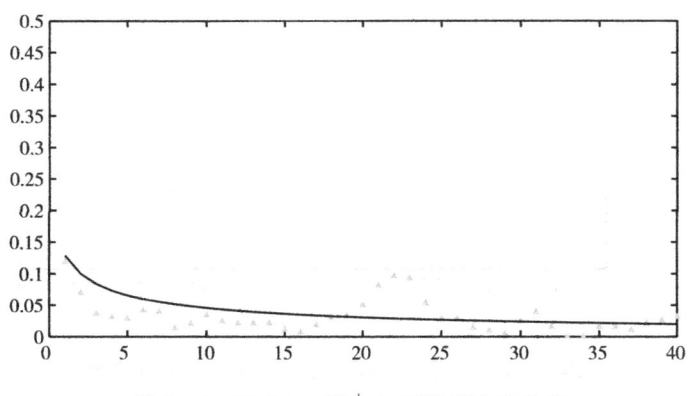

图 2-6 $W_q(\Delta t = 30 \mid t)$ 理论值和经验值

注：从上到下，x 轴为 t，y 轴分别为 q=1.0，q=1.2，q=1.4，q=1.6，q=1.8 时 $W_q(\Delta t=30\mid t)$ 值；曲线为理论值，深色标志为经验值。

风险价值（VaR）被广泛应用于风险评估。本章引入了重复间隔分析中的损失概率密度函数来估计 VaR，它定义了损失 q 的风险值如下：

$$\int_{-\infty}^{q} P(R) dR = P^* \qquad (2-9)$$

P(R) 是标准化序列 R(t) 的概率密度函数，P^* 是损失概率。其中，可知平均重复间隔为：

$$\bar{\tau}_q = \frac{1}{N_q} \sum_{i=1}^{\tau_q} \tau_{q,i} \qquad (2-10)$$

其中，$\sum_{i=1}^{\tau_q} \tau_{q,i}$ 约等于间隔的总和，N_q 是高于阈值 q 的间隔总数量。然后，平均重复间隔和 VaR 的关系可以表示为：

$$\frac{1}{\bar{\tau}_q} = \int_{-\infty}^{q} P(R) dR = \frac{\text{number of R(t) above q}}{\text{total number of R(t)}} \qquad (2-11)$$

式（2-11）定义了 q 的损失概率 $1/\bar{\tau}_q$，其中曲线如图 2-7 所示。如果风险水平为 1%，找到 $1/\bar{\tau}_q = 1\%$ 对应的 q，即是所求 VaR。

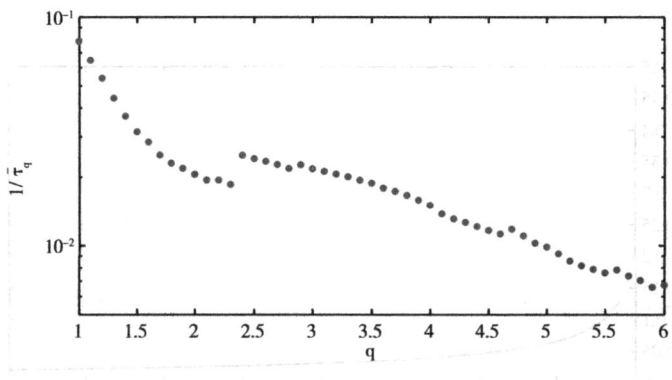

图2-7 平均重复间隔的倒数 $1/\bar{\tau}_q$ 作为阈值的函数

第四节 配网规划结果与启示

本章通过一个多重分形分析,对于××市某一特定台区的载荷波动情况做出了分析,这一分析结果为该台区所在地区未来的配网规划提供了运行安全上的决策参考,也为未来其他地区需要针对同样情况进行配网规划提供了参考信息。同时,该分析是利用单一特定产业或大型用户供应台区所进行的一次仿真,若是针对片区化区域或类似情形进行相关分析,在拥有相关数据的情况下,类似的分析完全可以扩大化或者联合进行,以期为大型区域配网规划提供管理决策上的科学依据支撑。当然,需要指出的是,"一库三中心"尽管可以提供高密度的频率数据,但是管理问题的决策往往更多地需要基于拥有足够数据宽度的相关信息方能实现。因此,在第三章中,将重点针对国家电网公司基层运行数据的主要来源之一:"县级公司一套表"的基本情况进行简单的介绍,并在此基础上,第四章以实证的方式展现其所包含的数据在企业以及地方的管理问题中可以提供何种帮助。

第三章

电力供需管理决策基础

第一节 电力供需管理决策的数据基础

如在第二章末尾所提到的,"县级公司一套表"是我们在本书中予以分析电力供需管理决策的主要数据来源与依据。因此本章首先对相关数据的来源与其形成制度进行一个简单的描述。

一、"一套表"的应用现状

"县级公司一套表"是国家电网公司统计"一库三中心"系统中的统计分析模块,及时发现、跟踪和解决县级供电企业的薄弱环节,加强基层管理,提高数据价值,巩固、推广和深化分析工作体系。其构建了发展策划部归口部门管理,营销部、运检部、财务部、调控研究中心等各部分进行分工协作的"县公司建立一套表"工作人员组织结构体系。在2013年指标研究、数据调研和优化完善的基础上,"县公司一套表"报表制度于2013年年底印发,2014年开始执行。公司系统1666家县公司于2014年1月起开展报送工作,2014年2月起试点单位启动分析工作,整体工作顺利推进,取得初步成效。

(一)"一套表"制度概述[①]

按照"统一指标、统一报表、综合内容"的原则,在最高层次设计"县

---

① 部分引述内容源自国网某省系统相关表格说明文件。

公司统计表"系统，以规范基层统计工作和加强统计服务支持为切入点，将基层生产统计、节能减排统计和其他专业统计相结合，实现如图3-1所示的集中统计、数据集中管理。其中，县公司发展建设部是《县公司表》的执行管理主体，负责落实有关工作要求，具体落实实施实际应用工作，并负责县公司内部职能部门的实际应用水平评估。其主要内容包括社会经济、公司生产、电网运行、发展投入、经营管理、节能减排六个方面，具体包括26张报表，涵盖663个指标，详见图3-2。

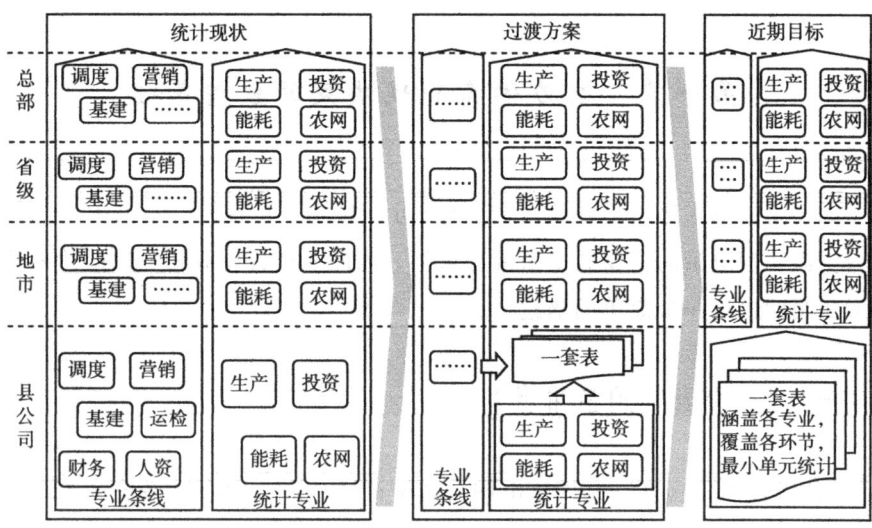

图3-1 县级供电企业统计"县公司一套表"制度顶层设计

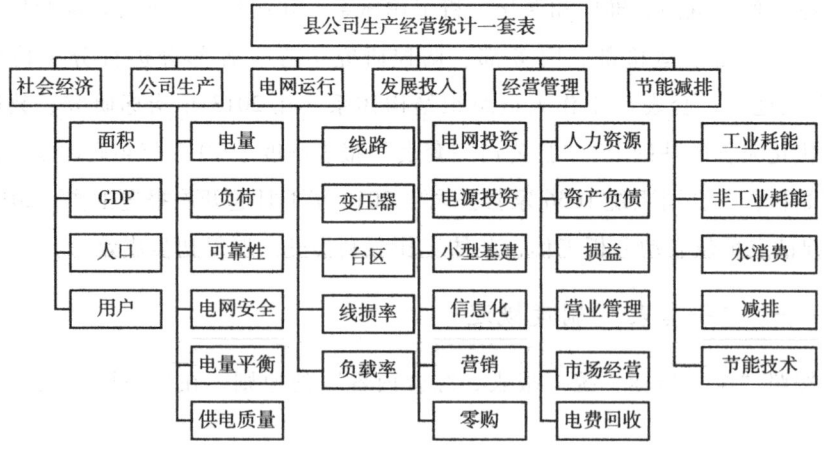

图3-2 "县公司一套表"统计指标

1. 报表

目前"县公司一套表"共 26 张,包括月报 11 张、半年报 5 张、年报 10 张,涵盖经济社会、公司生产、电网运行、发展投入、经营管理和节能减排六大类,按照逐站、逐线、逐台区、逐项等最细单元统计,覆盖 110 千伏及以下各个电压等级,涉及公司的发展、运检、营销等主要业务的 663 项指标。其中,月报内容主要包括:生产管理经营进行综合学习情况表一;生产方式经营环境综合能力情况表二;公司售电量明细表;分压线损情况表;行业用电分类表(全口径);行业用电分类表(农网);电量收支平衡表(全口径);电网技术发展投入完成情况表;业扩报装市场情况明细表;供电企业节能减排情况月报;技改、营销风险投资活动情况表。半年报内容包括:10~110 千伏线路线损率情况表;10~110 千伏线路最高负荷统计表;10(20)千伏公用台区线损率统计表;10(20)千伏公用台区负荷统计表;35~110 千伏变电站负荷统计表。年度报告的内容包括:企业和业务领域表;用电客户信息表;用电及分户表改造表;住户明细表;供电企业人力资源表;供电企业资产财务状况表;采购价格表;35 千伏及以上输配电设备清单;35 千伏及以上变电站设备一览表;配电设备清单。

应当注意的是,5 件设备运行半年度报告(农网口径)要求最低单位统计设备线损率、最高负荷率等。针对 110 千伏及以下明细设备线损、负载等运行环境信息技术统计分析工作量大、基础设施薄弱、统计难度大等问题,考虑到这些数据实用性和针对性,在关键节点企业进行明细设备信息系统统计。经过冬夏、春季巡检和计划调整,系统进行逐站、逐线、逐区线损和负荷信息统计。

2. 指标

以 663 项统计指标为基础,设计了《县级企业统计表》,统一规范了基层单位指标的统计口径,整理了指标体系。"县级企业一套数据表"可以作为基础数据源,数据统一导出,满足各级、各专业数据需求,减轻县级企业的负担。

(二)"一套表"报送流程

"一套表"应用主流程主要内容包括:准备工作、实施应用、评价总结、资料归档四个发展阶段。

1. 准备阶段

（1）发展规划部门应当向各职能部门传达"县公司一套表"的设计理念和应用思路。各职能部门应当根据本部门的专业管理要求，确定《县公司设置表》所涵盖的核心指标和协会的关键数据范围，提供异常数据标准，并反馈给开展规划部门。

（2）发展规划部门整合各职能部门需求，组织各职能部门根据异常数据标准进行专题研讨，完成"县公司一套表"应用相关的数据分析。

2. 实施应用阶段

（1）发展策划部门向县级供电企业公司下达执行工作要求，并督导基层单位建立一个健全推进落实与应用考评制度体系。

（2）县级供电企业需按照具体要求，编制完成县级公司表，做好问题分析和整改措施制定工作，形成县级公司表突出问题分析报告。

（3）县级供电企业应当向所属市级供电企业发展规划部门报告县级供电企业表和突出问题的分析报告，市级供电企业发展规划部门填报数据后，应当对填报数据的准确性进行审查和报告。

（4）发展策划部门整合各县单位"县公司一套表"与突出问题分析研究报告，并转发各职能管理部门。

（5）通过一套县级企业综合表，各职能部门可以了解各县级单位的生产经营状况，指导各县级单位专业化管理。并检查县级单位对未解决问题的分析报告，提出具体实施指导意见，发送县级单位并实施。

（6）各县单位依据突出环境问题意见，落实整改措施，解决问题。

3. 评价总结阶段

（1）各职能部门通过月度数据统计分析和实地检查，对各单位整改措施的落实情况进行验证，并根据结果提交各县级单位的评价意见。

（2）发展规划科整理评审意见并提交，确保推广及申请工作顺利进行。

4. 资料归档阶段

对相关研究资料信息进行归档保存。其包括数据采集阶段资料、诊断技术分析发展阶段资料、整改落实阶段资料、评价方法总结阶段资料。

（三）"一套表"应用情况

为了充分发挥"县公司一套表"的作用，促进企业正常运行和电网发展的分析机制，及时发现、跟踪和解决县公司的薄弱环节，加强基层管理，提高数据价值，确定了"一套表"分析工作方案，加强了分析工作体系的巩固、扩展和深化。

1. "一套表"应用的总体思路

通过"一套表"系统收集专业数据，并通过相对固化的分析模板，对电网运行和公司管理中的薄弱环节、薄弱站点和薄弱线路进行综合分析，以反映基层工作的有效性，支持电网规划、综合规划和运行管理，为县级公司领导和上级单位的资源总体规划和决策提供服务（见表3-1）。

表3-1　　　　　　　　"县公司一套表"简述

	指标与数据	分析	应用
"县公司一套表"	售电量及业扩等市场经营指标	售电市场形势	制定增供扩销措施；支撑电量计划决策
	负荷及用电指标	电力供需形势；地区行业经济预判	服务政府决策；规避市场风险
	负载、损耗等设备运行数据	电网运行薄弱环节诊断；线损管理	规划编制；计划项目储备
	电价、利润等财务经营指标	输配电价空间；企业增利减利因素分析	电价政策争取；企业经营决策
	投入完成指标	项目实施进度监控；投资必要性分析	资金统筹优化；项目安排

2. "一套表"应用的工作组织

（1）下发分析工作方案和分析模板。2014年2月，研究下发《县公司生产经营统计分析工作方案》和《县公司生产经营统计月报模板》。

（2）试点先行，优化完善。2014年3~4月，组织15个省公司选择5个以上典型县公司开展月度分析工作。对报送县公司月报开展审查工作分析，遴选优秀月报作为一个典范，同步优化月报表模板。

（3）分析内容。月报分析的内容主要包括电网运行、电力供需、公司销售、线损、财务运营、行业扩装、供电服务、投资完成八个部分。

（4）"县公司一套表"应用的典型成效。从初步实施的情况看，"县公司一套表"的分析技术应用已经取得了明显成效，主要内容包括以下四个方面。

一是支持电网故障诊断和配电网规划的发展。该系统回顾了配电网的现状，反映了线路和站点的超载和损耗，为配电网规划的调整和发展奠定了数据基础。

二是切实提高服务工作计划经济决策与项目安排。常态跟踪电量、投入等计划的进度管理情况，结合中国市场强化指标监控；结合电网运行状况，优化投资研究方向和计划项目储备，服务领导决策。

三是有效的辅助线损精益管理。反映综合线路损耗、分线损耗、分站损耗、综合设备运行信息、暴露的漏损、档案不一致等基本管理问题。

四是客观反映一个企业生产经营发展状况。对比县公司电价、利润、成本、投入等同比、环比情况，全面发现经营风险管理工作面临的突出问题，有针对性地提出整改措施。

二、"一套表"应用中主要存在的问题

国网某省电力公司下属的县级供电企业目前已形成了规范的"县公司一套表"数据搜集和报送流程。尽管如此，在深化应用的实际操作过程中，由于各层级应用需求不一致，决策指标甄选困难，数据应用价值开发不到位，因而无法满足地方政府部门对数据的迫切需求。具体问题可以归纳为以下几个方面。

首先，指标过多，有效信息提取不到位。"县公司一套表"共26张，涵盖经济社会、公司生产、电网运行、发展投入、经营管理和节能减排六大类663项指标。无论是对于县级供电企业的经营管理部门，还是专业管理部门，对于月报、年报、半年报等不同口径的指标及其海量数据的处理均缺乏可操作性，在复杂的指标体系中甄选指标并有效决策较为困难。

其次，由描述性统计拓展到推断性统计的拓展与开发效果不明显。目前对于"县公司一套表"所涵盖的指标及其数据仅停留在县级供电企业内部的专业管理部门应用上。一方面数据挖掘不合理直接影响到有价值信息对于企业经

营管理辅助决策的作用，从而导致数据所蕴含的辅助决策价值未被关注；另一方面随着经济体制改革的不断深入，地方政府部门迫切希望从县级供电企业获取数据，支撑科学宏观决策，但各地县级供电企业尚未建立水平较为一致的有效沟通机制，无法满足地方政府在宏观管理决策中对关键性数据指标的及时有效需求。

最后，微观数据的进一步深化应用欠缺。"县公司一套表"数据融合、有效挖掘能够推动跨专业协同合作，提高统计数据质量管控效能。

然而，目前的"县公司一套表"数据应用情况无论对于地方政府宏观经济管理，还是县级供电企业经营管理决策与专业管理效率的提升，都存在进一步提升的空间。

三、研究思路

针对上述的现状与主要存在的问题，本书遵循统计调查与数理分析相结合的思路，借助相关性分析、数据包络分析等数据挖掘的方法，基于基层专业工作、省市县各级供电企业管理以及服务政府部门的核心需求，系统梳理了县级供电企业在生产经营、支持地方经济发展、节能减排、投资发展等方面的主要特点。在此基础上总结了基层供电企业发展的差异化特征，采用主观判别法对"县公司一套表"指标进行筛选和提炼，得到关键性指标评价体系。

本书进一步选取某省51个县级供电企业为样例，按照理论分析中提出的评价模型和方法对样例进行综合评价。以期为省市县各级供电企业提升专业管理水平、科学决策水平、政府沟通水平提供有益参考。

四、本节小结

"一套表"制度是以规范基层统计工作为切入点，以提升统计服务支撑为目标，按照"指标统一、报表规范、内容全面"的原则进行顶层设计，融合基层单位的生产统计、节能减排统计及其他专业统计，实现基层统计归口、数据集约管理。但是如指标定义模糊，需要进一步完善指标内涵、外延及计算方法的界定，直接影响到了数据采集的质量。而应用基础薄弱，又进一步造成了填报错误、逻辑错误和概念不清的情形。同时，由于县级供电企业数量多，各区县公司的组织管理方式和管理水平参差不齐，对于不同地区县级供电企业数据的规范化填报缺乏科学管理和科学搜集数据模式。鉴于此，在理论层面和实证层面梳理"县公司一套表"的应用现状，挖掘"县公司一套表"对于宏观经济发展、中观基层企业管理决策以及微观职能部门提高生产效率都具有十分重要的意义。

第二节 电力供需管理决策的评价指标体系

一、构建原则

经过多年实践，基于"一套表"的工作体系基本构建完成，在此基础上，需要进一步加强流程控制，从而更好地发挥数据信息在问题剖析、决策支撑等方面的作用。目前，"一套表"涵盖了40张报表、663个指标，覆盖了国家电网经营区内所有的全资子公司，及110千伏及以下各电压等级的电网系统。为对600余指标中的关键指标进行分析，本节采用了层次分析法构建了反映电网发展和生产经营评价指标体系，提出基于分类策略的差异化权重模型，为典型县级供电企业的实证比较分析奠定了基础。同时，立足于"一套表"统计数据的分析应用，本节的分析也结合了售电量、利润、电网规模等指标，重点分析电网企业县级单元差异化特征，为提升县级电力供应机构的综合管理水平提供了保障。

二、构建流程

构建一个基于"一套表"评价指标分析体系的过程研究主要内容涉及以下几个步骤：

（1）确定评价对象。本研究的评价对象是电网发展和生产经营的基层供电企业。基层供电企业综合评价具有覆盖面广、影响因素多、系统复杂等特点。

（2）明确指标范围。从电网公司发展战略目标出发，分析基层供电企业电网经济发展社会功能特性、相关信息技术问题及其在电力系统各环节的表征，明确基层供电企业电网发展及生产经营风险评价能力指标范围。

（3）索引排序。第一步，根据发展过程中自身发展与外部环境的相互协调，将其划分为两个评价子系统：自我质量评价和外部协调评价；第二步是建立各个子系统的下一级指标，并在第（2）项指标范围明确的基础上，对评价指标的各个方面进行梳理。

（4）指标筛选。指标体系要以可操作性、代表性、独立性、综合性和区域性为考核标准，并根据专家意见和调查结果合并类似指标，删除或调整可操作性高、相关性低的指标，形成科学完善的基层供电企业电网建设、生产经营评价指标体系。

（5）指标分析。对所建立的指标管理体系可以进行评价指标释义分析，定义指标数据的获取方法或计算教学方法，为指标体系的实际发展应用奠定理论基础。

（6）指标体系的表示和指标间相关性的描述。通过对指标间相关系数的分析，对相关性较强的指标进行分类，并根据指标体系构建原则中的可操作性原则对指标进行重新筛选，剔除重复信息指标。

三、评价指标体系[①]

本章基于县公司差异化特征，参考同业对标和业绩考核指标体系，构建完整反映电网发展与生产经营的四级指标体系，一级指标分为六类，包括经济社会、公司生产、电网运行、发展投入、经营管理以及节能减排。采用主观判别法及层次分析法将基于"县公司一套表"的40张表、663个指标提炼为98个关键性指标，在此基础上根据各级指标的重要性，给出各类指标的权重，得到它们的指标分值，设定总分值为450分。特别地，把我们的指标与同业对标相

---

① 详细的构建思路与内容可参考附录1与附录2相关内容。

比较，分别得出0、1、2、3四种对应值，由此给出了"县公司一套表"关键指标对应同业对标指标体系的显示度。

从指标提取及其权重来看，经营管理和公司生产在一级指标体系中的权重最大，公司生产和发展投入次之，社会经济和节能减排的相关指标权重最低。对应同业对标指标体系，"县公司一套表"的关键指标中公司生产、发展投入、电网运行以及经营管理四个方面的相关指标同样体现出较高的显示度。

由于使用评价指标需要对各项指标进行赋权，因此，本章采用层次分析法来确定"县公司一套表"的指标体系中各项指标的评估权重值。该方法能够将主观影响进行科学量化。其中，评价指标体系的各层级指标组成，一级指标主要分为经济社会、公司生产、电网运行、发展投入、经营管理和节能减排六个方面，每个方面对应2~3个子项，为二级指标，每个子项下又有m个因素作为三级指标，将m个因素两两进行比较，把第i个目标（i=1，2）对第j个目标的相对重要性记为$a_{ij}(j=1,2)$，这样构造的m阶矩阵用于求解各个因素的优先权重，成为权重解析判断矩阵，简称判断矩阵，记作$A=(a_{ij})mj$。

由于判断矩阵是决策者主观判断的定量描述，因此求解判断矩阵不要求过高的精度。先根据指标体系研究中的理论算法获得判断矩阵评价因素的相对权值，再根据"县公司一套表"应用的实际有效数据，按照有效数据权重调整理论，对指标体系的各项指标权重做归一化处理，剔除没有数据的指标，如表3-2所示。

表3-2   "县公司一套表"关键指标体系

一级指标	二级指标	三级指标	四级指标	指标分值	对应值
社会经济 50	经济因素 25	GDP 25	GDP总量	5.22	0
			人均GDP	6.14	0
			单位面积GDP	6.5	0
			GDP同比增长率	7.14	0
	社会因素 25	人口 12.5	城镇化率	6	0
			无电人数	6.5	1
		用户 12.5	无电户数	8.36	1
			营业户数	4.14	1

续表

一级指标	二级指标	三级指标	四级指标	指标分值	对应值
公司生产 90	电量 31.5	电力生产 17.64	发电量	4.41	1
			综合厂用电率	5.29	0
			发电设备平均容量	4.24	0
			计划外容量损失率	3.70	1
		电量调度 13.86	有效利用率	3.88	1
			对外电量输出率	3.05	0
			外部售电量比率	3.05	0
			供电量同比增长率	3.88	1
	生产负荷 9	发电负荷 4.5	发电最高负荷	4.5	1
		调度负荷 4.5	最高供电负荷	4.5	1
	电量平衡 18	发电量占比 9	公司发电量占比	3	0
			电网发电量占比	3	0
			地区发电量占比	3	0
		全社会用电量占比 9	公司全社会用电量占比	3	1
			电网全社会用电量占比	3	1
			地区全社会用电量占比	3	1
	供电质量 31.5	可靠性 15.75	供电可靠率（RS-1）	6.3	2
			实际可靠率（RS-1）偏差	4.41	1
			电厂等效可用系数	5.04	0
		电压质量 15.75	农网综合供电电压合格率	6.3	2
			综合供电电压合格率偏差	4.41	3
			客户端电压合格率	5.04	1
电网运行 85	电网结构 30.6	适应性 16.83	35kV 以上电网变电站 N-1 通过率	7.65	2
			35kV 以上电网线路 N-1 通过率	5.1	2
			10~110kV 容载比	4.08	3
		协调性 13.77	单线或单变站占比	3.72	0
			中压 10(20)kV 主干线路平均长度	4.59	1
			高中压配电网变容量比	5.46	0

续表

一级指标	二级指标	三级指标	四级指标	指标分值	对应值
电网运行85	技术装备23.8	技术装备水平23.8	35kV及以上智能变电站和无人看守变电站的比例	7.14	1
			中压线路电缆化率	4.76	0
			中压架空线路绝缘化率	4.76	0
			35kV变压器平均投运年限	7.14	1
	电网效率30.6	设备利用效率18.36	10~110kV线路最大负载率	7.87	3
			35~110kV变电站变压器重载率	5.25	2
			10(20)kV公用台区变压器负载安排不合理程度	5.24	2
		电能损耗12.24	综合线损率	3.50	2
			低压线损率	2.33	2
			中高压线损率	2.91	1
			线损率环比变化	3.50	2
发展投入85	资产投资状况37.78	固定资产投资22.67	基建投资所占比重	8.16	2
			电网基建投资比重	7.48	1
			技术改造投资同比增长率	7.03	1
		其他专项计划15.11	大修投资同比增长率	3.78	1
			信息化投入比	3.78	1
			研究开发费占比同比增长率	3.78	1
			经营管理投资占比	3.77	1
	投资收益28.33	电网投资收益17.00	单位投资增供负荷	8.5	0
			单位投资增售电量	8.5	0
		总体投资收益11.33	投入产出比	4.53	0
			投资收益率	6.80	0
	通电和户表改造18.89	新装、增容5.67	本年新装、增容户数增长率	2.27	1
			本年新装、增容户数净增长率	3.40	0
		户表改造投资5.67	平均每户投资金额	5.67	1
		农村通电情况3.78	农村居民户通电率	3.78	1
		农村户表改造情况3.77	已改率	3.77	0

续表

一级指标	二级指标	三级指标	四级指标	指标分值	对应值
经营管理 95	人力资源管理 15.83	人员效率及素质 6.79	全员劳动生产率	2.72	3
			人才当量密度	4.07	2
		职工工资 4.52	职工平均工资	4.52	1
		教育培训 4.52	人均教育费用	4.52	1
	安全管理 29.69	安全水平 17.81	人身事故伤亡	8.02	3
			电网事故数	4.90	2
			设备事故数	4.89	2
		事故控制结果 11.88	人身事故伤亡下降比率	5.34	1
			电网事故数下降比率	3.27	1
			设备事故数下降比率	3.27	1
	资产经营 29.69	资产效率 5.94	总资产周转率	2.30	3
			单位资产售电量	1.92	3
			流动资产周转率	1.72	0
		成本水平 5.94	主营业务成本收入比	1.98	1
			发电单位成本	1.98	0
			资产后续支出率	1.98	1
		经营效益 10.39	人均贡献毛益	4.65	1
			利润率	3.41	2
			资产负债率	2.33	0
		发展能力 5.94	主营业务收入增长率	2.16	3
			固定资产创收能力增长率	1.98	3
			新增固定资产贡献毛益	1.8	3
		设备寿命 1.48	机组设备的平均寿命	1.48	2
	营销服务 19.79	电费回收 12.86	当年电费回收率	5.14	3
			陈欠电费回收率	7.72	3
		市场开拓 6.93	市场占有率	2.08	2
			市场占有指数	4.85	3

续表

一级指标	二级指标	三级指标	四级指标	指标分值	对应值
节能减排 45	节能 15.3	节能指标 15.3	综合节能量	6.12	1
			节能率	9.18	1
	减排 12.6	减排 CO_2 6.3	减排 CO_2	6.3	0
		减排 SO_2 6.3	减排 SO_2	6.3	0
	水消费 9.9	单位产能水消费 9.9	单位产能水消费	4.95	0
			单位产能水消费同比增长率	4.95	0
	新能源应用 7.2	新能源机组 7.2	新能源机组数占比	3.24	0
			新能源机组总容量占比	3.96	0

四、数据构成

(一) 基于县级供电企业主要社会经济类数据

电力企业行业的运行管理发展与国民经济的大环境密切相关，国民市场经济的运行环境状况及其他国家经济的和非经济的因素，都直接或间接地作用于电力电子工业，对电力工业的生产、销售都产生一个很大的影响。

1. GDP：该指标包括 GDP 总量、GDP 同比增长率、人均 GDP。

2. 人口：该指标包括年终常住人口、年终户口、年终城市常住人口、年终农村常住人口、城市化率、供电人口、非电力人口。

3. 面积：该指标包括国土面积、规划建设土地面积、城市建成区面积、建成区面积、供电区域面积。

(二) 基于县级供电企业电网发展类数据

1. 电力供需

供电企业统计，主要指标包括社会用电量最大、网络供电量最大、社会负荷最大、网络负荷最大。

电量数据是通过电力负荷发展的历史数据,分析规划区电量的变化趋势,阐述国民经济和社会发展及产业结构变化对用电结构的影响。其主要指标包括全社会用电量、一次生产用电量、二次生产用电量、三次生产用电量、人均寿命用电量、电网供电量、电力销售量、地区发电量、地区接电量等数据。

2. 负荷数据

负荷数据是通过电力负荷发展的历史数据,分析规划区内大负荷的变化趋势,说明国民经济和社会发展以及产业结构变化对用电结构的影响。其主要指标包括全社会的最大负荷、发电负荷和调度数据。

3. 电力用户信息

其主要指标包括企业用电管理行业、报装容量、接入容量、接入电压等级、接入变电站、年用电量、用户最大工作负荷、投产时间等数据。

4. 电源建设

电厂数据主要指标包括县级供电企业110(66)千伏、35千伏及以下各电压等级并网电厂。这类数据来自三个基本表:发电厂、发电机和分布式供电。其主要指标数据包括:110千伏发电厂的装机容量;35千伏发电厂的装机容量;10千伏发电厂的装机容量、0.38千伏发电厂的装机容量、电源类型、利用形式、电厂性质、接入电压等级、投产年份、机组容量、机组台数等数据。

5. 电网设备

电网设备的内容主要包括变电站、线路统计、中压配电变压器、开关等设备规模统计、低压设备信息。其主要指标数据包括:110(66)、35千伏变电站数据主要通过变电站、主变压器明细数据按照行政区划、供电区域类型、电压等级维度,统计现有变电站座数、主变台数、容量规模、10(20)千伏出线间隔数等。

6. 电网结构

电网结构主要指标包括:35千伏以上电网变电站N-1通过率、35千伏以上电网线路N-1通过率、10~110千伏容载比、单线或单变站占比、中压10（20）千伏主干线路平均长度以及高中压配电网变电容量比等。

7. 电网运行

电网运行反映一个国家地区电网企业运行发展状况，包括供电可靠率、容载比、最大负载率等指标。采用供电可靠性率来描述供电企业不同类型供电区域的可靠性率（rs-3）分布，分析市、县供电区域的差异及原因。其主要内容包括电缆故障分析平均停电工作时间、电缆预安排停电时间、架空线故障问题平均停电时间、架空线预安排停电时间、用户平均停电时间等数据。该部分数据来源于电能资产质量安全管理控制系统。

（三）基于县级供电企业生产经营类数据

1. 供电安全

供电安全主要包括电网事故次数、设备事故次数、人身事故伤亡人数等指标，主要用于反映公司供电安全水平。电网事故和设备事故分一至八级，人身事故伤亡分为死亡和重伤。

2. 供电营销

供电营销主要包括当年应收电费、当年实收电费、当年电费回收率、年初陈欠电费、回收陈欠电费、期末陈欠电费、陈欠电费回收率，主要用于反映公司电费回收和陈欠情况。数据来源为公司口径，其中，电费回收部分以营销部数据为准。

3. 发展投入

发展投入主要包括固定资产投资、其他专项计划，主要用于反映电网发展投入情况。固定资产投资是电网企业发展的基础，也是电网企业提高供电能力和服务水平的必要条件，主要包括基本建设和技术改造，其中基本建设又分为电网基建、产业基建、小型基建，技术改造分为生产技改、产业技改、非生产技改。其他专项计划主要包括大修项目、营销投入、信息化建设、研究开发费、管理咨询费、教育培训、股权投资。

4. 营业户数

营业户数指按不同销售电价进行电量电费结算的计费客户数。按用户所在区域分为县城、农村，按电价分类分为大工业、一般工商业及其他、农业生产、居民生活、趸售、大用户直接交易用电、其他，按电压等级分为110千伏、66千伏、35千伏、20千伏、10千伏、10千伏以下。

5. 人力资源

人力资源主要包括从业人员、职工、人才当量密度、职工平均工资以及人均教育费用。其中，从业人员指从事一定的社会劳动并取得劳动报酬或经营收入的各类人员；从业人员人数（人）= 在岗职工人数 + 其他从业人员人数。职工是指经国网公司核准，与公司各单位签订劳动合同，在各单位工作并由各单位直接支付工资的人员，不包括聘用的离退休人员、港、澳、台和外籍人员；职工情况主要包括供电所职工、管理人员、职工专业技术人员、职工文化程度、职工平均人数、供电所个数、职工工资总额、全员劳动生产率。

6. 财务状况

由于国网某电力公司下属59个县级供电企业为全资子公司，因此各区县供电企业不承担独立财务核算职能。财务状况中的总资产、资产负债率等宏观指标不构成区县供电企业财务工作内容，根据"县公司一套表"提炼的评价指标体系中将财务数据相对弱化，主要包括主营业务成本收入比、人均贡献毛益、发电单位成本等。

五、对比研究

电力企业同业对标是围绕"一强三优"现代公司战略目标和"三集五大"体系建设，借助于"基础评价 + 业绩评价 + 管理评价"三维对标模型，编制形成的同业对标指标体系。作为反映企业经营状况、提升管理水平的有效工具，同业对标已深入县级供电企业各个专业部门的各项业务的日常管理中。

本研究基于县公司差异化特征，参考同业对标和业绩考核指标体系，采用主观判别法和层次分析法构建98个关键性指标体系。

对应同业对标指标体系的显示度，可以发现：

第一，表3-2、表3-3分别给出了基于"县公司一套表"的指标体系与同业对标指标（2014版）个数及权重分值的详尽对比，吻合程度达到38%左右。通过对同业对标指标体系的梳理和对比，在一定程度上能够准确把握具体指标定义、管理导向及计算方法，进一步佐证本章基于"县公司一套表"构建的评价指标系统的可行性及合理性。

第二，通过表3-2、表3-3和表3-4不难发现，本章的指标体系在经营管理方面的指标与同业对标吻合度最高，公司生产、电网运行次之。然而，节能减排、社会发展以及发展投入三个方面的指标在同业对标指标体系中几乎没有涉及。因此，本章的指标体系更加全面，对经营管理、环境协调发展、宏观经济决策等层面进行了补充，从而对海量数据的进一步挖掘提供了有力的支撑。

表3-3　　　　　　　　　对应同业指标体系个数分布情况

对应值统计表		
对应值	对应值说明	个数
0	同业对标中不存在的指标	32
1	同业对标中存在但不具体采用的指标； 同业对标有类似概念的指标； 与同业对标有相同上级标题且本级指标有一定联系； 同业对标的一小部分；	37
2	由同业对标修改得来的指标； 同业对标的一大部分；	16
3	与同业对标完全相同的指标	13

表3-4　　　　　　　　　对应同业指标体系分值

对应分析表			
对应值总和	对应度	对应分值	对应得分
108	36.73%	488.09	33.90%

注：对应度 = 对应值总和/（指标个数×3）×100%（指标个数×3相当于完全对应同业指标）；对应分值 = $\sum$（指标分值×对应值）对应得分 = 对应分值/（分值总和×3）×100%；（分值总和×3相当于完全对应同业指标）。

第三,本章基于"县公司一套表"构建的关键指标体系,在兼顾经营性公司的实践性和实用性的同时,更注重宏观层面的评价和考量,通过指标体系的设计,突出了县级供电企业服务地方政府的公共服务职能和社会责任评价(见图3-3~图3-6)。

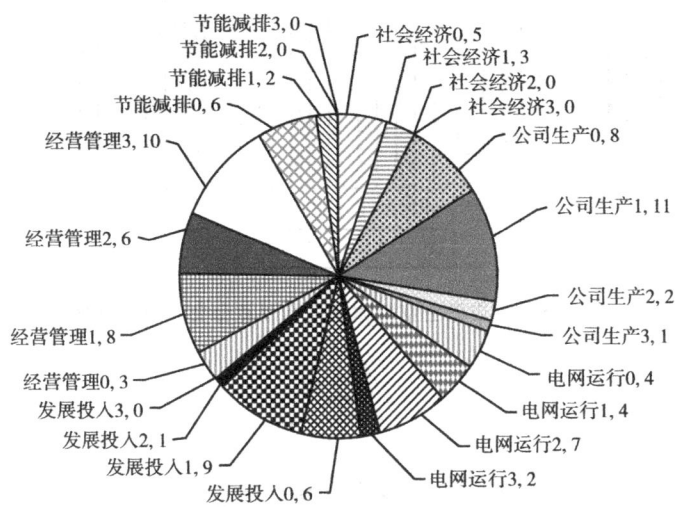

图3-3 对应同业指标体系指标个数分布情况饼图

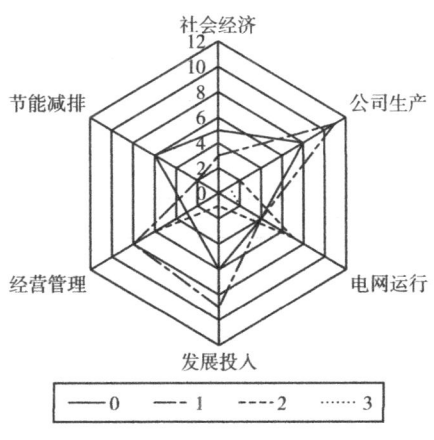

图3-4 对应同业指标体系指标个数分布情况雷达图

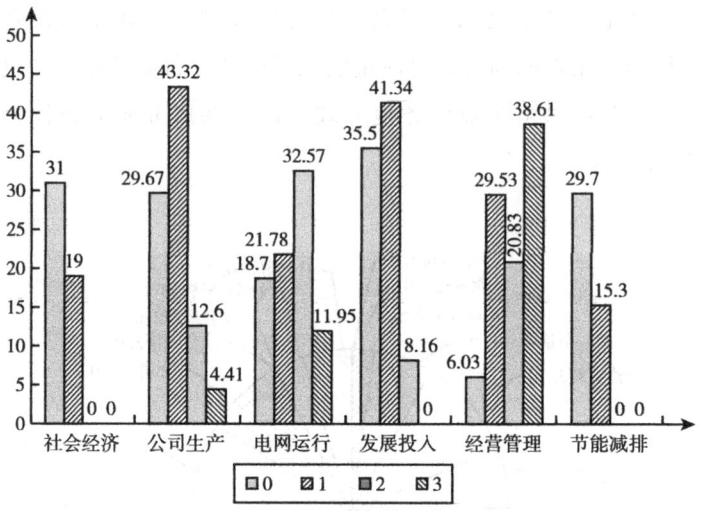

图3-5 对应同业指标体系指标权重分布情况柱状图

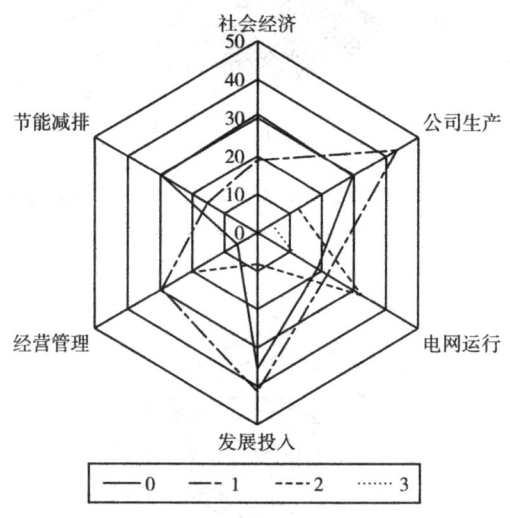

图3-6 对应同业指标体系指标权重分布情况雷达图

六、本节小结

评价指标体系是研究、分析基层供电企业电网发展和企业经营的基础,评价指标的选定要具备全面性、层次性、独立性、功能性、可操作性、差异性、继承性的特征。本章基于县公司差异化特征，参考同业对标和业绩考核指标体系，构建完整反映电网发展与生产经营的四级指标体系，一级指标分为六类，包括经济社会、公司生产、电网运行、发展投入、经营管理以及节能减排。采用主观判别法和层次分析法将基于"县公司一套表"的40张表、663个指标提炼为98个关键性指标，在此基础上根据各级指标的重要性，给出各类指标的权重，由此给出了"县公司一套表"关键指标对应同业对标指标体系的显示度。

第四章

电力供需管理决策实证

第一节 电力供需管理决策方法

"一套表"的数据来源共 26 张,包括月报 11 张、半年报 5 张、年报 10 张,涵盖经济社会、公司生产、电网运行、发展投入、经营管理和节能减排六大类,按照逐站、逐线、逐台区、逐项等最细单元统计,覆盖 110 千伏及以下各个电压等级,涉及公司的发展、运检、营销等主要业务的 663 项指标。本章通过数据挖掘和数据分析,从大量的基础数据中提取出基层供电企业的关键数据,以帮助基层供电企业完成电网发展和生产经营评价指标体系的构建。

一、数据挖掘的定义

数据挖掘(Data Mining,DM),又称为数据库中知识发现(Knowledge Discovery in Database,KDD),它是一个从大量数据中抽取挖掘出未知的、有价值的模式或规律等知识的复杂过程,也可以定义为从大量的、不完全的、有噪声的、模糊的、随机的实际应用数据中,提取隐含在其中的、人们事先不知道的但又是隐藏的有用信息的过程。

理论上,数据挖掘的最原始定义是由 W. J. Frawley 和 G. Piatetsky - Shapiro 等人提出的。从相对广义的数据库中提取人们较有兴趣的点,与此同时,知识又是隐藏的有用资源,提取的知识用概念(concepts)、规律(regularities)、规则（rules）、模式等许多不同形式来表述①。

换一个角度，数据信息挖掘是对很大的数据集进行研究寻找和分析的计算机技术辅助处理工作过程，在这个发展过程中我们可以是以前从未发现的模式，再从数据中寻找解决一些文化内涵资源（包括描述过去和预测企业未来趋势的资源）。数据挖掘可以在任何模型的关系数据库、高级数据库系统数据仓库和www资源存储上进行，但是得到的模式必须具有易于理解、新颖、有效和潜在有用的前提。从整个系统的角度来看，数据挖掘是数据库知识发现过程中的一个基本步骤。当我们可以实行相关数据进行挖掘之前，一定要先了解信息系统要实现的功能和任务具体，再从数据库检索与分析工作任务的数据。从数据挖掘中获得的信息具有三个特征：未知性、有效性和实用性。

二、数据挖掘的作用②

数据进行挖掘的功能研究主要内容包括通过以下几个方面：概念描述、关联企业分析、分类、聚类、偏差检测、时序演变分析、信息摘要、概念结构分析和元数据挖掘。这九个方面可以分为两类：描述性挖掘和预测性挖掘。描述性挖掘技术主要可以用来刻画数据集合的一般特性；预测性挖掘则是根据我国当前数据管理进行系统分析推算，从而能够达到预测目的。

（一）概念描述

概念描述通过对与特定对象相关的数据进行总结、分析和比较，描述了这些对象的内涵，并概括了这些对象的相关特征。这个描述是概括的、简洁而精确的，当然也是非常有用的知识。概念进行描述可以分为特征性描述和区别性描述，前者描述某类对象的共同发展特征，后者描述不同类研究对象企业之间的区别。生成类的特征描述只涉及类中所有对象的共性，而生成特征描述涉

---

① Frawley W J, Piatetsky - Shapiro G, Matheus C J. Knowledge discovery in databases: An overview. *AI magazine*, Vol. 13, No. 3, 1992, pp. 57 - 57.

② 该节部分数学表达与表述参考自成倩倩. 数据挖掘中的关联规则挖掘算法研究 [D]. 山东科技大学.

目标类和比较类中对象的共性。特征描述是对目标数据的一般特征或特征的总结。基本研究方法有两种：基于信息数据立方体的 OLAP 方法和面向社会属性的归纳分析方法。区别性描述是将目标类数据的一般特征与一个或多个比较类数据的特征进行比较。这种比较必须在两个或更多可比较的类之间进行。区别性描述的方法与特征性描述的方法相似。

（二）关联分析

数据进行关联是数据库中存在的一类具有重要的可被我们发现的知识。如果两个或多个变量的值之间存在某种规律性，则称其为关联。关联进行分析的目的是找出企业数据库中隐藏的关联网。有时并不需要知道数据库中数据的关联函数，即使他们知道自己也是不确定的，因此关联进行分析可以生成的规则带有可信度。关联知识反映了一个事件与其他事件之间的依赖或关联。数据库中的数据进行一般都存在着一定关联企业关系，也就是说，两个或多个研究变量的取值之间发展存在某种规律性。数据库中的数据关联是现实世界中事物的表示。数据库管理作为研究一种结构化的数据进行组织结构形式，利用其依附的数据分析模型来刻画某些数据间的关联。但数据之间的关联是复杂的，有时是隐含的，因此关联分析的目的是找出数据库中隐藏的信息。这些关联并不总是事先知道的，而是通过对数据库中的数据进行关联分析获得的，因此对业务决策具有新的价值。

（三）聚类分析

数据库中的记录数据可被划分为通过一系列问题有意义的子集，即聚类。聚类增强了人们对客观现实的理解，是概念描述和偏差分析的前提。聚类分析广泛应用于信息检索、模式识别、机器学习等领域。聚类技术研究的主要内容包括中国传统的模式识别方法和数学分类学。

20 世纪 80 年代初，Mchalski 提出了聚类技术[1]概念。该方法的主要特点是：不仅考虑对象之间的距离，而且要求类具有一定的内涵描述，从而避免了

---

[1] Kifer M, Lausen G, Wu J. Logical foundations of object – oriented and frame – based languages. *Journal of the ACM (JACM)*, Vol. 42, No. 4, 1995, pp. 741 – 843.

传统技术的片面性。聚类技术主要是基于统计方法、机器学习、神经网络等方法。

常用的聚类算法包括基于划分、层次、密度、网格和模型的五大类。作为统计学的一个重要分支，聚类分析问题有着非常广泛的应用，包括中国市场或客户分割、模式识别、生物学技术研究、空间信息数据分析、互联网文档分类等。

（四）分类和预测

分类是数据挖掘的一个重要目标和任务，在商业领域有着广泛的应用。分类的关键是确定用什么标准或规则对数据进行分类。因此，分类时首先可以根据不同属性特征，为每一种类别找到自己一个企业合理的描述或模型，即确定分类规则，再根据规则对数据信息进行垃圾分类。由于数据挖掘是一个从数据中挖掘知识的过程，为了构造这样一个分类器，知识也必须来自数据，即需要一个训练样本数据作为输入。分类器的作用是能够根据数据的属性将数据分配给不同的组，即分析数据的各种属性，找出数据的属性模型，哪些数据属于哪些组。分类管理模式分析可以通过采用多种形式表示，如分类规则、判定树、数学公式或神经网络等。分类知识挖掘中使用的代表性技术包括决策树、贝叶斯分类、神经网络分类、遗传算法、类比学习和案例学习，以及粗糙集和模糊集。预测是利用历史数据建立模型，然后利用最新的数据作为输入值，以获得未来趋势或评估商定的样本可能具有的属性值或值的范围。例如，预测分析哪些影响顾客会在企业未来的半年内取消该公司的服务，或是预测哪些电话用户会申请增值管理服务等。

（五）偏差检测

偏差检测是对数据库中的偏差数据进行检测和分析。数据库中的数据通常有一些异常记录，这些异常记录与其他数据的一般行为或模型不一致。这些数据记录被称为偏差，或被称为异常值。偏差可能是由某些数据错误引起的，也可能是数据变化的内在结果。从数据库中检测分析这些数据偏差很有研究意义，例如，在进行欺诈探测中，偏差可能预示着欺诈行为。因此，偏差检测和分析成为一个有趣的数据挖掘任务。偏差包括许多潜在的知识，如分类中的异常情况、不满足规则的特殊情况、观测结果与模型预测值之间的偏差、定量值随时间的变化等。

偏差检测的主要问题在于：偏差点与数据库记录之间不一致的标准如何确定，以及企业如何找到一个有效方法来发现这样的偏差点。偏差检测的基本方法是在观测值和参考值之间找到有意义的差异。

（六）时序演变分析

数据的时序演变分析是针对这些事件或对象以及行为随时间不断变化的规律或趋势，并以此来建立一个模型。其主要内容包括时间序列数据技术分析、序列或周期管理模式匹配和基于类似性的数据分析。文本所涉及的事件、对象、时间、地点等一般关系在人们的记忆中形成了一些固定的范畴和关系结构。通过挖掘这些结构，我们可以发现文本资料中所反映的事物发展变化的时间顺序，这是理解文本的重要线索，也即文本数据的时间序列分析。

（七）信息摘要

信息摘要是通过一种可以自动进行编制文摘的技术，即利用网络计算机将一篇文章浓缩成一篇短文的过程。摘要是一个简短的文本，用一个简洁的形式忠实地反映了原文的内容。通过阅读摘要，人们可以快速掌握大量文献的基本内容，提高信息获取的效率。尤其在信息技术爆炸的今天，电子文献的数量极其庞大，利用阅读文摘来筛选文献已成为我们选择研究文献的主要教学手段之一。然而，并非所有的文献都有摘要，事实上，许多文献都缺乏摘要。如果将摘要补充到这些文献中，会出现以下问题：文献数量的快速增长使手工编译所有摘要不现实；编写的摘要往往偏离文件内容的概括。即使是作者自己摘抄的文献，因其缺乏撰写摘要的训练，结果也不尽如人意。因此，利用网络计算机来自动编制文摘便成为一个有现实意义的研究课题。近半个世纪以来，在众多专家学者的努力下，自动文摘技术日趋成熟。

（八）信息抽取

信息抽取是根据预定义的模板从非结构化文本中提取相关信息的过程，该模板描述了所需的信息规范。这个问题模板通常说明了我国某些社会事件、实体或关系的类型。信息抽取可以帮助人们快速查找和浏览文本中的有用信息。在大量的非结构化或半结构化的文本数据中,既包含很多无用和冗余的信息,也包含很多可以用结构化形式表示的数据管理信息,如通过公式、某个重要的数据、各种活动名称、概念等。从文本中提取这些信息,然后根据它们之间的关系管理组织起来,可以从特定的角度提供一个文本数据的概览。

(九) 元数据挖掘

元数据挖掘是指对元数据进行挖掘,如对文本元数据的挖掘。文本元数据分析可以分为以下两类:一类是描述性元数据,包括一个文本的名称、日期、大小、类型等信息;另一类是语义性元数据,包括通过文本的作者、标题、机构、内容等信息。文本元数据挖掘是深层次文本挖掘的重要基础工作,为进一步的文本挖掘提供了有价值的参考信息。与其他数据挖掘不同,针对超链接和Web使用的记录挖掘技术不是作为一种内容性的挖掘,而是面向元数据的挖掘。元数据挖掘正成为一个新兴的研究领域。

三、数据挖掘的主要方法

(一) 相关性分析

相关性分析是指对两个或多个具备相关性的变量元素进行分析,从而衡量两个变量因素的相关密切程度。相关性的元素之间需要存在一定的联系或者概率才可以进行相关性分析。需要指出的是,关联性只反映变量间数量上的关系,但数量上的关联并不表示专业上的因果关系,其是否反映了变量间的因果关系还需要其他手段加以确认。

初步判断两变量间关系最直观有效的方法就是在平面直角坐标系中绘图,其中一个变量用 x 表示,另一变量用 y 表示,在平面直角坐标系中可绘制这些实测点的分布情况,称为散点图 (scatter plot),如图 4-1 所示。

由图 4-1 可见,两变量的散点分布大致呈直线趋势,其数量变化的方向相同。在统计学上两个随机变量之间呈直线趋势的关系被称为直线相关 (line-

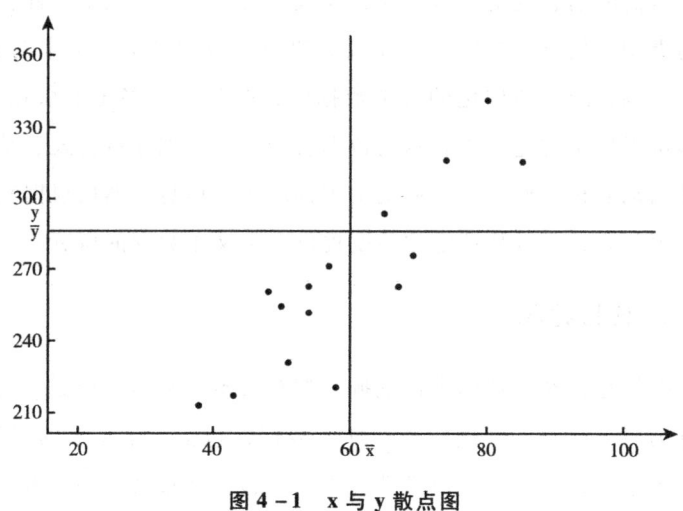

图 4-1 x 与 y 散点图

ar correlation），又称简单相关（simple correlation），其性质可由如图 4-2 所示散点图作直观说明。

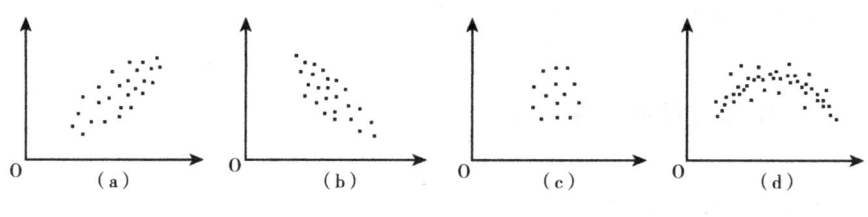

图 4-2 常见的散点图

图 4-2 中（a）、（b）中散点近似呈椭圆形分布，其变化趋势接近一直线，其中（a）中两变量同时增大或减小，变化趋势同向，称为正相关（positive correlation）。（b）中一个变量随着另一个变量的增大而减小，变化趋势相反，称为负相关（negative correlation）。如全部数据点恰好散布在一条直线上，称为完全相关，这种特殊情况在实际应用中一般很少存在。（c）中各点总的趋势杂乱无章或大致呈圆形散布，则该两变量间无相关，也称零相关（zero correlation）。（d）中各点散布也非直线趋势，也属无相关，由于统计学中提到的相关通常是指直线相关，故无相关是指无直线关系，但可能存在非直线相关。

1. 计算模型与计算步骤

（1）直线相关系数。

定量描述两个变量间直线关系的方向和密切程度的指标，称为直线相关系数（linear correlation coefficient），又称 Pearson 积矩相关系数（Pearson product moment coefficient），其公式为：

$$r = \frac{l_{xy}}{\sqrt{l_{xx}l_{yy}}} = \frac{\sum(x_i - \bar{x})(y_i - \bar{y})}{\sqrt{\sum(x_i - \bar{x})^2 \sum(y_i - \bar{y})^2}}$$

$$= \frac{\sum x_i y_i - \dfrac{\sum x_i \sum y_i}{n}}{\sqrt{\left[\sum x_i^2 - \dfrac{(\sum x_i)^2}{n}\right]\left[\sum y_i^2 - \dfrac{(\sum y_i)^2}{n}\right]}} \quad (4-1)$$

相关系数 r 没有单位，取值范围在 [-1, 1] 之间，其正负表示两变量间直线相关的方向，大于 0 为正相关，小于 0 为负相关，等于 0 为零相关。相关系数的绝对值大小表示两变量间直线相关的密切程度，绝对值越接近于 1，说明相关密切程度越高；绝对值越接近于 0，说明相关密切程度越低。

现结合图 4-1 解释相关系数的含义。经横纵坐标上 $\bar{x}$ 与 $\bar{y}$ 处两条相互垂直的直线可将此图分为 4 个象限，若两变量呈正相关，多数数据处于第一、第三象限，此时式（4-1）的分子为正数，r>0；若两变量呈负相关，多数数据处于第二、第四象限，此时式（4-1）的分子为负数，r<0。其中一个极端是所有数据均位于经过点（$\bar{x}$, $\bar{y}$）的直线上，即全部数据点要么都在第一、第三象限，要么都在第二、第四象限，此时式（4-1）的分子各项的正负号完全相同，相加后得到其最大或最小值，r=1 或 r=-1，分别对应于完全正相关或完全负相关；另一个极端是所有数据围绕点（$\bar{x}$, $\bar{y}$）成圆形均匀分布在 4 个象限内，此时式（4-1）的分子各项相加后正负号相互抵消，分子为 0，r=0，即零相关。

通过以上解释可知，式（4-1）中位于分子的离均差乘积和（l_{xy}）可反映两变量直线相关的方向和密切程度。如同在单变量描述中，用离均差平方和的平均值即方差来反映数据的离散程度，以消除样本含量不同的影响一样，可将两变量的离均差乘积之和取平均,得到样本协方差,以便不同样本含量的问题比较其相关性。协方差用符号 Cov 表示,计算公式为:

$$\mathrm{Cov}(x,y) = \frac{l_{xy}}{n-1} \tag{4-2}$$

协方差的取值大小与 x、y 的量纲有关,不同实际问题中的协方差不可直接比较。为了消除量纲的影响,将两变量分别进行标准化(每个观察值减去均数再除以其标准差)后再计算协方差,使之成为无单位的系数,便于不同问题进行比较。如此得到标准化的协方差,即相关系数的另一种形式:

$$r = \frac{\mathrm{Cov}(x,y)}{S_x S_y} \tag{4-3}$$

当式(4-3)右端分别为总体协方差和总体标准差时(其各自分子除以 n 而非 n-1),左端便是总体相关系数,习惯上记为 ρ。若 ρ≠0,称两总体有直线相关关系;若 ρ=0,则称两总体无直线相关关系。

(2)秩相关系数。

前述直线相关适用于二元正态分布资料,对于不服从正态分布、总体分布未知、存在极端值或原始数据用等级表示的资料,都不宜用积矩相关系数来分析相关性。此时,可采用秩相关(rank correlation),也称等级相关来分析两个变量间相关的方向与密切程度。该法不以特定的总体分布为前提,属于非参数统计方法。其中最常用的统计量是 Spearman 秩相关系数 r_s,又称等级相关系数,其值同样在 [-1, 1] 之间,无单位,$r_s<0$ 为负相关,$r_s>0$ 为正相关。类似于直线相关,秩相关系数 r_s 是总体秩相关系数 ρ_s 的估计值。

计算 Spearman 秩相关系数可将 n 对实测值 x_i 与 y_i($i=1, 2, 3, \cdots, n$)分别从小到大编秩(相同秩次取平均值),然后将秩次代入式(4-1)得到。

$$\begin{aligned} r &= \frac{l_{pq}}{\sqrt{l_{pp} l_{qq}}} = \frac{\sum (p_i - \bar{p})(q_i - \bar{q})}{\sqrt{\sum (p_i - \bar{p})^2 \sum (q_i - \bar{q})^2}} \\ &= \frac{\sum p_i q_i - \dfrac{\sum p_i \sum q_i}{n}}{\sqrt{\left[\sum p_i^2 - \dfrac{(\sum p_i)^2}{n}\right]\left[\sum q_i^2 - \dfrac{(\sum q_i)^2}{n}\right]}} \end{aligned} \tag{4-4}$$

2. 假设检验

用样本计算出来的相关系数 r 是一个样本统计量，存在抽样误差，需要对总体相关系数 ρ 是否为 0 作假设检验。假定随机变量 x 和 y 均服从正态分布，可用以下方法进行推断。

（1）t 检验。

$$t_r = \frac{r-0}{S_r} \qquad (4-5)$$

其中，S_r 为样本相关系数 r 的标准误，计算公式为：

$$S_r = \sqrt{\frac{1-r^2}{n-2}} \qquad (4-6)$$

当 H_0 成立时，t_r 服从自由度为 $v = n-2$ 的 t 分布。

（2）查表法。

根据自由度 $v = n-2$，查相关系数界值表，|r|越大，P 值越小；|r|越小，P 值越大。

以上两方法若 P≤α，则拒绝 H_0，可认为两变量间存在直线相关关系；若 P>α，则不拒绝 H_0，尚不能认为两变量间存在直线相关关系。

假设检验是回答两变量间的相关关系是否具有统计学意义，P 值越小并不表示相关性越强，回答相关的强弱需要计算总体相关系数 ρ 的置信区间。由于一般情况下（ρ≠0 时）ρ 的抽样分布并不对称，故先对 r 按下式作 z 变换：

$$z = \tanh^{-1} r \text{ 或 } z = \frac{1}{2}\ln\left(\frac{1+r}{1-r}\right) \qquad (4-7)$$

其中，tanh 为双曲正切函数，$\tanh^{-1}$ 为反双曲正切函数。

由于变换后的 z 近似地服从均数为 $\frac{1}{2}\ln\left(\frac{1+\rho}{1-\rho}\right)$、标准差为 $\frac{1}{\sqrt{n-3}}$ 的正态分布，故 z 的 (1-α) 置信区间可按下式计算：

$$\left(z - \frac{Z_{\alpha/2}}{\sqrt{n-3}}, \ z + \frac{Z_{\alpha/2}}{\sqrt{n-3}}\right) \qquad (4-8)$$

将式（4-7）的上、下限代入式（4-8），即得到总体相关系数 ρ 的 (1-α) 置信区间。

$$r = \tanh z \text{ 或 } r = \frac{e^{2z}-1}{e^{2z}+1} \qquad (4-9)$$

（二）聚类分析

聚类分析把分类对象按一定规则分成若干类，这些类并非事先给定的，而是根据数据特征确定的。在同一类中这些对象在某种意义上趋向于彼此相似，而在不同类中趋向于不相似。聚类分析的内容包含十分广泛，有系统聚类法、动态聚类法、分裂法、最优分割法、模糊聚类法、图论聚类法、聚类预报等多种方法。

聚类分析的基本思想是认为研究的样本或指标（变量）之间存在着程度不同的相似性（亲疏关系）。根据一批样本的多个观测指标，具体找出一些彼此之间相似程度较大的样本（或指标）聚合为一类，把另一些彼此之间相似程度较大的样本（或指标）又聚合为另一类，关系密切的聚合到一个小的分类单位，关系疏远的聚合到一个大的分类单位，直到把所有样本（或指标）都聚合完毕，把不同的类型一一划分出来，形成一个由小到大的分类系统。最后把整个分类系统画成一张谱系图，用它把所有样本（或指标）间的亲疏关系表示出来。一般来说，聚类分析有两种：一种是对样本的分类，称为 Q 型；另一种是对变量（指标）的分类，称为 R 型。其中，R 型聚类分析的主要作用是了解个别变量之间的亲疏程度，同时了解各个变量组合之间的亲疏程度；根据变量的分类结果以及它们之间的关系，可以选择主要变量进行 Q 型聚类分析或回归分析。Q 型聚类分析的主要作用可以概括为综合利用多个变量的信息对样本进行分析；分类结果直观，聚类谱系图清楚地表现数值分类结果；聚类分析所得到的结果比传统分类方法更细致、更全面、更合理。

1. 计算模型与计算步骤

（1）距离计算。

把样本看成 n 维空间的点，而把变量看成 n 维空间的坐标轴，m 个样本开始时自成一类，然后规定各类之间的距离，将距离最小的一对并成一类，然后再计算距离，直到所有单位全部合并为止。每个样本有 p 个指标，因此每个样本可以看成 p 维空间中的一个点，n 个样本就组成 p 维空间中的 n 个点，用距离来度量 n 个样本间的接近程度。

用 d_{ij} 表示第 i 个样本与第 j 个样本之间的距离。一切距离应满足以下条件：

$d_{ij} \geq 0$，对于一切 i,j

$d_{ij} = 0$，等价于样本 i 与样本 j 的指标相同

$d_{ij} = d_{ji}$，对于一切 i,j

$d_{ij} \leq d_{ik} + d_{kj}$，对于一切 i,j,k (4-10)

（2）绝对值距离。

假设有 2 个 p 维样本，$x_i = (x_{i1}, x_{i2}, \cdots, x_{ip})$ 和 $x_j = (x_{j1}, x_{j2}, \cdots, x_{jp})$，则它们的绝对值距离为：

$$d_{ij} = d(x_i, x_j) = \sum_{t=1}^{p} |x_{it} - x_{jt}| \qquad (4-11)$$

（3）欧式距离。

假设有 2 个 p 维样本，$x_i = (x_{i1}, x_{i2}, \cdots, x_{ip})$ 和 $x_j = (x_{j1}, x_{j2}, \cdots, x_{jp})$，则它们的欧氏距离为：

$$d_{ij} = d(x_i, x_j) = \sqrt{\sum_{t=1}^{p} (x_{it} - x_{jt})^2} \qquad (4-12)$$

（4）平方欧式距离。

假设有 2 个 p 维样本，$x_i = (x_{i1}, x_{i2}, \cdots, x_{ip})$ 和 $x_j = (x_{j1}, x_{j2}, \cdots, x_{jp})$，则它们的平方欧式距离为：

$$d_{ij} = d(x_i, x_j) = \sum_{t=1}^{p} (x_{it} - x_{jt})^2 \qquad (4-13)$$

（5）切比雪夫距离。

假设有 2 个 p 维样本，$x_i = (x_{i1}, x_{i2}, \cdots, x_{ip})$ 和 $x_j = (x_{j1}, x_{j2}, \cdots, x_{jp})$，则它们的切比雪夫距离为：

$$d_{ij} = d(x_i, x_j) = \underset{t}{\text{Max}} |x_{it} - x_{jt}| \qquad (4-14)$$

（6）明考斯基距离。

假设有 2 个 p 维样本，$x_i = (x_{i1}, x_{i2}, \cdots, x_{ip})$ 和 $x_j = (x_{j1}, x_{j2}, \cdots, x_{jp})$，则它们的明考斯基距离为：

$$d_{ij} = d(x_i, x_j) = \left[\sum_{t=1}^{p} |x_{it} - x_{jt}|^q \right]^{\frac{1}{q}} \qquad (4-15)$$

当 q=1、2 时，明考斯基距离为绝对值、欧式距离；若趋近无穷时，明考

斯基距离则为切比雪夫距离。明氏距离在实际的运用很多,但有一些缺点。例如,观测值的单位问题、指标间的相关问题,因此改进得到兰氏距离和马氏距离。

(7) 兰氏距离。

假设有 2 个 p 维样本,$x_i = (x_{i1}, x_{i2}, \cdots, x_{ip})$ 和 $x_j = (x_{j1}, x_{j2}, \cdots, x_{jp})$,则它们的兰氏距离为:

$$d_{ij} = d(x_i, x_j) = \frac{1}{p} \sum_{t=1}^{p} \frac{|x_{it} - x_{jt}|}{(x_{it} + x_{jt})} \qquad (4-16)$$

(8) 马氏距离。

$$d_{ij} = d(x_i, x_j) = \left[\sum_{t=1}^{p} |x_{it} - x_{jt}|^q \right]^{\frac{1}{q}} \qquad (4-17)$$

马氏距离考虑了各个指标量纲的标准化,是对其他几种距离的改进。马氏距离不仅排除了量纲的影响,而且合理考虑了指标的相关性。

2. 相似系数

(1) 夹角余弦。

假设有 2 个 p 维样本,$x_i = (x_{i1}, x_{i2}, \cdots, x_{ip})$ 和 $x_j = (x_{j1}, x_{j2}, \cdots, x_{jp})$,两变量的夹角余弦定义为:

$$C_{ij} = C(x_i, x_j) = \frac{(x_i, x_j)}{\|x_i\| \|x_j\|} = \frac{\sum_{t=1}^{p} x_{it} x_{jt}}{\left[\sum_{t=1}^{p} x_{it}^2 \sum_{t=1}^{p} x_{jt}^2 \right]^{\frac{1}{2}}} \qquad (4-18)$$

(2) 相关系数。

假设有 2 个 p 维样本,$x_i = (x_{i1}, x_{i2}, \cdots, x_{ip})$ 和 $x_j = (x_{j1}, x_{j2}, \cdots, x_{jp})$,两变量的相关系数定义为:

$$C_{ij} = C(x_i, x_j) = \frac{(x_i - \bar{x}_i, x_j - \bar{x}_j)}{\|x_i - \bar{x}_i\| \|x_j - \bar{x}_j\|} = \frac{\sum_{t=1}^{p} (x_i - \bar{x}_i)(x_j - \bar{x}_j)}{\left[\sum_{t=1}^{p} (x_i - \bar{x}_i)^2 \sum_{t=1}^{p} (x_j - \bar{x}_j)^2 \right]^{\frac{1}{2}}}$$

$$(4-19)$$

3. 聚类方法

系统聚类法的聚类原则决定样品间的距离以及类间距离的定义,类间距离的不同定义就产生了不同的系统聚类分析方法。常用的聚类方法主要有以下几种：最短距离法、最长距离法、中间距离法、重心法、平方和递增法等。

以下用 d_{ij} 表示样品 x_i 和 x_j 之间的距离，即 $d(x_i,y_j)$，当样品间的亲疏关系采用相似系数 C_{ij} 时，令 $d_{ij}^2 = 1 - C_{ij}^2$，以下用 $D_{(p,q)}$ 表示类 G_p 和 G_q 之间的距离。

（1）最短距离法。

类与类间的最短距离为：

$$D_{(p,q)} = D_s(p,q) = \min\{d_{jk} | j \in G_p, k \in G_q\} \quad (4-20)$$

该式反映了 G_p 和 G_q 中最近的两个样品之间的距离。

（2）最长距离法。

类与类间的最短距离为：

$$D_{(p,q)} = D_s(p,q) = \max\{d_{jk} | j \in G_p, k \in G_q\} \quad (4-21)$$

该式反映了 G_p 和 G_q 中最远的两个样品之间的距离。

（3）重心法。

若样品采用欧式距离，设某步将 G_p 和 G_q 并未 G_r，它们各有 n_p、n_q 和 n_r 个元素，其重心用 $\bar{X}_p$、$\bar{X}_q$ 和 $\bar{X}_r$ 表示，显然 $\bar{X}_r = \frac{1}{n_r}[n_p \bar{X}_p + n_q \bar{X}_q]$，某类 G_k 的重心为 $\bar{X}_k$，它与新类 G_r 的距离为：

$$\begin{aligned} D_{(p,q)} &= (\bar{X}_k - \bar{X}_r)^T (\bar{X}_k - \bar{X}_r) \\ &= \frac{n_p}{n_r} D_c^2(k,p) + \frac{n_q}{n_r} D_c^2(k,q) - \frac{n_p}{n_r} \frac{n_q}{n_r} D_c^2(p,q) \end{aligned} \quad (4-22)$$

上式即为重心法的距离递推公式。

（4）类平均法。

类 G_p 与类 G_q 之间的距离定义为：

$$D_G(p,q) = \frac{1}{n_p n_q} \sum_{i \in G_p} \sum_{j \in G_q} d_{ij} \quad (4-23)$$

其中，n_p、n_q 表示类 G_p 与类 G_q 的元素数量。由类 G_p 与类 G_q 构成新的类 G_r，它等于任意两个类 G_p 和 G_q 距离的平均值。新的类 G_r 与另一个类 G_k 的递推公式如下：

$$D_G(p,r) = \frac{1}{n_k n_r}[n_k n_p D_G(k,p) + n_k n_q D_G(k,q)] \quad (4-24)$$

(5) 离差平方和法。

此方法基本思想来源于方差分离差平方和法。它认为，如果分类正确，同类间的类差平方和应较小，类与类之间的离差平方和应较大。具体做法是，先将 n 个样本分成一类，然后每次缩小一类，每缩小一类离差平方和就要增大。

定义 G 类中元素的离差平方和为：

$$D_G = \sum_{i=1}^{m}[(X_i - \bar{X}_G)^T(X_i - \bar{X}_G)] \quad (4-25)$$

用 D_p、D_q 分别表示 G_p、G_q 中元素的离差平方和，用 D_{p+q} 表示大类 $G_p \cup G_q$ 的直径，则 G_p、G_q 之间的距离平方为：

$$D_w^2(p,q) = D_{p+q} - D_p - D_q = \frac{n_p n_q}{n_p + n_q}(\bar{X}_p - \bar{X}_q)^T(\bar{X}_p - \bar{X}_q) \quad (4-26)$$

离差平方和最初由 Ward 提出，故又称 Ward 方法，其递推公式为：

$$D_w^2(k,r) = \frac{n_k + n_p}{n_k + n_r}D_w^2(k,p) + \frac{n_k + n_q}{n_k + n_r}D_w^2(k,q) - \frac{n_k}{n_k + n_r}D_w^2(p,q) \quad (4-27)$$

4. 计算步骤

(1) 选择样本间距离的定义及类间距离的定义；

(2) 计算 n 个样本两两之间的距离，得到距离矩阵：

$$D = (d_{ij}) \quad (4-28)$$

(3) 构造个类，每类只含有一个样本；

(4) 合并符合类间距离定义要求的两类为一个新类；

(5) 计算新类与当前各类的距离，若类的个数为 1，则转到步骤 (6)，否则回到步骤 (4)；

(6) 画出聚类图；

(7) 决定类的个数和类。

(三) 数据包络分析

数据包络分析 (Data Envelopment Analysis, DEA) 方法是运用数学工具评价经济系统生产前沿面有效性的非参数方法，它适合应用于多投入多产出的多目标决策单元的绩效评价。这种方法以相对提高效率为基础，根据多指标投入与产出对相同类型的决策单元内容进行研究相对有效性评价。应用该方法需要进行企业绩效管理评价的另一个特点是，它不需要以参数形式规定公司生产发展前沿函数，并且允许生产前沿函数我们同时因为工作单位的不同而不同，不需要弄清楚各个方面评价决策单元的输入与输出数据之间的关联交易方式，只需要最终用极值的方法，以相对经济效益这个变量作为总体上的衡量国家标准，以决策单元（DMU）各输入输出的权重向量为变量，从最有利于提高决策的角度出发进行教学评价，从而有效避免了人为主要因素确定各指标的权重而使相关研究调查结果的客观性受到影响。这些投入产出的价值设定与虚拟系数有关，有助于找出决策单元相对效益偏低的原因。该方法是基于经验数据和逻辑的，因此它可以衡量一个决策单元从一定数量的投入产生预期产出的能力，并可以计算在一个非 DEA 有效的决策单元，投入不工作的程度。最为重要的是应用该方法研究还有我们可能需要进一步估计某个决策单元达到相对有效时，其产出应该不断增加多少，输入数据可以通过减少多少等。

1978 年由著名的运筹学家查恩斯（A. Charnes）、库伯（W. W. Cooper）和罗兹（E. Rhodes）首先提出数据包络分析的方法，DEA 有效性的评价是对已有决策单元绩效的比较评价，属于相对评价，它常常被用来评价部门间的相对有效性（又称为 DEA 有效）。他们的第一个数学模型被命名为 CCR 模型，又称为 C^2R 模型。[①] 从生产函数角度看，这一模型是用来研究具有多项输入，特别是具有多项输出的"生产部门"时衡量其"规模有效"和"技术有效"较为方便而且是卓有成效的一种方法和手段。自从该方法提出以来，就广泛应用于各个行业的有效性评价上。此后，该方法得到不断完善，并且在实践中的应用也越来越广泛。例如，1984 年 R. D. Banker，A. Charnes 和 W. W. Cooper 给出了一个被称为 BCC 的模型，又称为 BC^2 模型[②]。另外，1985 年 Charnes，W. W. Cooper 和 B. Golany，L. Seiford，J. Stutz 给出了另一个模型，称为 CCGSS

---

① Charnes A, Cooper W W, Rhodes E. Measuring the efficiency of decision making units. *European journal of operational research*, Vol. 2, No. 6, 1978, pp. 429 – 444.

② Banker R D. Estimating most productive scale size using data envelopment analysis. *European journal of operational research*, Vol. 17, No. 1, 1984, pp. 35 – 44.

模型，又称为 C^2GS^2 模型①，这两个模型是用来研究生产部门之间的"技术有效"相对效率。

1. 计算模型与计算步骤

（1）决策单元。

一个国家经济管理系统或一个企业生产发展过程都可以看成一个单位（或一个重要部门）在一定可能范围内，通过学习投入一定数量的生产技术要素并产出一定数量的"产品"的活动。虽然这些活动的具体内容各不相同，但其目的是尽可能最大限度地发挥活动的"效益"。由于从"投入"到"产出"需要经过一系列决策才能实现，或者说，由于"产出"是决策的结果，因此这样的单位（或部门）被称为决策单元（DMU）。可以认为，每个 DMU（第 i 个 DMU 常记作 DMUi）都表现出一定的经济意义，它的基本特点是具有一定的投入和产出，并且将投入转化成产出的过程中，努力实现自身的决策目标。

在许多情况下，我们对多个同类型的 DMU 更感兴趣。所谓同类型的 DMU，是指具有通过以下三个主要特征的 DMU 集合：具有一定相同的目标和任务；具有一个相同的外部市场环境；具有基本相同的投入和产出能力指标。

（2）生产可能集。

设某个 DMU 在一项经济（生产）活动中有 m 项投入，向量形式为 $x = (x_1, \cdots, x_m)^T$；产出有 s 项，向量形式为 $y = (y_1, \cdots, y_s)^T$。于是我们可以用 (x,y) 来表示这个 DMU 的整个生产活动。

定义 1：称集合 $T = \{(x,y) | 产出\ y\ 能用投入\ x\ 生产出来\}$ 为所有可能的生产活动构成的生产可能集。

在使用 DEA 方法时，一般假设生产可能集 T 满足以下四条公理：

公理 1（平凡公理）：$(x_j, y_j) \in T$，$j = 1, 2, \cdots, n$。

公理 2（凸性公理）：集合 T 为凸集，如果 $(x_j, y_j) \in T$，$j = 1, 2, \cdots, n$，且存在 $\lambda_j \geq 0$ 满足 $\sum_{j=1}^{n} \lambda_j = 1$ 则 $\left(\sum_{j=1}^{n} \lambda_j x_j, \sum_{j=1}^{n} \lambda_j y_j \right) \in T$。

---

① Charnes A, Cooper W W, Golany B, et al. Foundations of data envelopment analysis for Pareto - Koopmans efficient empirical production functions. *Journal of econometrics*, Vol. 30, No. 1 - 2, 1985, pp. 91 - 107.

公理3（无效性公理）：若$(x,y) \in T$，$\hat{x} \geq x$，$\hat{y} \leq y$，则$(\hat{x}, \hat{y}) \in T$。

公理4（锥性公理）：集合T为锥。如果$(x,y) \in T$那么$(kx, ky) \in T$，$(kx, ky) \in T$对任意的$k > 0$。

若生产可能集T是所有满足公理1、公理2、公理3和公理4的最小者，则T有以下的唯一表示形式：

$$T = \left\{ (x,y) \mid \sum_{j=1}^{n} x_j \lambda_j \leq x, \sum_{j=1}^{n} y_j \lambda_j \geq y, \lambda_j \geq 0, j=1,2,\cdots,n \right\} \quad (4-29)$$

（3）技术有效与规模收益。

技术有效：对于任意的$(x,y) \in T$，若不存在$y' > y$，且$(x,y') \in T$，则称$(x,y) \in T$为技术有效的生产活动。

规模收益：将产出和投入的同期相对变化比值$k = \frac{\Delta y}{y} / \frac{\Delta x}{x}$称为规模效益。若$k > 1$，说明规模收益递增，可以考虑增大投入；若$k < 1$，说明规模收益递减，可以考虑减小投入；若$k = 1$，说明规模收益不变，且称为规模有效。

2. CCR模型

设有n个决策单元$DMU_j (j=1,2,\cdots,n)$，它们的投入、产出向量分别为：$X_j = (x_{1j}, x_{2j}, \cdots, x_{mj})^T > 0$，$Y_j = (y_{1j}, y_{2j}, \cdots, y_{sj})^T > 0$，$j=1,2,\cdots,n$。由于在生产过程中各种投入和产出的地位与作用各不相同，因此，要对DMU进行评价，必须对它的投入和产出进行"综合"，即把它们看作只有一个投入总体和一个产出总体的生产过程，这样就需要赋予每个投入和产出恰当的权重。假设投入、产出的权向量分别为$v = (v_1, v_2, \cdots, v_m)^T$和$u = (u_1, u_2, \cdots, u_s)^T$，从而就可以获得以下的定义。

定义2：称$\theta_j = \frac{u^T Y_j}{v^T X_j} = \frac{\sum_{r=1}^{s} u_r y_{rj}}{\sum_{i=1}^{m} v_i x_{ij}}, (j=1,2,\cdots,n)$为第j个决策单元$DMU_j$的效率评价指数。

根据定义可知，可以选取适当的权向量使$\theta_j \leq 1$。如果想了解某个决策单元，假设为$DMU_o (o \in \{1, 2, \cdots, n\})$在n个决策单元中相对是不是"最优"的，可以考察，当u和v尽可能地变化时，θ_o的最大值究竟为多少。为了测得θ_o的值，Charnes等人于1978年提出了以下的CCR（三位作者名字首字母缩写）模型：

$$\text{Maximize} \frac{\sum_{r=1}^{s} u_r y_{ro}}{\sum_{i=1}^{m} v_i x_{io}} = \theta_o$$

$$\text{subject to} \frac{\sum_{r=1}^{s} u_r y_{rj}}{\sum_{i=1}^{m} v_i x_{ij}} \leq 1, j = 1, 2, \cdots, n$$

$$u_r \geq 0, v_i \geq 0, \forall r, i. \tag{4-30}$$

（1）利用 Charnes 和 Cooper（1962）[①] 提出分式规划的 Charnes – Cooper 变换：$t = \dfrac{1}{\sum_{i=1}^{m} v_i x_{io}}$，$\mu_r = tu_r(r = 1,2,\cdots,s)$，$\omega_i = tv_i(i = 1,2,\cdots,m)$ 变换后我们可以得到以下的线性规划模型：

$$\text{Maximize} \sum_{r=1}^{s} \mu_r y_{ro} = \theta_o,$$

$$\text{subject to} \sum_{i=1}^{m} \omega_i x_{io} = 1,$$

$$\sum_{r=1}^{s} \mu_r y_{rj} - \sum_{i=1}^{m} \omega_i x_{ij} \leq 0, j = 1, \cdots, n,$$

$$\mu_r, \omega_i \geq 0, r = 1, \cdots, s; i = 1, \cdots, m. \tag{4-31}$$

（2）根据线性规划的相关基本理论，可知模型（2）的对偶问题表达形式：

$$\text{Minimize } \theta_o$$

$$\text{subject to} \sum_{j=1}^{n} x_{ij} \lambda_j \leq \theta_o x_{io}, i = 1, 2, \cdots, m,$$

$$\sum_{j=1}^{n} y_{rj} \lambda_j \geq y_{ro}, r = 1, 2, \cdots, s,$$

$$\lambda_j \geq 0, j = 1, 2, \cdots, n. \tag{4-32}$$

[①] Charnes A, Cooper W W. Programming with linear fractional functional. *Naval Research Logistics Quarterly*, Vol. 9, 1962, pp. 181–185.

（3）上述的模型是基于所有决策单元中"最优"的决策单元作为参照对象，从而求得的相对效率都是小于等于 1 的。模型（2）或者模型（3）将被求解 n 次，每次即得一个决策单元的相对效率。模型（3）的经济含义是：为了评价 $DMU_o(o \in \{1,2,\cdots,n\})$ 的绩效，可以用一组假想的组合决策单元与其进行比较。模型（3）的第一个和第二个约束条件的右端项分别是这个组合决策单元的投入和产出。从而，模型（3）意味着，如果所求出的效率最优值小于 1，则表明可以找到这样一个假想的决策单元，它可以用少于被评价决策单元的投入来获取不少于该单元的产出，即表明被评价的决策单元为非 DEA 有效。而当效率值为 1 时，决策单元为 DEA 有效。有关 DEA 有效根据松弛变量是否都为零还可以进一步分为弱 DEA 有效与 DEA 有效两类。即通过考察如下模型中的 $s_i^-(i=1,\cdots,m)$ 与 $s_r^+(r=1,\cdots,s)$ 的值来判别。

$$\text{Minimize } \theta_o - \varepsilon \left(\sum_{i=1}^m s_i^- + \sum_{r=1}^s s_r^+ \right)$$

$$\text{subject to } \sum_{j=1}^n x_{ij}\lambda_j + s_i^- = \theta_o x_{io}, i = 1,\cdots,m$$

$$\sum_{j=1}^n y_{rj}\lambda_j - s_r^+ = y_{ro}, r = 1,\cdots,s$$

$$\lambda_j, s_i^-, s_r^+ \geq 0, \forall i,j,r. \tag{4-33}$$

其中 ε 为非阿基米德无穷小量。

（4）根据上述模型给出被评价决策单元 $DMU_o(o \in \{1,2,\cdots,n\})$ 有效性的定义：

定义 3：若模型（4）的最优解满足 $\theta_o^* = 1$，则称 DMU_o 为弱 DEA 有效。

定义 4：若模型（4）的最优解满足 $\theta_o^* = 1$，且有 $s_i^- = 0$，$s_r^+ = 0$ 成立，则称 DMU_o 为 DEA 有效。

定义 5：若模型（4）的最优解满足 $\theta_o^* < 1$，则称 DMU_o 为非 DEA 有效。

对于非 DEA 有效的决策单元，有三种方式可以将决策单元改进为有效决策单元：保持产出不变，减少投入；保持投入不变增大产出；减小投入的同时也增大产出。CCR 模型容许 DMU 在减小投入的同时也增加产出。对于 CCR 模型，可以通过如下投影的方式将其投向效率前沿面，从而投影所得的点投入产出组合即为 DEA 有效。

$$\hat{x}_{io} = \theta_o^* x_{io} - s_i^{-*} = x_{io} - (1 - \theta_o^*)x_{io} - s_i^{-*} \leq x_{io}, i = 1, \cdots, m$$
$$\hat{y}_{ro} = y_{ro} + s_r^{+*} \geq y_{ro}, r = 1, \cdots, s \qquad (4-34)$$

上述投影所得值与原始投入产出值之间的差异即为被评价决策单元欲达到有效应改善的数值，设投入的变化量为 Δx_{io}，产出的变化量为 Δy_{ro}：

$$\Delta x_{io} = x_{io} - \hat{x}_{io} = x_{io} - (\theta_o^* x_{io} - s_i^{-*}), i = 1, \cdots, m$$
$$\Delta y_{ro} = \hat{y}_{ro} - y_{ro} = (y_{ro} + s_r^{+*}) - y_{ro}, r = 1, \cdots, s \qquad (4-35)$$

3. BCC 模型

CCR 模型是假设生产过程属于固定规模收益，即当投入量以等比例增加时，产出量应以等比增加。然而实际的生产过程亦可能属于规模报酬递增或者规模报酬递减的状态。为了分析决策单元的规模报酬变化情况，Banker, Charnes 与 Cooper 以生产可能集的四个公理以及 Shepard 距离函数为基础在 1984 年提出了一个可变规模收益的模型，后来被称为 BCC 的模型[①]。线性形式的 BCC 模型可表示为：

$$\begin{aligned}
&\text{Maximize} \sum_{r=1}^{s} \mu_r y_{ro} - u_o, \\
&\text{subject to} \sum_{i=1}^{m} \omega_i x_{io} = 1, \\
&\sum_{r=1}^{s} \mu_r y_{rj} - \sum_{i=1}^{m} \omega_i x_{ij} - u_o \leq 0, j = 1, 2, \cdots, n \\
&\mu_r, \omega_i \geq 0, r = 1, \cdots, s; i = 1, 2, \cdots, m
\end{aligned} \qquad (4-36)$$

（1）含松弛变量形式的 BCC 对偶模型。

$$\begin{aligned}
&\text{Maximize } \theta_o - \varepsilon \left(\sum_{i=1}^{m} s_i^- + \sum_{r=1}^{s} s_r^+ \right) \\
&\text{subject to} \sum_{j=1}^{n} x_{ij}\lambda_j + s_i^- = \theta_o x_{io}, i = 1, \cdots, m \\
&\sum_{j=1}^{n} y_{rj}\lambda_j - s_r^+ = y_{ro}, r = 1, \cdots, s \\
&\sum_{j=1}^{n} \lambda_j = 1
\end{aligned}$$

---

① Banker RD, Charnes A, Cooper WW. Some models for estimating technical and scale efficiencies in data envelopment analysis. *Management Science*, Vol. 30, 1984, pp. 1078-1092.

$$\lambda_j, s_i^-, s_r^+ \geq 0, \forall i, j, r \tag{4-37}$$

其中 ε 为非阿基米德无穷小量。

（2）根据 BCC 模型中的 u_o 的取值大小，Banker 和 Thrall（1992）[①] 提出如下判别方法来判断模型（1）的规模收益。

定理 1：假设含有投入产出组合 (x_o, y_o) 的 DMU_o 是有效的，那么下面的条件可以判别模型（1）之下 DMU_o 的规模收益：

(i) 对于投入产出组合 (x_o, y_o) 规模收益不变当且仅当在某个最优解情况下有 $u_o^* = 0$；

(ii) 对于投入产出组合 (x_o, y_o) 规模收益递增当且仅当在所有最优解情况下都有 $u_o^* < 0$；

(iii) 对于投入产出组合 (x_o, y_o) 规模收益递减当且仅当在所有最优解情况下都有 $u_o^* > 0$。

其中 u_o^* 代表模型（1）中的最优解。

四、本节小结

数据挖掘是一个从大量数据中抽取挖掘出未知的、有价值的模式或规律等知识的复杂过程。本章通过主要是通过对数据挖掘与数据分析方法的研究，从基层供电企业海量的基础数据中提取出基层供电企业的关键数据，以支持基层供电企业电网发展及生产经营评价标准和实证研究分析。

第二节 基于"县公司一套表"的数据挖掘应用

经过一年多的实践，国网 J 省电力公司下属的各区县公司已将"县公司一套表"的统计数据成功运用到三个不同的应用层面：一是利用"县公司一套表"内数据统计频次高的特色，提取表中的关键数据信息，为所在地区的行

[①] Banker R D, Thrall RM. Estimation of returns to scale using data envelopment analysis. *European Journal of Operational Research*, Vol. 62, 1992, pp. 74–84.

政领导的宏观决策提供决策辅助；二是基于表内数据与县公司相关考察考核项目重合覆盖率高的特征凝练相关指标，帮助县公司管理层抓住重点环节，改善县公司的管理绩效；三是借助数据交叉，比对便利的特点，利用数据间的交叉对比，为专业部分面临问题的快速判断与解决做出支持。

一、服务地方政府的效率分析

自 2012 年以来，我国包括地区发电量在内的数个实体经济相关数据指标在各级政府中引起广泛关注。各级政府开始频繁地与所在地区的供电公司联络，以期望获得足够的数据支持来辅助当地的社会经济发展政策决策。

基于本研究课题的相关走访调研中我们发现，在某省各县级政府中，这种需求广泛存在。而为了有效服务于地方政府的决策支持需求，在绝大多数县公司中，都已形成与当地县主要领导的定期数据报送机制，而这其中，以 W 市 J 供电公司及 Z 市 D 供电公司等地区的做法最为有代表性。如在 W 市，为方便与地区领导进行沟通，J 供电公司将基于"县公司一套表"的核心数据凝练为县公司领导可随身携带的"一张表"，便于县公司主要领导可随身携带并随时为相关领导在不同场合的数据使用需求提供支持。

从图 4-3 中可以看出，J 供电公司所整理提炼为"一张表"的大多数内容，与表中所涵盖的绝大多数月报、季报、半年报以及年报数据高度重合，这使类似 J 供电公司这样的县级供电公司，可以较轻松地提取相关指标信息与地方政府进行交流，在加强了与地区政府间合作关系的同时，也从决策辅助的层面为地方经济的发展做出了贡献。

进一步地，W 市供电公司及下属的各县级公司还依靠"县公司一套表"数据细分详细、汇编迅速的特征，尝试开始对分地区的用电量等数据进行可视化数据编辑分析，以编制提供于地县两级地方政府，使地方政府可以更加迅速全面地掌握地区相关核心用电行业或者是鼓励性（限制性）行业的发展状况以及与其他类似地区的对比状况，为地方政府对当地产业政策的"精准调控"提供了决策支持。

而在同省的有些县区，地方决策者对于相关数据的需求则更为敏感和迫

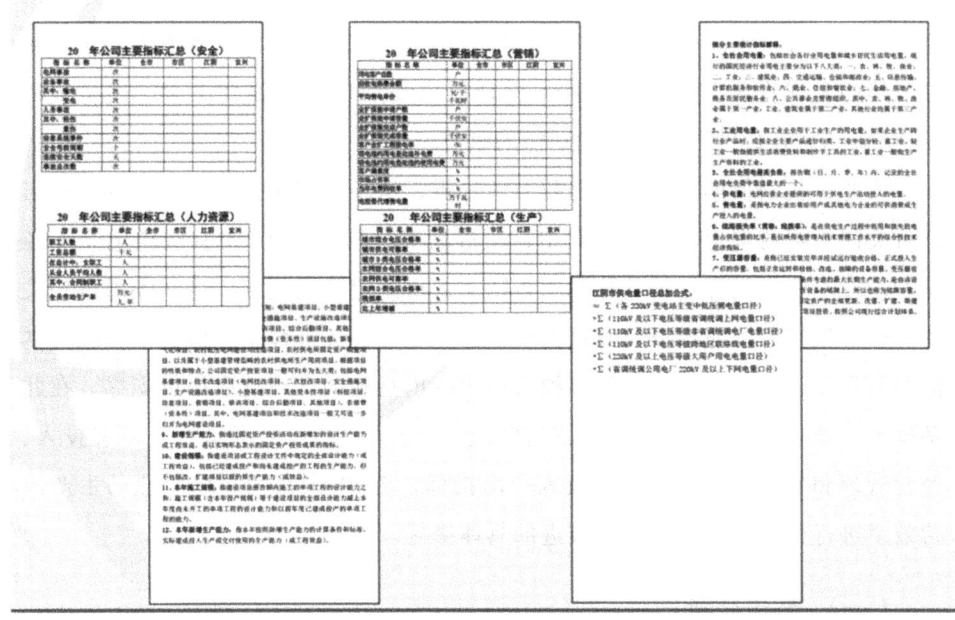

图 4-3　J 供电公司一张表图例

切。为满足这种在新常态下地方政府领导对经济运行关键信息的需求，D 供电公司等县供电公司与当地政府形成了定期供电信息报送制度。以月报形式将地方领导所需数据进行报送，并在此基础上进一步实现在关键节点时的日供电数据信息提供，以支持地区决策者决策使用。

可以看出，基于"县公司一套表"统计运用所带来的数据整合，县供电公司与地县地方政府之间的合作关系开始变得更为紧密。除了日常的供电业务以辅助地方经济发展及维持地方居民正常生活之外，县供电公司在日常经营活动中所产生的各类数据，也因"县公司一套表"的统计工作开始得以整合提炼并成为帮助地方社会经济发展的重要资源助力。

二、县级供电企业综合管理辅助决策分析

上述案例及提炼报表仅是从描述性统计分析的角度进一步强化了"县公司一套表"完善的采集数据在数据基础信息辅助方面的作用。然而对于"县

公司一套表"这样一个巨大的数据金矿而言，如何进行有效挖潜，通过利用恰当技术与分析手段，深化数据背后信息挖掘，进而为国网某省电力公司下属县公司的宏观管理决策及专业技术管理提供预判信息以辅助决策，则是实现"县公司一套表数据"决策辅助功能的重点。

因此，我们借助聚类分析与相关性分析，从距离和相关性两个维度分析与评价关键指标的理论可行性。其中，通过聚类分析提取 51 个县级供电企业经营管理及专业应用部门的共性问题与特征，得到定性的预判。进一步通过相关性分析，根据数据质量以及数据构成，进一步分析关键性指标体系中选取样本的相似程度，从而为数据包络多投入—多产出指标的合理选取提供支撑。在此基础上，通过数据包络选取涵盖经济社会、公司生产、电网运行、发展投入、经营管理和节能减排六大类的投入产出指标，对 51 个县级供电企业的生产经营效率进行甄别，并给出效率改进的具体措施。

（一）聚类分析

聚类分析的基本思想是认为研究的样本或指标（变量）之间存在着程度不同的相似性（亲疏关系）。在没有任何预判及先验知识的情况下，聚类分析根据数据特征把分类对象按一定规则分成若干类。同一类中这些对象在某种意义上趋向于彼此相似，而不同类中趋向于不相似，主要有系统聚类法、动态聚类法、分裂法、最优分割法、模糊聚类法、图论聚类法、聚类预报等多种方法。

因此，笔者利用 SPSS 软件，选取分层聚类和系统聚类（hierarchical cluster)，组间连接法，对国网某省电力公司"县公司一套表"的指标体系及关键性指标分别进行数据分析。

1. 指标的选取

报告从数据中得到相应的指标，而在聚类之前，还需要对指标进行一定的筛选。本研究按照非重复性和代表性的原则进行筛选。其中，非重复性是指指标起码存在两个不同的数值，即方差必须大于 0（典型的例子就是安全水平指标，如人身事故伤亡指标，均没有发生，值都为 0，不能用于分类）。代表性是指所选取的指标能较好地反映一级指标或者二级指标，并且有较高的权重

(选取的重点参考系为同业对标和经研院指标体系)。

根据以上原则,本研究选取以下 13 个聚类特征指标:全社会用电量、全口径售电量、供电可靠率(RS-1)、农网综合供电电压合格率、35 千伏公用线路平均长度、110 千伏公用线路平均长度、综合线损率、配网投资占固定资产比重、单位资产售电量、全员劳动生产率、市场占有率、主营业务收入增长率、新能源装机容量占地区装机容量比重。

2. 分类数的选择

在进行分类之前,首先需要确定分类数。如何确定最佳的分类,这个问题是聚类分析理论中尚未完全解决。本研究主要采用散点图确定分类数。

图 4-4 横坐标为系统聚类的聚合系数,纵坐标为类数,类数从 50 到 1。通过图中的折线,我们寻找直线的拐点,虽然从类数=9 的点到类数=8 的连线的斜率明显变平坦,但之后斜率又变大。所以我们认为在取类数=6 时,也就是在聚合系数 20 左右时,出现拐点,故取类数为 6。

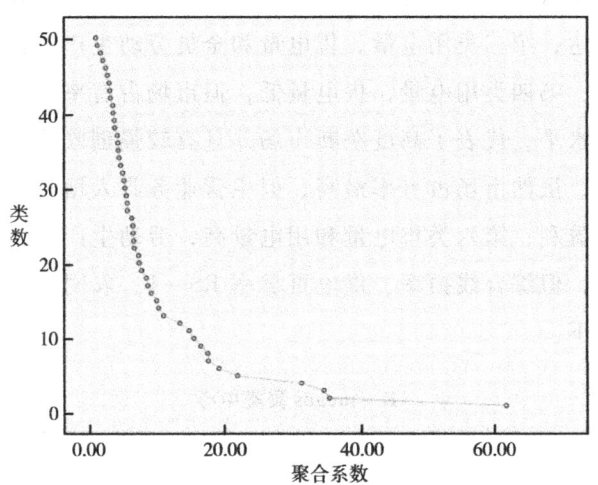

图 4-4 分类数与聚类系数散点图

3. 聚类分析

设定类数为 6,本书分别从系统聚类和 K-means 聚类两个角度展开研究,其中,系统聚类法得到相应的冰柱图(见附录 5)、树状图(见附录 6)和分类结果(见附录 6)。K-means 聚类法得出最终聚类中心和分类结果。

两种聚类方法的结果都将国网某省电力公司下属51个县级供电企业分为六类，主要区别体现为以下几个方面。

首先，K-means聚类分出了一类代表欠发达地区，与发达地区相互照应，更相得益彰。值得注意的是，在K-means聚类的结果中，J市和Y市分在一类，在一定程度上减弱了这一类的特征。

其次，系统聚类把N市两个供电公司单独分在一起，在某种程度上可以体现省会的定位对供电公司的影响，但在本书中并不十分考虑政治和地理因素，而K-means聚类分出了一类代表欠发达地区，与发达地区对照，更凸显经济因素。

综上所述，本书更趋向于K-means聚类的结果，在报告中主要对K-means聚类结果展开分析。

从聚类中心（见表4-1）可以发现，第一类较为平均，没有太过突出和落后的地方；第二类的全社会用电量、单位资产售电量、全口径售电量很高，供电可靠率RS-1、农网综合供电电压合格率也都是最好的，可以认为该地区较为发达；第三类用电量、售电量和全员劳动生产率都最低，可以认为欠发达地区；第四类用电量，售电量低，但市场占有率、主营业务收入增长率都处于高水平，代表了高度垄断市场并且有较强创收能力；第五类用电量，售电量低，虽然市场占有率最高，但主营业务收入增长率最低，可以认为垄断但难以盈利；第六类售电量和用电量高，劳动生产率和配网投资都远高于平均水平，但综合线损率、供电可靠率RS-1、农网综合供电电压合格率都在平均以下。

表4-1　　　　　　　　　　K-means 聚类中心

指标	最终聚类中心					
	聚类					
	1	2	3	4	5	6
全社会用电量	-0.25565	2.32615	-0.48381	-0.43961	-0.33341	1.91799
公用线路30千伏平均长度	-0.36021	-1.33672	0.89412	-0.22431	1.1217	-0.94516
公用线路110千伏平均长度	-0.30868	-1.35443	0.83255	2.22662	0.36584	-1.46555
新能源装机占比	-0.19037	-0.85477	0.73667	-1.08173	-0.31618	-0.98335

续表

指标	最终聚类中心					
	聚类					
	1	2	3	4	5	6
配网投资占固定资产比重	-0.17695	-1.41731	0.70328	0.32406	-1.27261	0.79939
单位资产售电量	-0.24645	2.6397	-0.47302	-0.01064	0.35011	0.03404
全口径售电量	-0.25646	2.2674	-0.50898	-0.33101	-0.00536	1.90622
主营业务收入增长率	0.15403	-0.31735	-0.176	3.81412	-0.89849	-0.56753
市场占有率	-0.16232	-0.56874	-0.12721	1.95143	4.00882	-0.53357
全员劳动生产率	-0.22963	2.64232	-0.55123	-0.33714	-0.02389	1.02776
综合线损率	-0.04937	-1.40499	0.80706	0.0614	-1.15083	-1.63498
供电可靠率 RS1	-0.08724	1.81702	-0.20265	-1.82605	-0.0056	-0.8546
农网综合供电电压合格率	-0.20787	1.92753	-0.15422	-0.44594	-0.39006	-0.40053

从 K-means 聚类结果 (见表 4-2) 及样本供电公司的分类指标可以发现，第二类的 5 个样本企业属于经济比较发达的地区；第三类的 17 个样本企业，其地区 GDP 总量有 13 个处于总样本企业的倒数 17，人均 GDP 则全部属于倒数 28，总经济总量指标可以认为其所在地区经济欠发达；第四类只有灌南县一个样本企业，研究发现该公司处于高度垄断的市场结构中，因此，尽管供电质量相对较差，但是仍有较强创收能力；第五类包括大丰市和响水县两个样本企业，与第四类企业相似，其拥有了高度的市场垄断，但是上述两个样本企业的供电质量较差且盈利能力相对较弱；第六类包括 J 和 Y 两个样本企业，公司所在地区经济比较发达，其用电量和售电量体积较大 (Y 市体量略小，但仍大于平均水平，相当于减弱了特征)，从特征性指标的聚类结果可以发现上述两家企业的劳动生产率和配网投资都远高于平均水平，属于既有雄厚资本实力又有创新能力和发展潜力的企业，其他方面是否还有改进的余地，将在本节的第三部分借助数据包络法进一步分析；其余的 24 个样本企业归为第一类。

表4-2　　　　　　　　　　　K-means 聚类结果

类别	样本企业	总个数
第一类	南京市溧水区，南京市高淳区，徐州市铜山区，金坛市，溧阳市，丹阳市，句容市，扬中市，扬州市江都区，仪征市，泰兴市，泰州市姜堰区，靖江市，海安县，如皋市，海门市，启东市，阜宁县，赣榆县，高邮市（部属），兴化市，洪泽县，沭阳县，沛县	24
第二类	常熟市，张家港市，太仓市，昆山市，苏州市吴江区	5
第三类	新沂市，邳州市，丰县，睢宁县，宝应县，射阳县，滨海县，建湖县，涟水县，盱眙县，金湖县，泗阳县，泗洪县，灌云县，如东县，东台市，东海县	17
第四类	灌南县	1
第五类	大丰市，响水县	2
第六类	江阴市，宜兴市	2

（二）相关分析

在评价指标体系的基础上，本书进一步对三级指标之间的相关关系进行分析。在对评价指标体系的全部指标进行相关性分析的基础上，本书选取了经济社会、经营管理、电网运行、公司生产中1%水平上统计显著的指标进行详尽的分析，完善研究报告内容的同时，为数据包络分析变量的选取提供一定的帮助和参考。鉴于篇幅所限，其余指标的相关系数详见附录8和附录9。研究结果表明，公司生产和电网运行指标数据中强相关的指标较多，其中，发展投入和节能减排的指标相关性不显著，本书不做详细分析。

1. GDP 总量和全口径售电量

图4-5中，横坐标为供电公司所在地2014年的GDP总量，纵坐标为各个公司的2014年的全口径售电量。从两者的关系来看，两变量的散点分布大致呈直线趋势，其数量变化的方向相同。

经计算，两者的相关系数为0.912，是强相关关系，并且相关性检测的P值=0.000，小于0.01，证明两者的相关性高度显著。分析结果说明，县级供电企业所在地区GDP和公司全口径售电量是强的正相关关系，换言之，地区GDP越高，县级供电企业的售电量越大（见表4-3）。

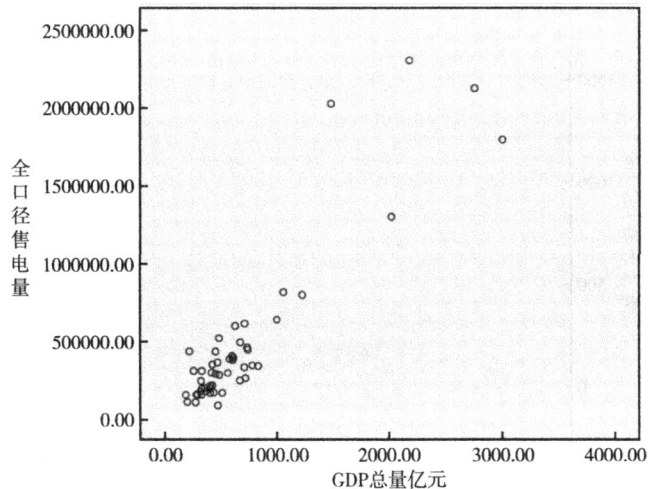

图 4-5　县公司全口径售电量与地区 GDP 增长率相关性关系散点图

表 4-3　　　　　全口径售电量与地区 GDP 增长率相关系数

		GDP 总量亿元	全口径售电量
GDP 总量亿元	Pearson 相关性	1	0.912**
	显著性（双侧）		0.000
	N	51	51
全口径售电量	Pearson 相关性	0.912**	1
	显著性（双侧）	0.000	
	N	51	51

注：** 表示在 0.01 水平（双侧）上显著相关。

2. 人才当量密度和全员劳动生产率

图 4-6 中，横坐标为县级供电企业的人才当量密度，代表了该企业的队伍素质和高级的人力资源；纵坐标为企业 2014 年的全员劳动生产率。从散点图可以看出，除去一些奇异点外，点大致在一条水平线上。

经计算，两者的相关系数为 0.391，是低度相关关系，但是相关性检测的 P 值 = 0.005，小于 0.01，证明两者的相关性高度显著。这表明县级供电企业的人才当量密度和全员劳动生产率的相关性比较低，但统计上却是显著的。一个可能的原因是人才当量密度在某种程度上影响全员劳动生产率，但却不是重要的影响因素（见表 4-4）。

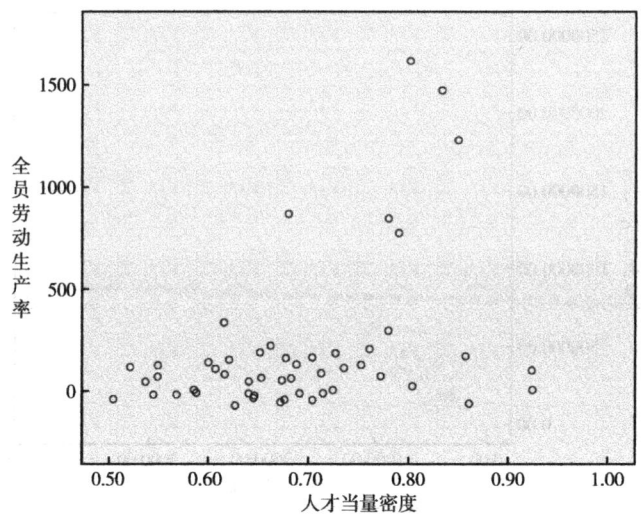

图4-6 县公司人才当量密度和全员劳动生产率相关性关系散点图

表4-4 人才当量密度和全员劳动生产率相关系数

		全员劳动生产率	人才当量密度
全员劳动生产率	Pearson 相关性	1	0.391**
	显著性（双侧）		0.005
	N	51	51
人才当量密度	Pearson 相关性	0.391**	1
	显著性（双侧）	0.005	
	N	51	51

注：** 表示在 0.01 水平（双侧）上显著相关。

3. 单位投资增售电量和供电量同比增长率

图4-7中，横坐标为县级供电企业的单位投资增售电量，纵坐标为各个公司的供电量同比增长率，散点分布大致呈直线趋势。

经计算，两者的相关系数为 0.511，是中等相关关系，并且统计显著。这里我们可以把单位投资增售电量当作一个描述个体单位的电量增加的指标，供电量同比增长率当作一个描述总体的电量增加的指标，这也就可以解释它们存在显著的相关性的现象（见表4-5）。

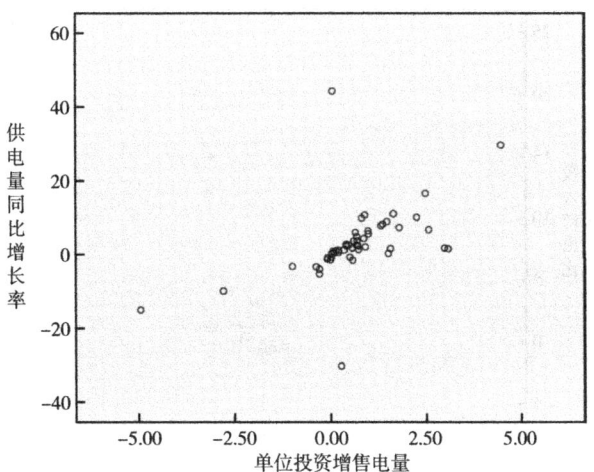

图 4-7 县公司单位投资增售电量和供电量同比增长率相关性关系散点图

表 4-5　　　　单位投资增售电量和供电量同比增长率相关系数

		供电量同比增长率	单位投资增售电量
供电量同比增长率	Pearson 相关性	1	0.511**
	显著性（双侧）		0.000
	N	51	51
单位投资增售电量	Pearson 相关性	0.511**	1
	显著性（双侧）	0.000	
	N	51	51

注：** 在 0.01 水平（双侧）上显著相关。

4. 单位投资增售电量和投入产出比

图 4-8 中，横坐标为县级供电企业的单位投资增售电量，纵坐标为县级供电企业的投入产出比。从散点图可以看出，两者的散点分布较为杂乱，没有较为统一的规律。

经计算，两者的相关系数为 0.287，是弱相关关系，且统计显著。投入产出比是项目投入资金与产出资金之比，即项目投入 1 个单位资金能产出多少单位资金。其中，产出应计为项目全部运行寿命期内收益的总和，即收益是关键

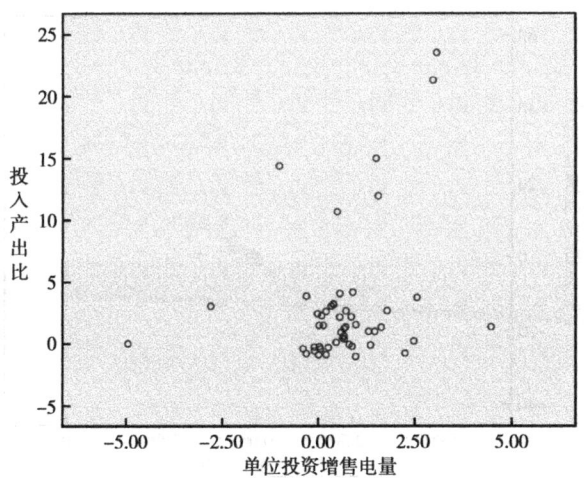

图 4-8　县公司单位投资增售电量和投入产出比相关关系散点图

所在，而所增的售电量仅仅可以当作产品所产出量的增加，收益却不一定增加，这可能就是造成相关性弱的原因（见表 4-6）。

表 4-6　单位投资增售电量和投入产出比相关系数

		单位投资增售电量	投入产出比
单位投资增售电量	Pearson 相关性	1	0.287*
	显著性（双侧）		0.041
	N	51	51
投入产出比	Pearson 相关性	0.287*	1
	显著性（双侧）	0.041	
	N	51	51

注：*表示在 0.05 水平（双侧）上显著相关。

5. 110kV 变电总容量、35kV 以上变电容量、10（20）kV 配变容量与售电量

图 4-9 中，横坐标为 110kV 变电总容量，纵坐标为县级供电企业的售电量。除去一些点，散点分布大致呈直线趋势。

图 4-10 中，横坐标为 35kV 以上变电容量，纵坐标为供电公司的售电量。散点分布大致呈直线趋势。

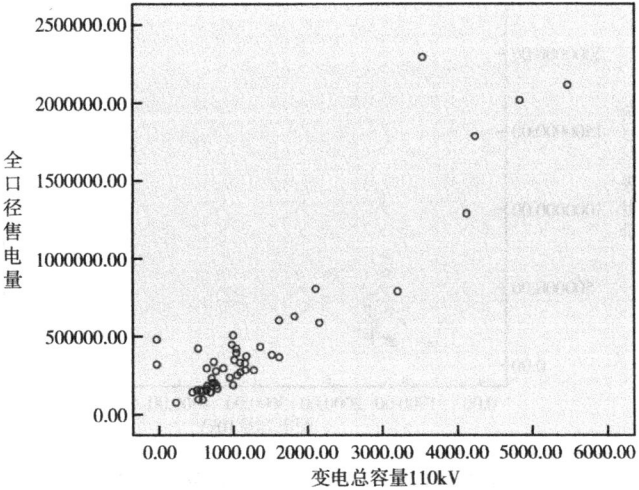

图 4-9　县公司 110kV 变电总容量与售电量相关关系散点图

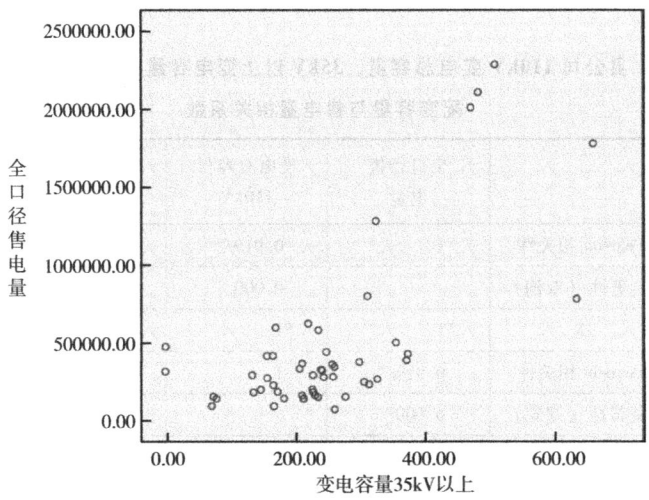

图 4-10　县公司 35kV 以上变电容量与售电量相关关系散点图

图 4-11 中，横坐标为 10(20)kV 配变量，纵坐标为县级供电企业的售电量，散点分布大致呈直线趋势。

如表 4-7 所示，全口径售电量与三个电容量的相关系数分别是 0.919、0.684、0.844，相关性较强。直觉可以解释为：售电量越大，所需的电容也越

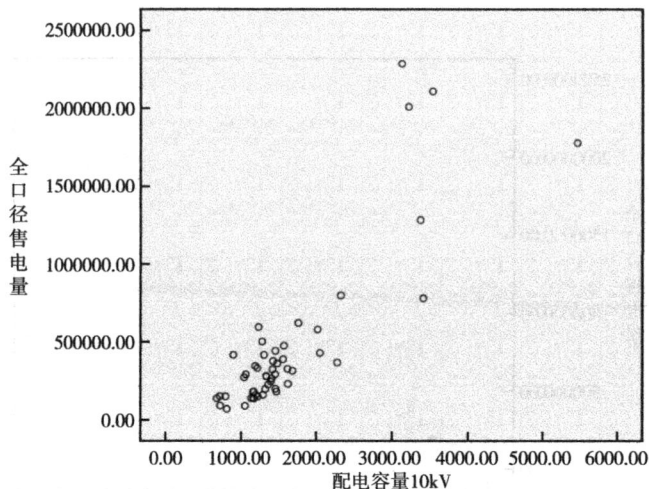

图4-11 县公司10(20)kV配变容量与售电量相关关系散点图

大。从相关分析结果表,三个电容量直接都是强相关,这也符合电网的架构和基本原理。

表4-7 县公司110kV变电总容量、35kV以上变电容量、10(20)kV 配变容量与售电量相关系数

		全口径售电量	变电总容量 110kV	变电容量 35kV 以上	配电容量 10kv
全口径售电量	Pearson 相关性	1	0.919**	0.684**	0.844**
	显著性（双侧）		0.000	0.000	0.000
	N	51	51	51	51
变电总容量 110kV	Pearson 相关性	0.919**	1	0.772**	0.873**
	显著性（双侧）	0.000		0.000	0.000
	N	51	51	51	51
变电容量 35kV 以上	Pearson 相关性	0.684**	0.772**	1	0.779**
	显著性（双侧）	0.000	0.000		0.000
	N	51	51	51	51
配电容量 10kv	Pearson 相关性	0.844**	0.873**	0.779**	1
	显著性（双侧）	0.000	0.000	0.000	
	N	51	51	51	51

注：** 在0.01水平（双侧）上显著相关。

6. 电网基建投资与售电量

图 4-12 中，横坐标为电网基建投资，纵坐标为县级供电企业的售电量，散点图分布大致呈直线趋势。

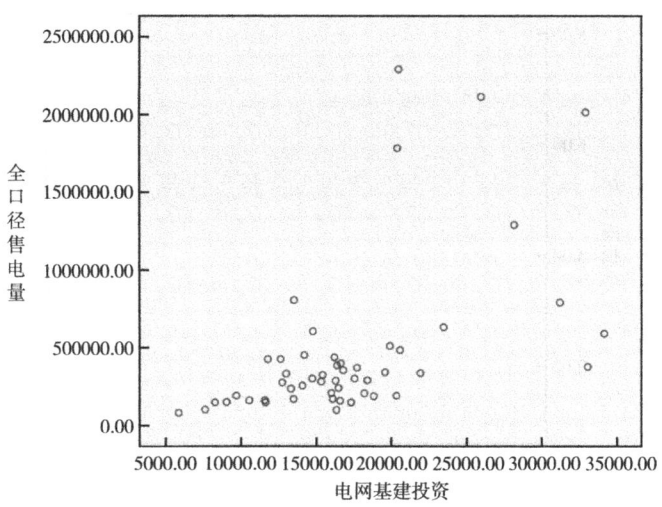

图 4-12 县公司电网基建投资与售电量相关关系散点图

如表 4-8 所示，全口径售电量与电网基建投资的相关系数是 0.541，是中等相关关系。结果说明，县级供电企业的电网基建投资越高时，其售电量可能也越大，换言之，售电量大的企业，需要较高的电网基建投资以保障整个地区供电的质量与安全。

表 4-8 电网基建投资与售电量相关系数

		全口径售电量	电网基建投资
全口径售电量	Pearson 相关性	1	0.541**
	显著性（双侧）		0.000
	N	51	51
电网基建投资	Pearson 相关性	0.541**	1
	显著性（双侧）	0.000	
	N	51	51

注：** 在 0.01 水平（双侧）上显著相关。

7. 综合线损率与线路总长度

图 4-13 中，横坐标为线路总长度，纵坐标为综合线损率。从散点图可以看出，用散点图无法判断其相关关系。

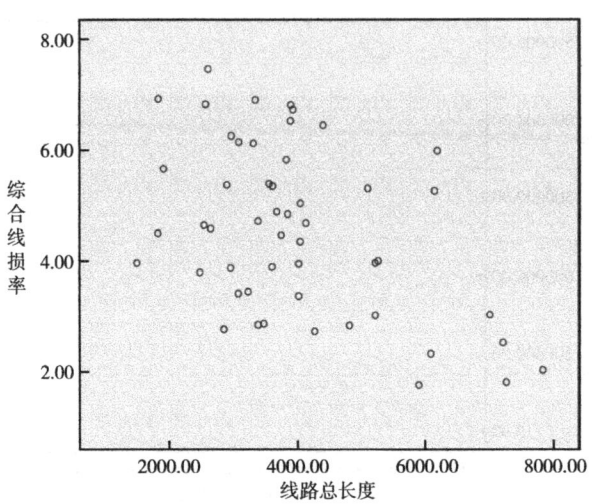

图 4-13　县公司综合线损率与线路总长度相关关系散点图

进一步计算得到，综合线损率与线路总长度为负相关关系，且统计显著，说明县级供电企业的电网线路越长时，其综合线损率可能也越小（见表 4-9）。

表 4-9　　　　　　综合线损率与线路总长度相关系数

		综合线损率	线路总长度
综合线损率	Pearson 相关性	1	-0.467**
	显著性（双侧）		0.001
	N	51	51
线路总长度	Pearson 相关性	-0.467**	1
	显著性（双侧）	0.001	
	N	51	51

注：** 在 0.01 水平（双侧）上显著相关。

8. 客户端电压合格率与 10(20)kV 配电容量

图 4-14 中，横坐标为 10(20)kV 配电容量，纵坐标为客户端电压合格率。从散点图可以看出，除去一些点，点大致分布在一条水平线上。

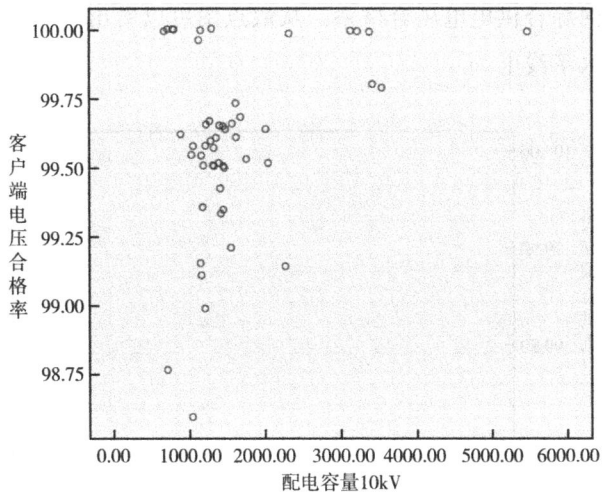

图4-14 县公司客户端电压合格率与10(20)kV
配电容量相关关系散点图

经计算发现,县级供电企业的客户端电压合格率和10(20)kV配电容量的相关性比较低,但却是统计显著。一个可能的原因是客户端电压合格率一直处于高位(基本上在0.99以上),配电容量对它的影响比较细微,但又由于客户端电压和10(20)kV配电容量有一定的相关性,因此相关性显著(见表4-10)。

表4-10　　　客户端电压合格率与10(20)kV配电容量相关系数

		客户端电压合格率	配电容量10kv
客户端电压合格率	Pearson 相关性	1	0.325*
	显著性（双侧）		0.020
	N	51	51
配电容量10kv	Pearson 相关性	0.325*	1
	显著性（双侧）	0.020	
	N	51	51

注：* 在0.05水平（双侧）上显著相关。

9. 供电可靠率 RS-1 和农网综合供电电压合格率

图4-15中,横坐标为县级供电企业的供电可靠率RS-1,纵坐标为县级

供电企业的农网综合供电电压合格率。从散点图可以看出,除去一些点,点大致分布在两条水平线上。

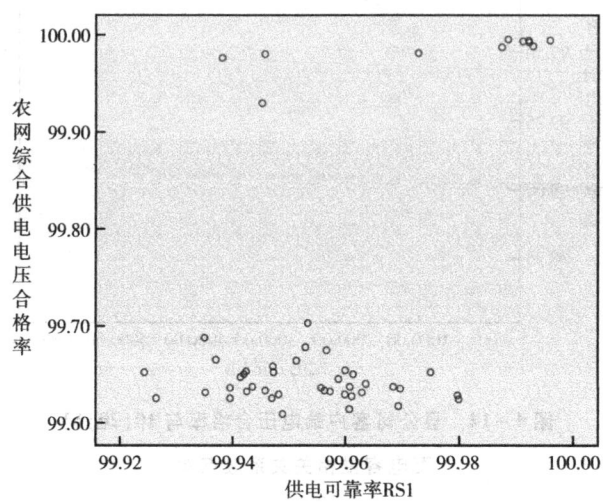

图 4 – 15　县公司供电可靠率 RS – 1 和农网综合供电电压合格率相关关系散点图

经计算,供电可靠率 RS – 1 和农网综合供电电压合格率中等相关,只能在一定程度上辅证供电可靠率 RS – 1 越高时,其农网综合供电电压合格率可能也处于高水平(见表 4 – 11)。

表 4 – 11　供电可靠率 RS – 1 和农网综合供电电压合格率相关系数

		供电可靠率 RS1	农网综合供电电压合格率
供电可靠率 RS1	Pearson 相关性	1	0.543**
	显著性(双侧)		0.000
	N	51	51
农网综合供电电压合格率	Pearson 相关性	0.543**	1
	显著性(双侧)	0.000	
	N	51	51

注:** 在 0.01 水平(双侧)上显著相关。

10. 职工人数与电网基建投资、生产技改、信息化投资、营销投入

从表 4 – 12 中可知,电网基建投资、生产技改、营销投入正相关(相关系数分别为 0.467、0.328、0.418），且相关性显著；与信息化投资负相关（相关系数为 -0.013），且相关性不显著。信息化投资与职工人数并无太大关系，甚至可能会造成反面效果（为提高生产效率和经济效益，由机器取代人力，导致职工下岗）。而电网基建、营销在现阶段还需要人力去实现，往往投入额越大的公司，所需的员工也越多。生产技改虽然也与人有关，但可能更多的是与人的素质、能力关系更大，与人数的相关性较小。

表 4-12 职工人数与电网基建投资、生产技改、信息化投资、营销投入相关系数

		供电企业职工人数	电网基建投资	生产技改	信息化投资	营销投入
供电企业职工人数	Pearson 相关性	1	0.467**	0.328*	-0.013	0.418**
	显著性（双侧）		0.001	0.019	0.927	0.002
	N	51	51	51	51	51
电网基建投资	Pearson 相关性	0.467**	1	0.089	-0.139	0.097
	显著性（双侧）	0.001		0.532	0.329	0.498
	N	51	51	51	51	51
生产技改	Pearson 相关性	0.328*	0.089	1	0.239	0.054
	显著性（双侧）	0.019	0.532		0.091	0.705
	N	51	51	51	51	51
信息化投资	Pearson 相关性	-0.013	-0.139	0.239	1	-0.083
	显著性（双侧）	0.927	0.329	0.091		0.562
	N	51	51	51	51	51
营销投入	Pearson 相关性	0.418**	0.097	0.054	-0.083	1
	显著性（双侧）	0.002	0.498	0.705	0.562	
	N	51	51	51	51	51

注：** 在 0.01 水平（双侧）上显著相关；* 在 0.05 水平（双侧）上显著相关。

11. 新能源机组数占比和新能源发电量占全社会用电量比重

图 4-16 中，横坐标为县级供电企业 2014 年的新能源机组数占比，纵坐标为各地区新能源发电量占全社会用电量比重。从两者的关系来看，两变量的散点分布大致呈直线趋势，其数量变化的方向相同，是一种正向的关系。

经计算，两个指标之间的相关性强且统计显著，说明县级供电企业的新能源机组数占比和新能源发电量占全社会用电量比重是强的正相关关系，即新能

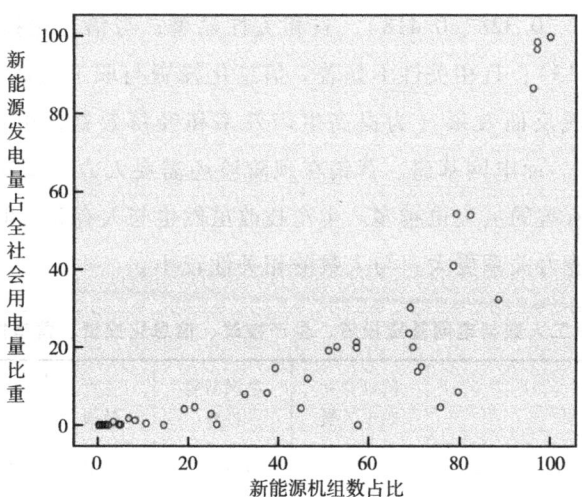

图4-16 县公司新能源机组数占比和新能源发电量占全社会用电量比重相关关系散点图

源发电量占全社会用电量比重越大（见表4-13）。

表4-13 新能源机组数占比和新能源发电量占全社会用电量比重相关系数

		新能源机组数占比	新能源发电量占全社会用电量比重
新能源机组数占比	Pearson 相关性	1	0.798**
	显著性（双侧）		0.000
	N	51	51
新能源发电量占全社会用电量比重	Pearson 相关性	0.798**	1
	显著性（双侧）	0.000	
	N	51	51

注：** 在0.01水平（双侧）上显著相关。

通过上述的聚类与相关性分析可以发现，首先，基于"县公司一套表"的混合类指标数据，可以使县级供电企业得以更好地对自身对标的对象做出界定与区分，也使上级供电企业以及省公司可以更科学地对县供电企业的对标情况作出分类的考察与决策。

其次，根据聚类分析中对一级指标的定性预判，以及相关性分析对关键指标的详尽分析，本章对于多投入—多产出的数据包络分析指标选取，提供以下指标作为参考借鉴，即客户端电压合格率、综合线损率、全社会用电量（或全口径售电量）、供电可靠率（RS-1）、电网基础建设投资额、生产技术改造投资、信息化投资、营销投入、供电企业职工人数（或全员劳动生产率）、10(20)kV配变容量、新能源装机容量占地区装机容量比重、单位资产售电量。

最后，"县公司一套表"的相关数据对于供电公司辅助决策的意义还可以体现为，通过数据包络分析等恰当的分析方法，为县级供电公司主要经营人员的经营决策提供科学依据与数据支持。

（三）数据包络分析

数据包络分析是一种使用数学工具来评价经济系统生产前沿效率的非参数方法，它适用于多投入多产出多目标决策单元的绩效评价。这种方法以相对提高效率为基础，根据多指标投入与多指标产出对相同类型的决策单元内容进行有效性评价。在实际需要运用中，由于DEA方法的运用能力较为简单，因此经常被研究者所采用进行企业生产率相关研究问题的分析。

在经过中国数十年的发展后，数据包络分析的相关信息模型有了蓬勃的发展。决策单元生产行为的C^2R模型从最基本的观点出发，考虑了决策单元在规模收益不变（生产者的产出与投入成比例变化）条件下的生产行为，然后考虑规模收益可变的BC^2模型（生产者产出与投入成比例变化），使用多维定向分解的Malmquist指数分解分析，使其成为分析微型企业的有用模型。并合理使用松弛变量，使模型从简单分析向决策过渡。

而对于我们使用该方法为某省县供电公司的管理进行决策、提供技术支持、解决生活实际存在问题时，一些国网某省电力公司通过自身生产经营行为的特征及企业文化本身的特性必须被纳入考虑之中，方可使数据包络分析的结果对实际工作具有确实的指导意义。[①]

在模式形式的选择上，数据包络分析模式的选择应尽可能地贴近企业经营的实际情况。据我们调查了解，某省的县供电公司更多的是一个区域性的职能

---

① 部分设计参考自：林章岁，李喜兰，刘林，等. 基于数据包络的某省县级供电企业经营效率分析［J］. 经济研究导刊，2017（20）：20-21.

机构，对其业务的绩效要求都不是很高。同时，电力企业公司管理行业的特殊性决定了供电服务公司的产出目标——电力的供给是以一个地区社会需要所决定的。除非区域经济增长等原因，县级供电企业不需要过度开展电力生产和输电工作。但即便如此，我们认为一个县级供电企业一般还是存在发电冗余，即应该有一定规模的效率空间。正因为如此，对于县级供电公司发展而言，其生产管理行为应该是一个市场规模经济效率可变式的生产。因此，我们认为数据包络分析中 CCR 模型的 VRS 模型能够更好地判断和分析县级供电公司的生产经营情况。

1. 投入产出指标的决定

在决定了使用模型的形式之后，需要确定的是数据包络分析中的输入和输出指标。在投入能力指标的选取上，参考前面的相关性分析，同时需要考虑到经济指标的改进发展程度以及县级供电公司管理经营者可决策范围，并结合对类似问题研究的参考以及行业内专家的意见，研究可以选择电网基础设施建设投资额、生产信息技术改造社会投资、信息化投资、营销投入、供电企业内部职工人数、110kV 电压等级年运行的变电总容量、35kV 以上变电容量、10(20)kV 配变容量以及旅游线路总长度九个指标体系作为一种基于这些数据包络的县供电公司经营效率方面分析的投入指标。

由于某省的县级供电公司没有太多的财务业绩要求，因此企业最重要的任务可概括为"安全生产，持续为该地区提供可靠、安全和适当的电力供应"。为了完成这一业务目标，综合考虑指标的合理性，结合相关研究和行业专家的建议，选择客户电压合格率、综合线损率、全口径电力销售和供电可靠性四个指标作为基于数据包络的县级供电公司效率分析的输出指标。

2. 模型分析结果

从模型分析计算的结果我们可以发现在某省 51 个县级供电企业公司的效率计算中，有 32 家县级公司的技术工作效率未达到 1 这一前沿知识水平[1]，具体评价数据如表 4-14 所示。

---

[1] 这里所说的技术效率并非所使用的生产设备技术之间的差异值，而是基于同样的投入指标和产出指标的评价标准，相关公司与对比对象相比，并没有与其他公司一样对自身的投入进行有效的利用。

表 4-14　　　　　DEA 效率低于 1 的县公司效率评估结果

决策单元名称	效率值	决策单元名称	效率值	决策单元名称	效率值
南京市溧水区供电公司	1	丹阳市供电公司	1	阜宁县供电公司	0.672
南京市高淳区供电公司	1	句容市供电公司	0.922	射阳县供电公司	0.647
常熟市供电公司	0.766	扬中市供电公司	1	响水县供电公司	1
张家港市电公司	1	扬州市江都区供电公司	0.704	滨海县供电公司	0.697
太仓市供电公司	0.97	仪征市供电公司	0.793	建湖县供电公司	0.948
昆山市供电公司	1	高邮市供电公司（部属）	1	大丰市供电公司	0.907
苏州市吴江区供电公司	1	宝应县供电公司	0.978	涟水县供电公司	1
新沂市供电公司	0.919	泰兴市供电公司	0.828	盱眙县供电公司	
邳州市供电公司	0.962	泰州市姜堰区供电公司	1	金湖县供电公司	
徐州市铜山区供电公司	0.881	靖江市供电公司	0.66	洪泽县供电公司	1
丰县供电公司	0.859	兴化市供电公司	0.721	沭阳县供电公司	0.721
沛县供电公司	1	海安县供电公司	0.740	泗阳县供电公司	0.85
睢宁县供电公司	0.78	如皋市供电公司	1	泗洪县供电公司	0.811
江阴市供电公司	0.76	如东县供电公司	0.655	灌云县供电公司	
宜兴市供电公司	0.525	海门市供电公司	0.684	灌南县供电公司	
金坛市供电公司	0.888	启东市供电公司	0.6	东海县供电公司	0.914
溧阳市供电公司	0.855	东台市供电公司	0.694	赣榆县供电公司	1

从结果可以看出，某省电力公司下属 51 家县级企业现有生产效率有待进一步提高。值得注意的是，在 32 家效率未达标的县级供电企业中，其效率未达标的原因实际上有三种：（1）对于我国大多数位于苏北与苏中地区的企业发展而言，其主要问题多存在于技术管理效率较低这一问题上，通过对一些相关工作投入的改进，这一效率落后情况可以得到有效改善；（2）苏中、苏北地区有两个县级供电企业，表现出技术效率和规模效率的双重失效；（3）除这两种不同情况外，位于苏南地区的江阴公司与宜兴公司虽然显示出技术管理效率不足的现象，但通过附录 11 所给出的两公司数据进行包络运算结果可以及时发现，这两个地区发展明显存在企业由于市场规模过大（相较于当地生活实际工作需求而言）而拖累技术效率的现象。在数据分析中，江阴和宜兴是仅有的两个推荐增加电力供应以提高技术效率的地区。这表明，这两个县的

公司并不是由于自身的技术效率不足或投资无效造成的企业技术效率低下。正是由于有效的资源和人员投入，使两家公司的供应冗余超过了当地的需求（见表4-14）。

3. 改进措施

为了提高前述32家县级企业的效率评价值，采取相应的改进措施，通过改进投入产出指数值，提高各地区的效率评价值，具体的投入改进情况见附录10。因此，对于大多数工作效率尚未最优的地区而言，县级公司领导较为可行的做法是在基础教育设施建设投资活动以及社会生产技改投资中予以进行研究经费的缩减。同时，优化110kV以上的总容量和优化整条线路（通常意味着减少现有线路的布局）是提高县级供电公司运行效率的主要有效策略（见表4-15）。

三、县级供电企业生产经营效率提升

电网诊断及电网规划一直以来都是电网公司工作的关键所在。无论是电网诊断还是电网规划，必须以海量的电网数据为基础，其难点主要有三点：一是对电网运行的基础数据需求很大，数据的收集和整理十分困难；二是电网建设四处开花，重点难以把握，集中甄别分析也没有成熟的工具可用；三是现有数据平台无法支撑所需的海量电网运行基础数据，从而很难进行深入研究，实现规划质量的实质提升。

"县公司一套表"作为一套由国家电网公司统一制定的，深入电网一线县公司的统计标准，虽然统计周期较长，但其数据涉及县公司一线运营的方方面面，十分全面。利用"县公司一套表"的数据，完全可以扩展电网现有的诊断工作，对电网运行中的薄弱环节进行宏观的把控。

（一）基于静态截面数据的电网薄弱点排查

1. 10(20)kV公用台区负荷

以D、X、S三地为例，调取其《10(20)千伏公用台区负荷统计表》，进行了筛选，条件为最大负载率大于90%的台区，如表4-16所示。

第四章 电力供需管理决策实证

表4-15　DEA效率低于1的县公司投入效率改进措施

	电网基建投资	生产技改	信息化投资	营销投入	供电企业职工人数	110kV电压等级年运行的变电总容量	35kV以上变电容量	10(20)kV配变容量	线路总长度
常熟市供电公司	0	-263.281	0	0	0	-130.971	0	-136.37	-617.871
太仓市供电公司	0	-152.561	-145.155	-37.427	0	-318.033	-265.424	0	-431.86
新沂市供电公司	-3656.868	-1178.35	-29.267	0	-22.713	-368.553	-413.695	0	-78.93
徐州市铜山区供电公司	0	-757.731	0	0	-69.745	0	-88.866	0	-510.703
丰县供电公司	0	-65.408	0	0	-27.176	-150.155	-204.787	0	-698.736
睢宁县供电公司	-2378.422	0	0	0	0	-13.893	0	-256.905	-146.962
江阴市供电公司	0	-1966.741	-3.708	-38.342	0	-1101.651	-945.376	0	-422.306
宜兴市供电公司	0	-805.604	0	-89.703	0	-76.25	-220.573	-115.548	0
金坛市供电公司	0	-273.829	0	0	-42.534	-27.639	0	-267.925	-166.366
溧阳市供电公司	0	-635.506	0	-21.435	-20.772	-190.904	-166.252	0	-1056.652
句容市供电公司	-909.401	-1161.046	0	-0.649	0	0	-74.953	-364.334	-1191.868
扬州市江都区供电公司	-2973.903	0	0	0	-15.805	0	0	0	-293.771
仪征市供电公司	-669.753	0	-7.443	0	0	-33.951	0	-7.465	0
宝应县供电公司	-3712.322	0	0	0	0	-76.298	-32.353	-76.298	0

续表

	电网基建投资	生产技改	信息化投资	营销投入	供电企业职工人数	110kV电压等级年运行的变电总容量	35kV以上变电容量	10(20)kV配变容量	线路总长度
泰兴市供电公司	-512.423	-736.754	0	0	-18.38	-98.813	0	0	-271.303
靖江市供电公司	0	-994.627	0	0	0	-287.246	-82.611	-166.002	0
兴化市供电公司	-13499.81	0	0	0	0	-106.25	-7.942	-186.741	-1589.712
海安县供电公司	0	-1202.725	0	-10.081	-36.374	0	-158.431	-213.843	-689.658
如东县供电公司	0	-1353.639	-27.535	-32.985	-67.818	-555.616	-586.405	0	-1802.13
海门供电公司	0	-980.638	-11.7	-28.002	-41.645	-90.632	-96.155	0	-245.975
启东市供电公司	0	-1129.731	-51.399	0	-83.623	-222.755	-265.451	0	-429.589
东台市供电公司	0	0	0	0	-49.547	-232.407	-197.792	0	-1359.689
阜宁县供电公司	0	0	-6.409	-8.869	0	-26.759	0	0	-238.424
射阳县供电公司	-2947.351	-1429.836	0	0	0	-103.709	0	-243.032	-1288.064
滨海县供电公司	0	-1087.798	0	0	-73.424	-26.323	0	0	-718.194
大丰市供电公司	-6440.39	0	-18.999	0	-6.651	0	-140.622	0	-1391.173
沭阳县供电公司	-19079.46	0	0	0	0	-8.637	0	-790.819	-2623.851
泗洪县供电公司	-1799.883	0	0	0	0	0	-28.475	-49.492	-448.094

从表 4-16 的筛选结果可知,在丹阳市的 6860 个台区中,没有出现最大负载率大于 100% 的情况,但最大负载率大于 90% 的共 321 个,占总数的 4.68%。

表 4-16　　　　D 市 10(20) 千伏公用台区负荷统计表筛选

指标名称	所属线路	容量 (kVA)	变压器类型	最大负荷 (kW)	最大负债率 (%)	平均负荷 (kW)	平均负载率 (%)	数据来源
甲	1	2	3	4	5	6	7	8
王福北台区	114 后西线路	200	非晶合金	199.96	99.98	47.5	23.75	配变终端
横岭路公变台区	124 横立线路	200	S11	199.94	99.97	21.36	10.68	配变终端
小汪东台区	112 后府线路	400	S11	399.84	99.96	111.88	27.97	配变终端
早巷村新塘台区	112 留墅线路	100	S11	99.95	99.95	17.23	17.23	配变终端
长春村林家桥村张家村台区	276 通港线路	400	S11	399.28	99.82	160.04	40.01	配变终端
中心校公用台区	111 六中线路	400	S11	399.16	99.79	73.6	18.4	配变终端
邹塔里台区	163 里南线路	315	S9	314.31	99.78	66.59	21.14	配变终端
普先村赵家台区	172 木龙线路	80	S9	79.76	99.7	14.17	17.71	配变终端
寄庄圩台区	271 新西线路	400	S11	398.52	99.63	97.96	24.49	配变终端
延陵镇联兴村北庄综合变台区	1Q23 北庄线路	200	S9	199.16	99.58	36.58	18.29	配变终端

从表 4-17 的筛选结果可知,在兴化市的 6759 个台区中,没有出现最大负载率大于 100% 的情况,最大负载率大于 90% 的台区有 113 个,占总数约 1.67%。

表 4-17　　　　X 市 10(20) 千伏公用台区负荷统计表筛选

指标名称	所属线路	容量 (kVA)	变压器类型	最大负荷 (kW)	最大负债率 (%)	平均负荷 (kW)	平均负载率 (%)	数据来源
甲	1	2	3	4	5	6	7	8
城东镇四场 1 号变台区	东湖线 133 线路	200.00	S11	195.00	97.5	117.00	58.50	配变终端
藏南镇不锈钢市场 2 号变台区	堡西线 295 线路	400.00	S11	389.64	97.41	233.78	58.45	配变终端

续表

指标名称	所属线路	容量（kVA）	变压器类型	最大负荷（kW）	最大负债率（%）	平均负荷（kW）	平均负载率（%）	数据来源
甲	1	2	3	4	5	6	7	8
城东镇杨家废品2号变台区	新南线145线路	160.00	S11	155.82	97.39	93.49	58.43	配变终端
竹泓镇竹冯大桥2号变台区	竹泓线140线路	200.00	S11	194.52	97.26	116.71	58.36	配变终端
戴窑镇戚家2号变台区	140永杰线路	200.00	S9	194.26	97.14	116.57	58.29	配变终端
戴南镇不锈钢市场3号变台区	堡西线295线路	315.00	S9	305.90	97.11	183.54	58.27	配变终端
竹泓镇中学1号变台区	竹泓线140线路	250.00	S9	242.43	96.97	145.46	58.18	配变终端
戴南镇罗西6号变台区	东荣线252线路	315.00	非晶合金	305.39	96.95	183.24	58.17	配变终端
城东镇四场3号变台区	东湖线133线路	200.00	S9	193.78	96.89	116.27	58.14	配变终端
戴南镇姜何4号变台区	南翔线132线路	200.00	S9	192.78	96.49	115.79	57.90	配变终端

从表4-18的筛选结果可知，在S市的7365个台区中，无最大负载率大于100%的台区。最大负载率大于90%的台区仅1个，为"驻丘中变台区"，其平均负载率仅为21.62%。可对该台区进行标注，在下个周期的"县公司一套表"数据筛选中，重点关注。

表4-18　S市10(20)千伏公用台区负荷统计表筛选

指标名称	所属线路	容量（kVA）	变压器类型	最大负荷（kW）	最大负债率（%）	平均负荷（kW）	平均负载率（%）	数据来源
甲	1	2	3	4	5	6	7	8
驻丘中变台区	1C1贤官线路	200.00	S11	181.36	90.68	43.24	21.62	配变终端
东嘴南配变台区	1H8湖东线路	200.00	S11	174.41	87.21	53.83	26.92	配变终端
南京路商业小区2号公变台区	113兰天线路	200.00	S11	174.41	87.20	53.83	26.91	人工测量
文化新村2号公变台区	162市场线路	315.00	S9	265.67	84.34	54.87	17.42	配变终端

从所选的 D、X 和 S 三地《10(20)千伏公用台区负荷统计表》筛选结果可以看出，D 市地处沿海某省发达地区，经济活跃，眼镜、五金、汽车零部件、木业、医疗器械等产业均具备不小的规模，较多台区的最高负荷率接近100%，所属县公司应加大人力、物力投入，对存在隐患的台区进行重点排查，为经济的进一步飞速发展保驾护航；D 市区位稍次，其经济也较为发达，最高负载率超过 90% 的台区比例与 D 市比虽然较低，但也不属个别现象，应定期进行监控，确保台区安全运行；S 隶属于 S 市，由于地理位置的劣势，其经济在某省属于第三梯队的行列，但其台区的建设较超前，基本没有出现台区最高负载率过大的情况。

2. 35～110 千伏变电站负荷

以 D 市为例，调取其《35～110 千伏变电站负荷统计表》，其筛选结果如表 4-19 所示。

表 4-19　　　　　　D 市 35～110 千伏变电站负荷统计表筛选

变压器名称	所属变电站	电压等级	容量（kVA）	10（20、6）千伏出线间隔		最大负荷（%）	最大负载率（%）	平均负荷（kW）	平均负载率（%）
				总数（个）	已用数（个）				
甲	乙	1	2	3	4	5	6	7	8
1号变压器	云林变电站	35kV	6300	3	3	6260	99.37	3680	58.57
1号变压器	界牌变电站	110kV	31500	7	7	30560	97.02	14990	47.59
1号变压器	祈钦变电站	35kV	6300	5	4	5580	88.57	1870	29.68
1号变压器	窦北变电站	35kV	20000	6	6	17670	88.35	8210	41.05
2号变压器	北门变电站	110kV	40000	8	8	34800	87	14800	37
1号变压器	横塘变电站	110kV	31500	12	12	27030	85.81	11800	37.46
1号变压器	里庄变电站	35kV	6300	3	1	5310	84.29	2230	35.4
2号变压器	东河变电站	35kV	20000			16320	81.6	5270	26.35

从表 4-19 的筛选结果可知，在 D 市的 57 个 35～110kV 变电站中，"云林变电站"和"界牌变电站"的 1 号变压器最大负载率较高，其平均负载率也都达到 50% 的水平。可考虑进一步分析临近的变电站，利用互联线路负荷分段的调整功能，减轻重载变电站的负担，均衡负荷。

3. 10~110千伏线路最高负荷

以D市为例,调取其《10~110千伏线路最高负荷统计表》,其筛选结果如表4-20所示。

表4-20　　　　D市10~110千伏线路最高负荷统计表筛选

指标名称	线路长度（公里）		装接配变容量（kVA）		安全电流（A）	最大运行电流（A）	线路最大负荷（MW）	最大负载率（%）
	架空	电缆	公用	专用				
甲	2	3	4	5	7	8	9	11
287镇东线路	6.58	2.28	2090	9105	352	318.64	5.34	90.52
163里南线路	25.52	1.50	9365	9250	352	310.22	5.2	88.13
399窦访11线路	5.00	0.18			439	384.3	22.57	87.54
170东顶线路	0.76	0.90	200	1250	550	475.08	7.61	86.38
143河西线路	23.44	1.20	7145	3725	352	303	4.98	86.08
172吕东线路	6.85	0.90	3015	5980	550	473.44	7.87	86.08
114珥工线路	8.60	1.20	4305	1085	352	302.44	4.67	85.91
115珥南线路	40.75	0.30	11220	3550	352	302.44	5.2	85.91
254访工线路	8.65	0.60	5505	5845	352	299.2	5.08	85

从筛选结果可知,D市的446条10~110kV线路运行状态较好,仅"207镇东线路"出现过最大负载率达到90%以上的情况,可予以一定关注。

4. 10~110千伏线路及台区线损

以D市为例,调取其《10~110千伏线路线损率情况表》和《10(20)千伏公用台区线损率统计表》,其筛选结果如表4-21和表4-22所示。

表4-21　　　　D市10~110千伏线路线损率筛选　　　　单位:万千瓦时

线路名称	电压等级	累计			
		输入电量	输出电量	线损电量	线损率
甲	1	2	3	4	5
2H44界居Ⅱ线路	20kV	123	111.98	11.02	8.96
222双阳线路	10kV	632.54	576.06	56.48	8.93
2H21界居Ⅲ线路	20kV	43.3	39.47	3.83	8.85
251立交线路	10kV	329.8	301.6	28.2	8.55

续表

线路名称	电压等级	累计			
		输入电量	输出电量	线损电量	线损率
甲	1	2	3	4	5
2H43 界居Ⅰ线路	20kV	110.23	101.15	9.08	8.24
224 红灯线路	10kV	733.92	673.74	60.18	8.2
275 普善线路	10kV	384.19	352.72	31.47	8.19
254 蒋南线路	10kV	487.04	448.02	39.02	8.01
227 幸福线路	10kV	197.34	181.61	15.73	7.97
127 朝阳线路	10kV	1398.65	1287.32	111.33	7.96

从筛选结果可知，近年来 D 市在线损管理方面成果显著，无论是线路还是台区，均没有出现线损率高于 10% 的情况。其 10～110kV 线路共 446 条，线损率均低于 9%；线损率高于 8% 的仅 8 条。公用台区 6633 个，线损率大于 9% 的 193 个，占总数的 2.9%。在下一阶段的线损管理工作中，可对以上线损率较高的台区进行重点分析，并设定下一阶段的管理计划，利用"县公司一套表"下一周期的筛选结果进行考核。

表 4-22　　　　D 市 10～110 千伏公用台区线损率　　　　单位：万千瓦时

指标名称	所属路线	累计			
		供电量	售电量	损失电量	线损率
甲	乙	1	2	3	4
布厂宿舍 1#台区	127 朝阳线路	3.76	3.38	0.37	9.98
青阳村中王台区	172 木龙线路	32.24	29.03	3.21	9.97
杨家隶南台区	216 后北线路	28.81	25.95	2.86	9.91
凤凰新村 10#变台区	237 华阳线路	16.74	15.08	1.66	9.89
集镇村信中学台区	212 集镇线路	46.56	41.97	4.59	9.86
城南 11—13 队变台区	236 南云线路	11.12	10.03	1.1	9.84
欧洲城 3#配电房 2#台区	282 振新线路	1.04	0.94	0.1	9.81
台阳小区台区	133 水云线路	28.37	25.59	2.78	9.81

(二) 基于动态数据变化趋势的电网规划辅助

电网的建设周期较长，因此其规划必须有一定的前瞻性。挖掘"县公司一套表"的数据，对在较长的时间尺度上出现持续增长或减少的指标进行关注，能够起到指标预测预警的作用，从而辅助电网更好地进行规划工作。

练湖开发区地处 D 市西北，位于河阳与开发区两高速入口之间，地理位置优越。原省属练湖农场移交地方后，在区内成立了 D 生命产业园区。练湖开发区主要由 110 千伏练湖变供电，近年来，随着越来越多的企业以及练湖新城大型居住小区在此落户，区内用电负荷需求增大。练湖 2009 年初投运一台 63000kVA 主变，2014 年 7 月增容一台 63000kVA 主变。以练湖变 115 魏家线路为例，该线路全长 18.48 千米，公用台区容量 2915kVA。

通过对"县公司一套表"数据分析比对，如表 4-23 所示，2014 年 2 月该线路下所有公用台区中平均负载率最高为 17.59%，最大负载率最高为 70.25%，无重载台区。

表 4-23　　D 市 10(20) 千伏公用台区负荷统计表（2014.02）

台区名称	台区编码	所属线路	容量(kVA)	变压器问型	最大负荷(kW)	最大负载率(%)	平均负荷(kW)	平均负载率(%)	数据来源
二队台区	1080	115魏家线路	100	S11	12.59	12.59	1.99	1.99	配变终端
二队北台区	1081	115魏家线路	50	S9	13.03	26.06	2.42	4.84	配变终端
渡东村台区	1377	115魏家线路	80	S9	7.768	9.71	1.12	1.4	配变终端
练湖八队综合支台区	2755	115魏家线路	80	非晶合金	10.31	2.232	2.79		配变终端
练湖东两村台区	2757	115魏家线路	315	S11		56.25	68.99	50.526	16.04	配变终端
练湖九队台区	2761	115魏家线路	100	非晶合金	29.6		29.6	6.16	6.16	配变终端
练湖六队村台区	2762	115魏家线路	100	非晶合金	58.25	15.63	2.256	9.09	配变终端
练湖龙村台区	2763	115魏家线路	50	非晶合金	7.815	15.63	2.256	4.51	配变终端
练湖七队台区	2767	115魏家线路	100	非晶合金	18.24	18.24	8.17	8.17	配变终端
练湖三队北台区	2768	115魏家线路	100	非晶合金	17.64	17.64	1.42	1.42	配变终端
练湖三队台区	2769	115魏家线路	125	S9	5.7375	4.59	1.7125	1.37	配变终端
练湖十队台区	2770	115魏家线路	100	非晶合金	70.25	70.25	6.18	6.18	配变终端
练湖四队台区	2771	115魏家线路	100	非晶合金	9.31	9.31	1.07	1.07	配变终端
练湖五队台区	2772	115魏家线路	160	S9	8.464	5.29	1.896	1.18	配变终端
练湖城村台区	2806	115魏家线路	50	S9	8.85	17.7	1.77	3.5	配变终端
练湖杨家台区	2807	115魏家线路	160	S9	31.408	19.63	5.104	3.19	配变终端
练湖一村台区	2812	115魏家线路	50	S9	13.53	27.06	1.9	3.8	配变终端
练湖中心河台区	2813	115魏家线路	50	S9	22.715	45.43	8.795	17.59	配变终端
龙城电站台区	2942	115魏家线路	160	S9		36.93	23.08	5.6	3.5	配变终端
龙井台区	2943	115魏家线路	50	S9	10.88	21.76	1.45	2.9	配变终端
农村村台区	3039	115魏家线路	80	S9	17.496	21.87	3.16	3.95	配变终端
东岗南台区	920	115魏家线路	100	S9	18.405	18.405	4.605	9.21	配变终端

资料来源：计算 excel 来源。

如表 4-24 和表 4-25 所示，该线路下的东岗南台区、练湖六队台区最大负载率在 2014 年 8 月的"县公司一套表"中分别为 98.13%、91.91%，在 2015 年 2 月分别达到 98.14%、91.91%，均属重载台区且呈现逐年递增的态势。

表4-24　　　D市10(20)千伏公用台区负荷统计表(2014.08)

台区名称	台区编码	所属线路	容量(kVA)	变压器类型	最大负荷(kW)	最大负载率(%)	平均负荷(kW)	平均负载率(%)	数据来源
二队北台区	1078	115糟家线路			19.165	38.33	3.1492	6.3	配变终端
二队台区	1079	115糟家线路	100	S11	26.65	26.65	3.3691	3.37	配变终端
观东村台区	1384	115糟家线路	125	S9	98.25	78.6	5.2942	4.24	配变终端
练湖八队联合变台区	2804	115糟家线路	80	S9	91.91	26.0	1.3422	1.66	配变终端
练湖东村台区	2806	115糟家线路	315	S11		69.29	49.3856	15.66	配变终端
练湖九队台区	2810	115糟家线路	100	非晶合金	64.92	64.92	5.2011	5.2	配变终端
练湖农村村台区	2811	115糟家线路	100	非晶合金	91.91	91.91	12.563	12.56	配变终端
练湖龙村村台区	2812	115糟家线路	50	S9	7.9	15.8	0.3929	0.79	配变终端
练湖七队北台区	2816	115糟家线路	100	非晶合金	53.28	53.28	9.1941	9.19	配变终端
练湖三队北台区	2817	115糟家线路	125	S9	63.7125	50.97	2.2058	1.76	配变终端
练湖三队台区	2818	115糟家线路	100	S9	28.09	28.09	1.6814	1.68	配变终端
练湖十队台区	2819	115糟家线路	100	S9	72.59	72.59	6.0002	6	配变终端
练湖四队台区	2820	115糟家线路	100	非晶合金	10.56	10.56	1.0389	1.04	配变终端
练湖五队台区	2821	115糟家线路	160	S9	17.456	10.91	1.0756	0.67	配变终端
练湖杨家村台区	2855	115糟家线路	50	S9	14.05	28.1	0.9393	1.86	配变终端
练湖杨家村台区	2856	115糟家线路	160	S9	54.816	34.26	6.6119	4.13	配变终端
练湖一村台区	2861	115糟家线路	125	S9	41.9625	33.57	2.8636	2.31	配变终端
练湖中心台区	2862	115糟家线路	125	S9		48.11	0.2323	0.58	配变终端
龙城站台区	2990	115糟家线路	160	S9	98.13	56.16	5.0057	3.13	配变终端
龙村台区	2991	115糟家线路	50	S9		74.33	4.7249	9.45	配变终端
农科所台区	3296	115糟家线路	50	S9	18.44	36.88	2.4631	3.26	配变终端
东岗南台区	911	115糟家线路	50		49.065	98.13	3.7908	7.58	配变终端

表4-25　　　D市10(20)千伏公用台区负荷统计表(2015.02)

台区名称	台区编码	所属线路	容量(kVA)	变压器类型	最大负荷(kW)	最大负载率(%)	平均负荷(kW)	平均负载率(%)	数据来源	是否安装负荷自动采集装置
二队北台区	1144	115糟家线路	50		22.65	45.3	6.3		配变终端	是
二队台区	1145	115糟家线路	100		46.98		5.47	5.47	配变终端	是
观东村台区	1466	115糟家线路	125		94.58	75.66	5.76	4.61	配变终端	是
练湖八队联合变台区	3076	115糟家线路	80		91.91		1.70	2.13	配变终端	是
练湖东村台区	3078	115糟家线路	315	非晶合金		82.87	72.04	22.87	配变终端	是
练湖九队台区	3083	115糟家线路	100	非晶合金	64.92	64.92	7.95	7.95	配变终端	是
练湖农村村台区	3084	115糟家线路	400	非晶合金	367.64	91.91	62.04	15.51	配变终端	是
练湖农村村台区	3085	115糟家线路	50		7.9	15.8	1.66	1.66	配变终端	是
练湖七队台区	3089	115糟家线路	100	非晶合金	53.28	53.28	10.44	10.44	配变终端	是
练湖三队北台区	3090	115糟家线路	125	S9	71.73	57.38	2.94	2.35	配变终端	是
练湖三队台区	3091	115糟家线路	100	S9	28.09	28.09	1.59	1.59	配变终端	是
练湖十队台区	3092	115糟家线路	100	S9	72.59	72.59	7.47	7.47	配变终端	是
练湖四队台区	3093	115糟家线路	50		10.56	10.56	1.71	1.71	配变终端	是
练湖五队台区	3094	115糟家线路	160	S11	22.98	14.36	0.94	0.59	配变终端	是
练湖杨家村台区	3131	115糟家线路	50	S9	14.05	28.1	1.17	2.34	配变终端	是
练湖杨家村台区	3132	115糟家线路	160	非晶合金	54.82	34.26	6.61	4.13	配变终端	是
练湖一村台区	3137	115糟家线路	125	S9	41.96	33.57	2.93	2.34	配变终端	是
练湖中心河台区	3138	115糟家线路	50	S11	24.06	48.11	1.90	3.80	配变终端	是
龙城站台区	32T2	115糟家线路	160	S9		56.16	5.01	3.13	配变终端	是
龙村台区	32T3	115糟家线路	50		98.14	36.32	1.92	3.85	配变终端	是
农科所台区	3628	115糟家线路	80		18.44	23.05	3.39	4.24	配变终端	是
东岗南台区	976	115糟家线路	50		49.07	98.13	3.26		配变终端	是

D供电公司发展部将这一情况反馈给运检部，运检部立即采取措施，将东岗南台区和练湖六队台区分别增容100kVA和300kVA，并将东岗南台区部分负荷切换转移到练湖六队台区，调整前后线路情况如图4-17所示，东岗南台区与练湖六队台区的最高负载率变化情况如图4-18所示。调整后，两个重载台区的最高负载率均大幅降低。

通过"县公司一套表"中数据的深度挖掘，公司的及时有效地减轻重载台区的用电压力，平衡了负荷，优化了网络结构，为居民用户的安全可靠用电提供了有力保障，将问题解决在萌芽的状态。

在利用"县公司一套表"数据提升县级供电企业各部室生产经营效率方面，本节提出基于"县公司一套表"静态截面数据进行电网薄弱点排查和基

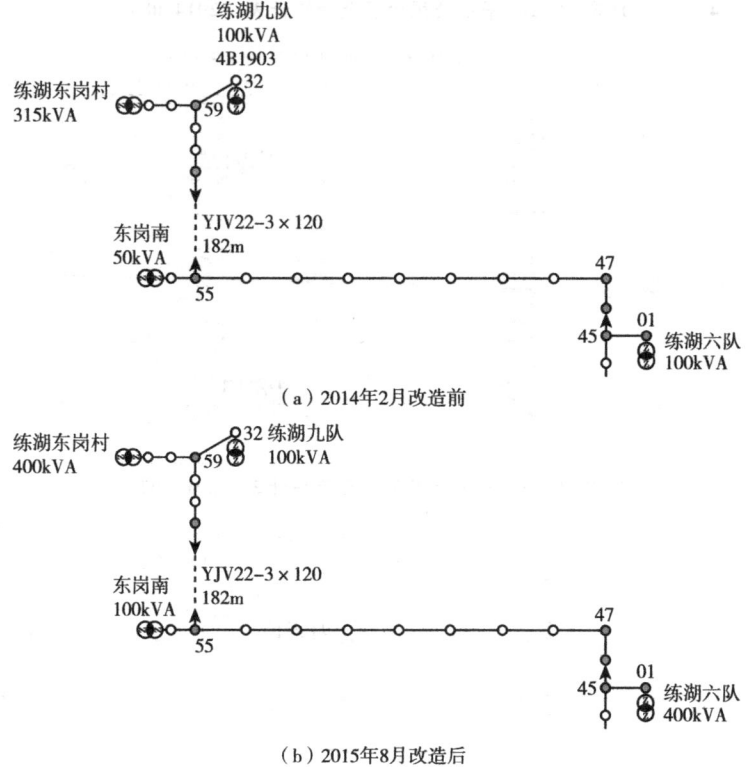

图4-17 魏家线路调整前后示意图

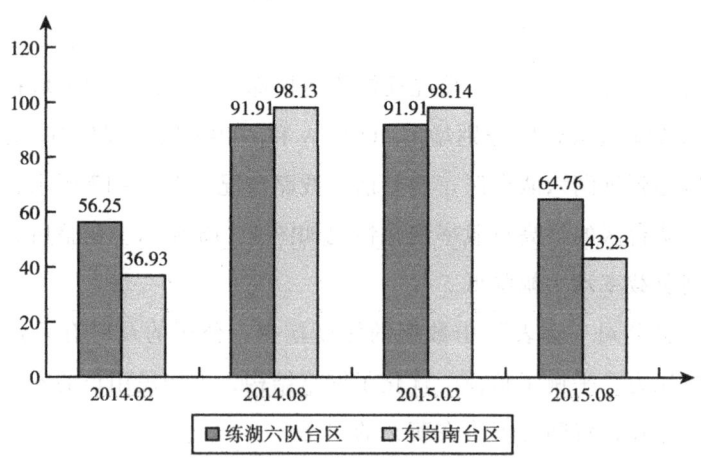

图4-18 东岗南与练湖六队台区最高负荷率变化示意图

于动态数据变化趋势进行电网规划辅助两种应用思路。S 市、X 市和 D 市，以 2015 年 2 月《10(20)千伏公用台区负荷统计表》《35～110 千伏变电站负荷统计表》《10～110 千伏线路线损率情况表》及《10(20)千伏公用台区线损率统计表》四个统计报表为案例，对存在过载隐患的 10(20)千伏公用台区、35～110 千伏变电站，存在线损超标的 10～110 千伏线路、10(20)千伏公用台区进行筛查。详细阐述了丹阳电力公司通过 2014 年 2 月、2014 年 8 月、2015 年 2 月《丹阳市 10(20)千伏公用台区负荷统计表》进行动态数据变化趋势追踪，发现练湖开放区练湖变 115 魏家线路存在容量持续递增，从而实现趋势预判，及时增容整改的实际案例。可见，基于"县公司一套表"的两种应用思路均可为县公司专业部室进行电网诊断提供新的视角。

（三）基于 EViews 的生产经营效率提升

从前面内容可以看出，基于"县公司一套表"的两种应用思路，可以为县公司专业部门和办公室开展电网诊断提供新的视角。然而，前述的分析均基于对"县公司建立一套表"数据的描述性统计分析，数据的海量特征和基层管理工作进行专业素质的差异性无疑是本项研究工作更加深入开展的障碍，同时也缺乏科学性。因此，本节利用 EViews 软件对数据进行自动化分析。

由结果可见，图 4-19 的顶部是东岗南台区最大负荷率趋势的回归曲线。该曲线呈现上升趋势，与该台区 2014 年 2 月至 2015 年 2 月的实际变化趋势是

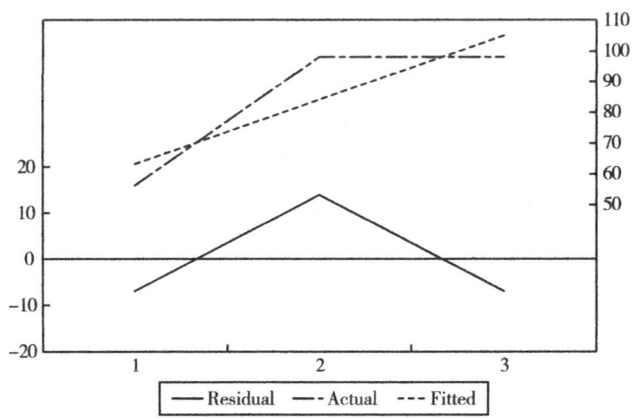

图 4-19　东岗南台区最高负荷率变化拟合曲线及误差曲线

一致的。图 4 - 20 显示回归曲线，说明回归曲线的拟合误差在可接受的范围内。

图 4 - 20 中的浅色线为未来东岗南台区最大负载率的预测曲线，该曲线最后两个点预测了 2015 年 8 月与 2016 年 2 月的最大负载率。深色区域是最大荷率的区间预测。显然，如果不及时采取增容措施，未来电站的最大负荷率将有 95% 的可能落在深色区域，达到 120% 或更高。

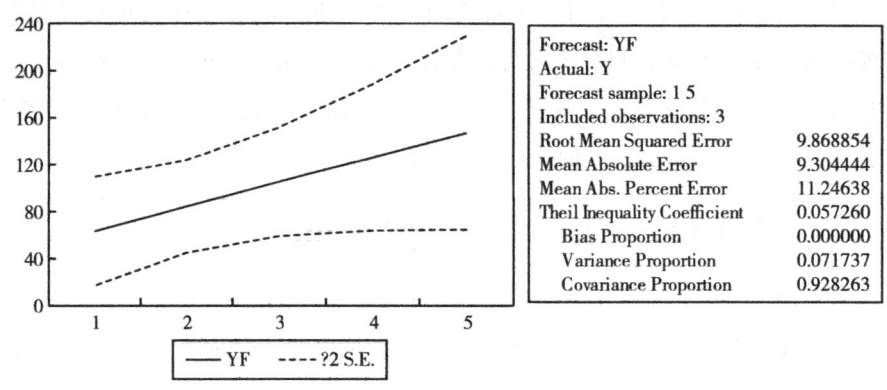

图 4 - 20　东岗南台区最高负荷率趋势分析曲线

四、本节小结

本章通过对基层供电企业电网发展和生产经营进行数据挖掘分析，深入分析县公司相关数据之间的相互关系，为基层供电企业电网发展和生产经营关键数据的结构树模型奠定基础。

第一，在相关性分析方面，经济社会发展对售电量具有明显的作用，综合电压合格率和供电可靠率呈正相关，10kV 电网发展差异化显著，配变平均容量和平均线路长度关联较弱。

第二，在聚类分析方面，按照非重复性和代表性的原则进行筛选，选取全社会用电量、全口径售电量、供电可靠率（RS - 1）、农网综合供电电压合格率、35 千伏公用线路平均长度、110 千伏公用线路平均长度、综合线损率、配网投资占固定资产比重、单位资产售电量、全员劳动生产率、市场占有率、主营业务收入增长率、新能源装机容量占地区装机容量比重等 13 个聚类特征指标。研究结果表明，第二类的 5 个样本企业属于经济比较发达的地区；第三类的 17 个样本企业，其地区 GDP 总量有 13 个处于总样本企业的倒数 17，人均 GDP 则全部属于倒数 28，总经济总量指标可以认为其所在地区经济欠发达；第四类只有灌南县一个样本企业，研究发现该公司处于高度垄断的市场结构中，因此，尽管供电质量相对较差，但是仍有较强创收能力；第五类包括大丰市和响水县两个样本企业，与第四类企业相似，其拥有了高度的市场垄断，但是上述两个样本企业的供电质量较差且盈利能力相对较弱；第六类包括江阴和宜兴两个样本企业，公司所在地区经济比较发达，其用电量和售电量体积较大（宜兴市体量略小，但仍大于平均水平，相当于减弱了特征），从特征性指标的聚类结果可以发现上述两家企业的劳动生产率和配网投资都远高于平均水平，属于既有雄厚资本实力又有创新能力和发展潜力的企业；其余的 24 个样本企业归为第一类。

第三，在 DEA 效率分析方面，优化投入指标主要应从营销投入、研究开发费、生产大修等方面入手，控制资金投入；优化产出指标应从提高全员劳动生产率和利润总额方面入手。

第四，本章提出了利用"县公司一套表"中生产数据的排查筛选及趋势预判来扩展现有的电网诊断工作。在研究所选取的三个代表性区域内，以电力系统《10(20)千伏公用台区负荷统计表》《35～110 千伏变电站负荷统计表》《10～110 千伏线路线损率情况表》及《10(20)千伏公用台区线损率统计表》四个统计报表为案例，对存在过载隐患的 10(20)千伏公用台区、35～110 千伏变电站，存在线损超标的 10～110 千伏线路、10(20)千伏公用台区进行了筛查和预判，其结果可为电网诊断提供新的视角。

第五章

政策冲击对电力供需影响分析

第一节 "一带一路"倡议对电力供需的影响

在"一带一路"倡议下，海上丝绸之路的建设工作与包括 F 省在内的我国南部沿海地区的发展与建设工作息息相关。在这一倡议考量倡议下，我国预计将以项目合作、共建园区、资金支持等多样化的合作方式与"一带一路"沿线国家进行协同，以期实现带动全球经济增长、实现共同繁荣稳定的愿景目标。

在这一思路下，"一带一路"倡议或海上丝绸之路建设对包括 F 省在内的我国南部沿海地区的经济以及电力需求的影响，便主要体现在因倡议沿线地区经济增长通过以国际贸易及国际金融为代表的跨国活动下对我国对应区域或产业的反向传导之中。因此，采用一个包含国内外多地区的经济描述性模型——可计算一般均衡模型（CGE 模型）以对相关倡议带来的国际经济变动对 F 省所在地区的经济与电力需求及价格变化进行分型，在工具选择上是一个恰当的选择。

一、研究用模型简介

CGE 模型近年来已被各国学者广泛运用于对温室气体控制政策有效性的探讨中。国内的如庞军等（2008）、魏巍贤（2009）、夏传文等（2010）；海外的如 Conrad K（1993）及 Jack Pezzey（2001）等①。

本章所使用的 CGE 模型是一个静态可计算一般均衡模型，该模型的结构沿用了著者于 2014 年发表的相关学术论文中的模型设定②。相关模型市场被假设为完全竞争市场，市场上的所有生产代理的行为则遵从生产成本最小化的理论假设。而在国际贸易方面，本模型遵循 Armington 假设，即贸易产品因产地不同具备不完全的替代关系。模型的闭合采用新古典闭合作为模型的宏观闭合条件，在此条件下，各地区投资水平将在投资市场出清的条件下基于储蓄率内生。

对于环境变量而言，模型中各地区或国家的二氧化碳排放总量为外生变量，数据来源为世界银行数据库。本模型的总体结构可以划分为两部分：一是有关描述中国内容情况的一国多区域部分（Multi-regional CGE）；二是基于 GTAP 数据库描述除中国外世界其他地区经济活动的多国多区域部分。其中一国多区域部分的模型设定参考了 Hosoe，Gasawa 和 Hashimoto（2004）的一国静态 CGE 模型的构建以及 Pu（2011）对于中国一国多区域静态模型的构建③。

如图 5-1 所示即为模型中一国多区域部分的生产结构。对于国内 s 区域市场上 j 产业的生产代理而言，s 地区的劳动投入与资本—能源综合产品基于不变替代弹性（Constant Elasticity of Substitution，CES）生产函数关系的基础上形成了该产业在 s 地区的附加值—能源综合投入；而该产业代理所依靠的其余各种综合中间投入品，则由各个地区的同种中间投入品基于 CES 生产函数形成。

---

① 庞军，邹骥，傅莎. 应用 CGE 模型分析中国征收燃油税的经济影响. 经济问题探索，2008（11）.

魏巍贤. 基于 CGE 模型的中国能源环境政策分析. 统计研究，2009（7）.

夏传文，刘亦文. 燃油税改革对我国节能减排影响的动态 CGE 研究. 经济问题，2010（2）.

Conrad K, Schröder M. Choosing environmental policy instruments using general equilibrium models. *Journal of Policy Modeling*, Vol. 15, No. 5-6, 1993, pp. 521-543.

Jack Pezzey, Ross Lambie. CGE Model for Evaluating Domestic Greenhouse Policies in Australia: A Comparative Analysis. *Consultancy Report*, 2001.

② 模型细节也可参考浦正宁. 碳税的区域经济与环境影响——基于可计算一般均衡模型的仿真[J]. 东南大学学报（哲学社会科学版），2014：30-37.

③ Hosoe N, Gasawa K, Hashimoto H. *Textbook of Computable General Equilibrium Modeling*. Tokyo: University of Tokyo Press, 2004.

Pu Zhengning, Hayashiyama Yasuhisa. Energy resource tax effects on China's regional economy by SCGE model. *Environmental Economics*. Vol. 3, No. 1, 2012, pp. 41-52.

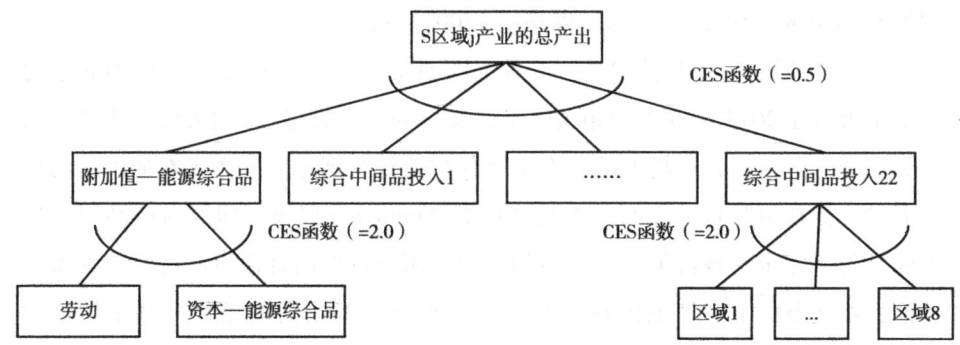

图 5-1　中国国内生产结构关系

对于模型设定市场中的最终用户代理而言，他们的行为如图 5-2 与图 5-3 所示。图 5-2 所显示的是私人用户代理的市场行为。模型假定，各区域私人用户代理通过各种要素所获得收入将会全部投入私人消费或者私人储蓄之中。其中私人储蓄部分的存货依照模型的闭合条件将全部以投资的形式投入资本市场之中。

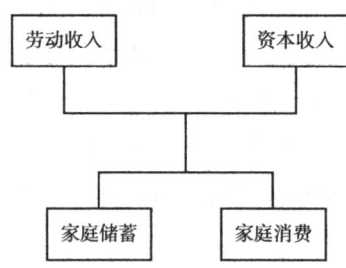

图 5-2　私人用户代理的行为

至于最终用户中的政府用户代理，模型假设所有的政府代理行为都为各数据划分地区的地区政府行为，现实中中央政府的行为并不在本模型考虑范畴之内。如图 5-3 所示，模型中的地区政府代理的主要收入来源是税收，其中碳税为模型的外生冲击变量。在支出上，地区政府代理的支出行为与私人用户保持一致，即所获得收入仅存在消费及储蓄两个市场行为选择，且所有的储蓄将会依据资本市场的出清条件再次投入地区生产之中。

除了本土市场各代理的行为以外，模型也对该一国多区域框架的国际贸易行为进行了描述，其中图 5-4 为模型中我国各地区的出口行为描述。其中，

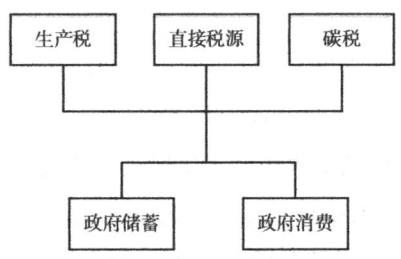

图 5-3　政府用户代理的主要收入

区域产出这一模块代表的正是图 5-1 中最顶层的某区域某产业的产出模块。对于模型中一个地区某产业的总产出而言，其将依据常数弹性转化（Constant Elasticity of Transformation，CET）函数的关系划分为支持国内需求的国内供给部分和支持海外需求的出口部分。

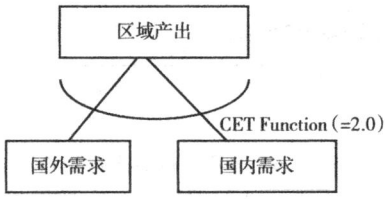

图 5-4　中国地区出口结构

图 5-5 所展示的进口结构表明，模型中来自海外市场的进口产品将与本土供给商品一同，在 CES 生产函数关系下形成 Armington 综合商品（即符合 Armington 假设的同种产业综合性产品），这一综合产品将负责满足国内区域包括中间投入、最终用户消费以及投资在内的一切产品需求。

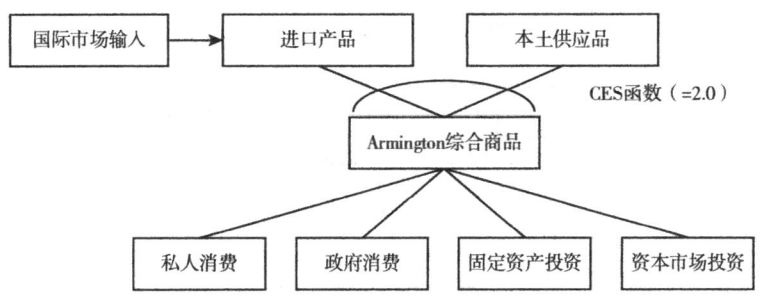

图 5-5　中国各地区进口结构

除了一国多区域的模型部分外，本模型的世界区域部分采用的是一个简化了的 GTAP 模型结构。其简化部分在于：原版 GTAP 模型中存在一个"世界银行"部门以调整分配世界范围内资本的流动，但是在本模型中，并没有引入这样一个部门，本模型中的资本流动主要通过各区域一般账户下金额的变化加以考察。GTAP 模型部分的生产结构如图 5-6 所示。与模型的一国多区域部分相比，其最大的不同在于该部分的附加值部分是由 GTAP 数据库所提供的劳动，资本，土地以及自然资源等要素投入基于 CES 生产函数综合而成。

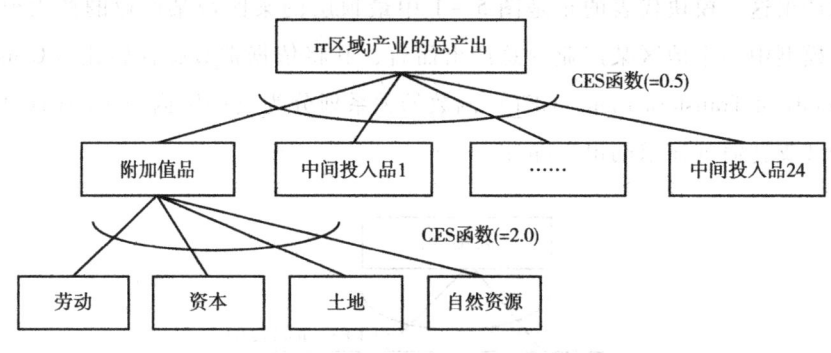

图 5-6　世界各区域生产结构

图 5-7 中所示的市场行为基本与图 5-2 中所示的一国多区域部分中居民代理的市场行为基本相同。唯一不同的是由于 GTAP 数据库的内容更为丰富，居民代理的收入来源可以扩展为劳动收入、地租收入、自然资源收入和资本收入等不同的收入来源。而对于世界区域部分的各地区政府代理而言，与一国多区域部分相比，其市场行为的主要不同亦是来源于代理收入来源的不同。相较于一国多区域部分，世界区域部门的政府代理增加了关税与出口税以及附加值税两个部分的收入来源（见图 5-8）。

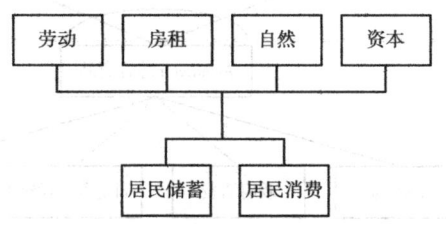

图 5-7　世界各区域私人用户代理行为

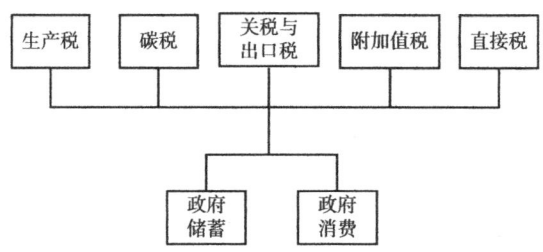

图 5-8 世界各地区政府用户代理行为

世界多区域部分的进出口关系的结构与一国多区域部分仅存在一些不同。如图 5-9 所示,一国多区域部分中的国外需求被进一步分解为来自中国的需求以及来自中国以外国家的需求。同样在图 5-10 所示的进口结构中,来自中国的进口物品也与来自世界其他地区的进口物品进行了区分,并在 CES 函数关系下共同形成了集成进口品。在外贸结构中对于中国和其他地区的单列,主要是出于模型外贸市场均衡目标下市场出清函数关系的考虑所决定的。具体的函数关系,可参见本书附件的相关内容。

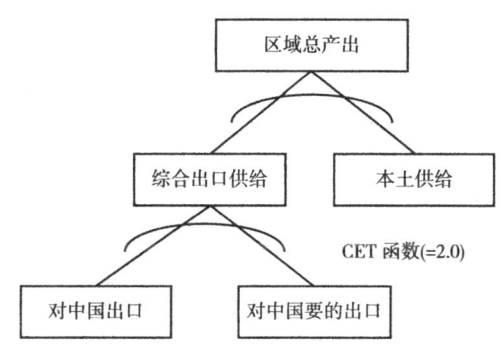

图 5-9 世界各区域出口结构

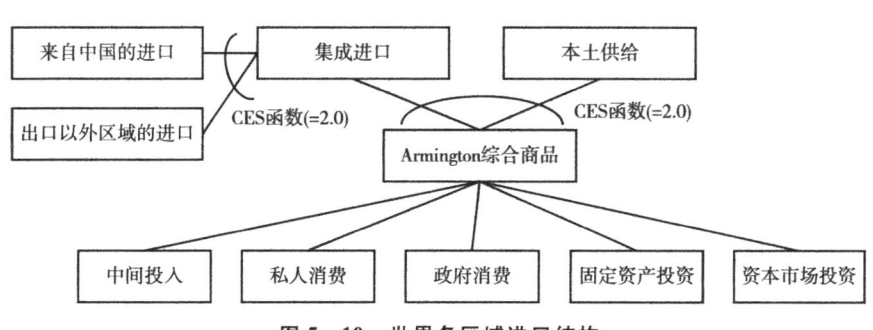

图 5-10 世界各区域进口结构

二、区域与产业划分

(一) 区域划分

1. 中国地区划分

我国 31 个省区市依据地理关系以及各自的经济状况规划为 8 个地区 (见表 5-1)。

表 5-1　　　　　　　　　　　中国地区划分

代码	地区	包含省市
A	东北区域	黑龙江,吉林,辽宁
B	北方直辖市	天津,北京
C	北部沿海	河北,山东
D	东部沿海	江苏,上海,浙江
E	南部沿海	福建,广东,海南
F	中部地区	山西,河南,安徽,湖北,湖南,江西
G	西北地区	内蒙古,陕西,宁夏,甘肃,青海,新疆
H	西南地区	四川,重庆,云南,贵州,广西,西藏

2. 世界区域划分

除中国以外的世界其他区域依照与中国贸易的重要性关系以及二氧化碳排放量等被划分为 9 个区域 (见表 5-2)。其中大洋洲、日本、美国、欧盟 27 国以及俄罗斯由于包含主要工业化国家,因此被视为发达国家区域。

表 5-2　　　　　　　　　　　世界区域划分

序号	区域	包括国家与地区	序号	区域	包括国家与地区
1	OCN	澳大利亚、新西兰、大洋洲其余地区	6	EU27	欧盟
2	JPN	日本	7	RUS	俄罗斯联邦
3	GCA	中国香港、中国台湾	8	IND	印度
4	ROA	亚洲其余地区	9	ROW	世界其余地区
5	USA	美国			

(二) 产业分类

本章研究中所使用的数据来源于中国区域间投入产出数据表（2002年）以及GTAP7数据库（2008年）。其中，对产业的划分，中国投入产出表数据为30个，而GTAP7数据库中则为57个。为了使研究考察结果更具直观性，我们对其进行了重新归纳，整合至24个产业部门。划分后部门如表5-3所示。

表5-3　　　　　　　　　　　产业分类

序号	模型产业划分	序号	模型产业划分	序号	模型产业划分
1	农业	9	纸制品	17	电子机器与装备业
2	煤炭采掘业	10	石油提炼加工业	18	电子通讯业
3	石油天然气采掘	11	化工业	19	其他制造业
4	其他采掘业	12	非金属制品制造	20	水电煤气供应
5	食物加工业	13	金属锻造业	21	建筑业
6	纺织业	14	金属制品	22	物流运输业
7	服装业	15	机械制造业	23	商业
8	木材加工业	16	交通设备制造业	24	服务业

为了使两个数据库的数据在模型仿真时可以匹配，我们对中国区域间投入产出表的相关数据进行了调整。

研究中所使用的GTAP7数据库是依据全球各地区投入产出表以及世界贸易组织等公布的各国和地区双边贸易数据而建立的综合数据库。在这一数据库中，大多数地区的投产表数据源自1998年或2002年，但各国和地区双边贸易数据已更新至2004年。正因如此，GTAP7数据库一直标榜自己所代表的是2004年世界经济运行情况。而中国公布的最新区域间投入产出数据，均源自于1997年。为了平衡两个数据库数据年份不一致的情况，我们依据中国2004年实际国内生产总值以及GTAP7数据库中我国当年与各贸易伙伴的双边贸易数据将原有的中国区域间投入产出表数据进行了修正。修正的具体方式为：2000年中国区域间投入产出表内各地区每个产业的进出口数据都依照原占同产业总进口及总出口的比例同步扩展为2004年的进出口额。除此之外的区域间投入产出表内数据则依据 2004 年比 1997 年的我国国内生产总值的成长倍数进行同倍数扩大,但同地区产业结构的变动并没有被考虑在内。

三、仿真思路及情景设定

基于上述的政策分析考量、模型选择及数据选择,我们在研究中设定了表 5-4 中不同的五种反事实政策发生情景,以对"一带一路"倡议的可能影响进行了考察。在这五个情景设定中,情景 1 是重点有关海上丝绸之路的作用考察,故其中影响地区仅考虑东南亚、印度、南亚及中亚地区。

表 5-4 情景设定

情景	具体描述
情景 1	海上丝绸之路倡议带动下,东南亚、印度、南亚与中亚等地经济呈现 10% 左右的增长
情景 2	海上丝绸之路倡议带动下,东南亚、印度、南亚与中亚等地经济呈现 8% 左右的增长;俄罗斯与欧盟在新丝绸之路倡议下经济分别增长 8% 与 5%
情景 3	海上丝绸之路倡议带动下,东南亚、印度、南亚与中亚等地经济呈现 15% 左右的增长;俄罗斯与欧盟在新丝绸之路战略倡议下经济分别增长 10% 与 8%
情景 4	"一带一路"倡议下,世界经济额外增加 3% 的增长动能
情景 5	"一带一路"倡议下,世界经济额外增加 5% 的增长动能

情景 2 与情景 3 虽然也是考察海上丝绸之路倡议之下相关地区在不同波动下的影响,但同时将新丝绸之路倡议下欧洲与俄罗斯积极响应了倡议的变动纳入了考量范围。而随后的情景 4 与情景 5,则是以全球眼光,假设"一带一路"倡议在世界各地获得广泛响应并取得一定成效的情形。由于各经济体发展状况不一,我们在设定上参考了各经济体在近些年年均增长最优增长率的情况设定了对应的增长比例。情景所设定具体细节,可参见表 5-4 中设定说明所述。基于上述情景,我们分别针对我国、南部沿海地区的经济影响与电力影响进行了仿真。仿真结果的分析在下一小节中进行了详述。

四、仿真结果分析

针对前面五个不同情景设定,我们依次进行了仿真模拟。对于结果,我们将分别从分区域宏观经济影响、国内各制造产业的产出变动影响、F所在地区出口变动影响以及地区与全国的电力影响等五个方面进行政策影响的解读。

首先是宏观经济方面。我们分别选取了地区GDP的变化与地区居民福利的变动作为主要的宏观经济影响指标进行政策影响判断。具体结果如表5-5所示。

表5-5　　　　　　　　　　宏观经济指标变动

		情景1	情景2	情景3	情景4	情景5
GDP损失（%）	东北区域	-0.323	-0.282	-0.588	-0.144	-0.243
	北方直辖市	0.8	0.668	1.423	0.276	0.465
	北部沿海	-0.207	-0.066	-0.242	0.05	0.077
	东部沿海	0.41	0.203	0.488	-0.087	-0.151
	南部沿海	-0.307	-0.307	-0.678	-0.164	-0.293
	中部地区	-0.084	0.031	-0.004	0.148	0.251
	西北地区	-0.119	-0.092	-0.203	-0.051	-0.09
	西南地区	-0.031	0.015	-0.006	0.061	-0.102
居民福利变化（10万元）	东北区域	418.57	359.38	825.67	169.07	298.51
	北方直辖市	783.15	641.37	1442.44	262.705	452.15
	北部沿海	411.99	378.06	828.45	203.31	350.88
	东部沿海	1376.61	1095.79	2447.31	438.492	758.88
	南部沿海	2172.106	1753	3953.78	743.71	1294.57
	中部地区	765.924	711	1560.4	418.9	727.27
	西北地区	209.804	189.52	421.5	108.07	188.01
	西南地区	330.121	297.16	667.1	183.25	317.69

通过表5-5中内容可以发现，"一带一路"倡议的顺利执行，从国民生产总值的角度考量，对我国多数地区带来的是负面效果。尤其是对于F所在的南部沿海地区而言，在五个仿真情景下，"一带一路"倡议的实施，对区域内GDP带来的效果均为负面。然而相比于对世界经济在各情景下的拉动比值，相关负向效果所占比例并不突出。例如，就情景5而言，情景假定世界总体经济增长达5%，而在F所在地区，以仿真基期相比，GDP的减少仅为0.293%。

同时，GDP并不是宏观经济的全部。如果从居民福利的指标角度来看，不难发现，在五个情景下，我国各地区居民福利都会因倡议的实施而获得增长。其中以F所在地区的居民福利增长最高，且这一结论在五个不同情景中均保持一致。由此可见，就宏观经济角度而言，"一带一路"倡议的成功实施，对促进我国各地区，尤其是以广东等为主的南部沿海开放地区的经济发展、改善当地居民生活质量，有着正面而积极的意义。

其次，在行业层面，我们主要在全国层面就不同情景对我国各制造产业可能带来的影响进行了分析，分析结果如表5-6所示。

表5-6　　　　　　　　国内各制造业生产变动　　　　　　　　单位:%

行业	情景1	情景2	情景3	情景4	情景5
农业	0.35	0.36	0.78	0.25	0.44
煤炭采掘业	0.41	0.31	0.67	0.23	0.38
石油天然气采掘	1.5	1.79	3.4	1.8	3.11
其他采掘业	1.01	0.85	1.53	0.49	0.82
食品加工业	0.33	0.31	0.71	0.25	0.44
纺织业	0.58	1.22	2.46	1.83	3.2
服装业	1.41	2.43	4.84	2.9	5.08
木材加工业	0.07	0.07	0.06	-0.25	-0.46
纸制品	0.11	0.07	0.17	0.06	0.1
石油提炼加工业	-0.19	-0.12	-0.22	0.05	0.11
化工业	-0.53	-0.36	-0.77	0.09	0.16
非金属制品制造	0.06	0.02	-0.007	-0.03	-0.06
金属锻造业	-0.145	-0.48	-0.9	-0.67	-1.16
金属制品	-0.245	-0.36	-0.85	-0.21	-0.4
机械制造业	0.1	-0.23	-0.38	-0.48	-0.84
交通设备制造业	-0.06	-0.31	-0.56	-0.32	-0.56
电子机器与装备业	-2.39	-3.53	-6.91	-3.66	-6.31
电子通讯业	-1.9	-2.83	-5.6	-3.24	-5.67
其他制造业	0.16	0.24	0.53	0.41	0.72

通过表5-6中数据可以看出，在产业层面，"一带一路"倡议在国际范围内的成功实施，将有效提升我国农业、采掘业以及轻纺在内的轻工业的产出。但对石化及重工业行业而言，相关影响较为负面。其中，电子机器与装备

以及电子通讯两个行业在情景 3 至情景 5 中受到的负面冲击最为强烈。考虑到在这三个情景中，包括欧美在内的发达国家被视为将广泛从倡议中受益，而这些国家的制造业优势部门正是电子机器与装备、电子通信等相关制造部门，因此可以认为，在重工业中精密制造产业的层面上，"一带一路"倡议将会为我国的相关产业部分带来一定的竞争冲击与挑战，可以被视作一个能够被预计的事实。

进一步地，我们从地区内部出发，具体考察 F 所在的南部沿海地区的制造业出口所遭受的影响。从结果来看，"一带一路"倡议对当地制造业出口的影响效果基本维持了与该倡议对我国产业影响的一致性。不同情景下具体变动比率如表 5-7 所示。

表 5-7　　　　F 所在南部沿海地区制造产业出口变动　　　　单位：%

行业	情景 1	情景 2	情景 3	情景 4	情景 5
农业	6.92	6.87	14.94	4.54	7.94
煤炭采掘业	11.15	9.32	20.31	6.09	10.62
石油天然气采掘	16.39	13.71	31.3	7.72	13.6
其他采掘业	0.27	1.06	0.48	1.39	2.21
食品加工业	3.67	3.65	7.98	3.18	5.52
纺织业	8.24	8.74	19.42	6.96	12.37
服装业	6.74	8.605	17.97	7.95	14.06
木材加工业	1.08	1.294	2.23	-0.11	-0.34
纸制品	3.02	2.854	6.25	2.17	3.76
石油提炼加工业	2.19	1.882	4.72	1.28	2.33
化工业	4.93	4.457	9.93	3	5.26
非金属制品制造	-0.16	0.266	-1.05	0.43	0.52
金属锻造业	-2.73	-2.1	-5.66	-1.02	-1.92
金属制品	1.12	0.86	1.3	0.31	0.41
机械制造业	-0.58	-1.211	-2.3	-2.02	-3.51
交通设备制造业	-0.75	-1.75	-3.44	-1.53	-2.71
电子机器与装备业	5.96	-6.17	-12.98	-4.33	-7.53
电子通讯业	0.41	-3.06	-5.8	-5.29	-9.47
其他制造业	2.831	3.035	6.53	2.8	4.9

通过表 5-7 中数据可发现，五个政策仿真情景下 F 所在地区在农业、采掘业、轻工业与化工行业的出口中均体现出一定的增长，而在以设备制造为主的重工业制造业中，政策效果呈现出负面性。具体而言，包括金属锻造、机械制造、交通设备制造、电子机器与装备及电子通讯在内的行业在多数情景仿真下均体现了出口下降。但由于在 F 所在区域内，上述行业及前述的采掘冶炼及轻纺均属于重点行业，因此相关变动对于电力系统的影响，仍然需要通过进一步的分析才能得出。在进行了有关经济变动的分析后，我们将目光进一步移向了对电力部门的冲击。具体分析结果如表 5-8 所示。

表 5-8　　　　　　　　F 所在区域电力变动情况分析

情景	电力需求变动（%）			价格指数	
	民用	生产用	全国	居民用	生产用
情景 1	0.92	0.40	0.13	1.001	0.999
情景 2	0.89	0.38	0.13	1	0.999
情景 3	1.87	0.84	0.1	0.999	0.997
情景 4	0.54	0.16	0.1	0.998	0.999
情景 5	0.93	0.29	0.17	0.996	0.998

在有关电力影响的相关分析上，我们分别从区域内电力需求的变动（由与基准期相比的民用电力消耗变化率以及生产部门的电力消耗变化率为指标）和相关消耗的相对价格波动两个角度进行了分析。在需求变化层面上，表 5-8 中数据显示，全国范围内在不同情景下电力消耗均出现了上升态势，但上升比率不超过 0.2%。而在区域内，不论是民用领域还是在生产领域均可发现，F 所在区域的电力消耗增长在维持与全国一致的趋势性的同时，其增长幅度则是全国增长的数倍（虽然最高增长比率也仅为 1.87%）。

同时注意到，相对价格指数表明，这一消费需求的变化并非因价格波动所带来：在不同的政策情景下，无论是民用还是工业用电，其价格指数虽有波动，但波动比率基本可忽略不计。进一步，考虑到用电量的增长无论是在民用领域还是生产领域都可以视作经济增长的一个正向指标（在考虑其他因素不变的情形下），因此我们可以得到相关政策仿真的一个初步结论：综合而言，"一带一路"倡议的成功实施，将会对我国的经济，尤其是以 F 为代表的南部沿海地区经济带来正向的影响。但就政策而言，政策的成功实施会对 F 所在地区带来不超过 2% 的用电增长，且不会对地区用电价格造成冲击。因此，类似"一带一路"倡议的实施，并不会对 F 所在区域的用电负荷带来过重的新负担。

第二节　生态省战略及供给侧结构性改革对电力供需影响分析

一、模型的选择

在相关模型的运用上，对于如生态省战略与供给侧结构性改革等国内政策对 F 经济与电力需求的分析我们依然采用了可计算一般均衡模型进行分析。与前面不同的是，我们不再需要关注全球经济波动所带来的影响，而仅需要将考察着眼在国内与区域内。政策影响带来的研究范围的缩小，使我们可以从更远的视角去对相关问题进行考察。因此，在前面模型的基础上，我们舍去了有关中国以外部分的模块构建，并参考 Ban（2007）[①] 的做法，在进行动态模拟时，将资本的市场利率、折旧率及劳动力增长率分别设为 5%、4% 和 13%。

$$PK_{t+1} = P_t \tag{5-1}$$

$$P_{t-1} = (1+r)P_t = (1-\delta)P_t + RK_t \tag{5-2}$$

$$(n+\delta)K_t = I_t \tag{5-3}$$

$$RK_t K_t = VK_t \tag{5-4}$$

$$I_0 = \frac{n+\delta}{r+\delta} VK_0 \tag{5-5}$$

为了在每个模拟年份都能达到动态平衡，上述五个公式必须全部满足。方程中，P_t 是 t 时期商品的市场价格水平，PK_{t+1} 是各时期中资本边际生产力的现值，RK_t 指租赁资本的租金，资本的市场利率、劳动力增长率及资本折旧率分

[①] Kanemi B A N. *Development of a Multiregional Dynamic Applied General Equilibrium Model for the Japanese Economy – Regional economic analysis based on a forward – looking perspective* (*Japanese*), 2007.

别用 r、n 和 δ 表示。而 K_t、I_t 和 VK_t 分别代表 t 时期的资本存量、投资及资本收入。

$$\frac{I_T}{I_{T-1}} = \frac{Y_T}{Y_{T-1}} \tag{5-6}$$

终期设置参考 Rutherford 等（2002）[①] 的设置，使投资的增长率和收入的增长率相等，正如式（5-6）所示。

同时，由于在动态研究中，基期数据为 2007 年。为了使模型的模拟更加符合实际，我们以 2008~2013 年真实的 GDP 年终数值对模型的动态模拟进行了校准。以期使模型在真实历史时期的宏观数据拟合度较好。图 5-11 显示了校准前后的 GDP 数值，从图 5-11 中可以看出，真实历史时期的我国 GDP 增长与校准后的模型模拟值相当接近，这说明模型中的资源要素投入数据较为贴近现实，模型的模拟结果可信度也得以进一步增强。

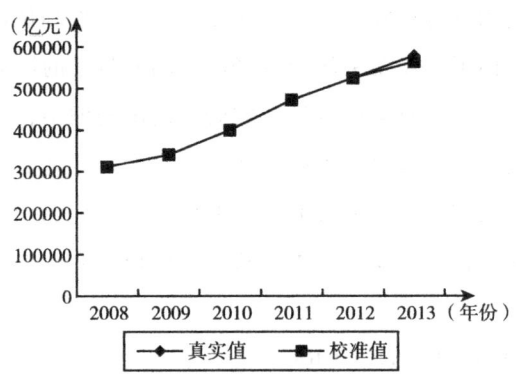

图 5-11 仿真数据校准

二、仿真思路与情景设定

在区域划分与产业划分方面，本章的划分与第四章保持了一致，在此基础上，进一步假定在动态预测中，包括电力在内的所有产品的提供都遵循市场化原则（即假设电价市场化改革完成，售电价格随市场需求不同而波动），并通

[①] Rutherford, T. F., and David G. Tarr. Trade liberalization, product variety and growth in a small open economy: a quantitative assessment. *Journal of International Economics*. Vol. 56, No. 2, 2002, pp. 242–272.

过两个不同的政策情景来考察生态省建设及供给侧结构性改革政策的中远期影响。政策情景设定如表 5-9 所示。

表 5-9　　　　　　　　　　　情景设定

情景	具体描述
情景1	为建设生态省，F 省所在经济区域内对高污染行业开征 15% 的污染税
情景2	全国重点去产能出产业 2015 年起依次减产 10%

考虑到 CGE 模型更适合于进行财税等涉及价格变化和产量变动方面的政策仿真，故在情景设定中，对于生态省建设的政策我们将其转化为一个有关高耗能产业进行价格约束的地区污染税政策进行模拟。

三、仿真结果分析

与第四章分析不同，本章将充分利用研究中所构建的国内多区域动态一般均衡模型，着重分析 F 生态省战略与全国供给侧结构性改革所带来的影响。基于与前章类似的模型运用理念，本章着重将生态省战略所带来的能源消耗结构改变与产业结构转型、自贸区战略所带来的收益行业进出口增长与需求变化作为 F 省所面临的外部影响，以 2015~2020 各年为变动影响年份，在校准既有模型的基础上对 F 省宏观经济指标及电力消耗的增减趋势、变动幅度进行动态预测。重点考察在不同影响程度下，"十三五"期间上述两战略对 F 省的宏观经济及电力需求的长期影响。

四、生态省政策的影响

我们率先考察了生态省政策可能带来的动态影响。需要指出的是，表 5-10 中的增减比例，均表示"与保持现有发展不变的结果相比，政策的干涉会出现怎样的情形"，因此，与之前的静态模型仿真相比，各结果的波动性均会出现数值较高的现象。

表5-10　　　　　　　　　各区域GDP变动情况　　　　　　　　　单位:%

年份	东北区域	北方直辖市	北部沿海	东部沿海	南部沿海	中部地区	西北地区	西南地区
2015	0.39	-1.95	-22	-5	-10.1	15.8	-0.84	-4.47
2016	-0.16	-3.33	-26	-6.6	-11.3	16.3	-1.51	-5.7
2017	-0.67	-4.57	-30	-8.2	-12.3	16.8	-2.13	-6.83
2018	-1.1	-5.68	-33	-9.6	-13.2	17.2	-2.68	-7.84
2019	-1.57	-6.67	-36	-10	-14.1	17.6	-3.19	-8.73
2020	-1.97	-7.57	-40	-12	-14.8	17.9	-3.65	-9.53

表5-10中所示的是生态省政策影响下，各地区GDP与基准情形仿真模拟相比的变动情况。从结果可以发现，包括F省在内的沿海地区均体现出与基准模拟相比较大的GDP减损。其中，尽管针对生态省的重点产业价格限制仅执行在F省所在地区，但是通过消费传导，包括山东在内的北部沿海地区GDP的偏差是最为显著的，尤其是从2020年来看，相关预测偏差可以高达40%。

与此同时，中部地区的GDP在所有地区中是唯一出现增长的。这在一定程度上可以说明，当F省等沿海地区执行较严格的环境保护治理政策时，相关的产业可以通过向我国中部等地区转移以带来相应地区的经济增长（见表5-11）。

表5-11　　　　　　　　　各分析指标变动情况　　　　　　　　　单位:%

年份	投资	出口	用电量	电价波动
2015	-24.6	8.3	-7.12	-61.39
2016	-25.43	7.8	-8.81	-60.76
2017	-26.1	7.3	-10.53	-60.18
2018	-26.7	6.9	-11.75	-59.62
2019	-27.2	6.6	-13.01	-68.16
2020	-27.7	6.2	-14.15	-58.62

具体至F省所在的南部沿海地区，可以发现，尽管生态省建设政策可能带来区域投资水平与基准预测间出现25%左右的负向偏差，但地区出口总额却会在生态省建设政策促进下出现增长。同时，用电量的降低变化率也表明，生态省建设政策的执行，可以较有效地控制地区电力的增长（与基准预期相比，

电力消耗降低7%~14%）。进一步地，由于该动态模型采用的是市场导向的预测策略，因此有关电价的评估列展现的数据同时表明，在开放电价管制的情形下，地区电价存在较大的下降调整空间。在对比全国各区域的电价波动后我们发现，这一改变比例和趋势，在全国范围内保有一致性。

由此可见，在电力改革的背景下，F省的生态省建设战略会对区域电力使用带来一定的限制，并会在一定程度上约束地区的发展潜能。同时，该战略的执行，也会帮助国内其他落后地区经济上得以成长。

五、供给侧结构性改革政策的影响

而对供给侧结构性改革政策仿真所得到的结果中，我们发现政策的长期趋势，不论是针对经济发展抑或针对电力消耗的，在全国及在本地区内都具有较强的结果一致性。但是鉴于政策具体执行策略的不同，预测结果与之前的生态省战略预测间有着少许的差异。

如表5-12所示的各地区GDP变动中，产业抑制政策由F省等单一地区扩展到了全国，可以发现，在多地共同政策的影响下，F省所在地区的预测GDP与基准预测间的差别在缩小，历年预测与基准的偏差从生态省政策仿真下的10.1%~14.8%缩减至7.95%~12.3%。更重要的是，在供给侧结构性改革政策仿真下，F省地区同样也在执行着严格的环境保护政策。由此可见，一个全国性的国内宏观政策的执行，比地区内部式的建设政策对地区的经济增长潜力抑制作用将会有所减弱。

表5-12　　　　　　　各区域GDP变动情况　　　　　　　单位:%

年份	东北区域	北方直辖市	北部沿海	东部沿海	南部沿海	中部地区	西北地区	西南地区
2015	-0.27	-5.1	-22.4	-5.94	-7.95	15.32	-0.51	-5.59
2016	-1.28	-6.86	-26.6	-8.1	-9.03	15.61	-1.45	-7.17
2017	-2.23	-8.45	-30.6	-10.26	-9.99	15.88	-2.31	-8.6
2018	-3.1	-9.89	-34.3	-12.1	-10.85	16.13	-3.1	-9.89
2019	-3.9	-11.2	-37.8	-13.8	-11.62	16.36	-3.82	-11.05
2020	-4.66	-12.3	-41.1	-15.4	-12.3	16.57	-4.49	-12.1

同样地，有关地区内相应指标也呈现出上述一致的趋势。在表 5-13 的内容中可以发现，预测中投资、用电量、电价波动等变化率在各年与基准预测的差异值基本维持了第四小节中的预测一致性，但出口额与生态省政策的预测相比，历年均有所增加。这也再一次证明全国性国内政策与区域政策间的差异性。

表 5-13　　　　　　各分析指标变动情况　　　　　　单位：%

年份	投资	出口	用电量	电价波动
2015	-24.4	13.53	-8.3	-56.1
2016	-25.2	12.87	-10.1	-55.5
2017	-25.9	12.3	-11.6	-55
2018	-26.6	11.8	-13.1	-54.4
2019	-27.2	11.3	-14.4	-54
2020	-27.7	11	-15.5	-53

因此，从对比可以发现，与生态省建设政策的影响一致，在电力改革的背景下，全国性的供给侧结构性改革将会对 F 省区域电力使用带来一定的限制，并会在一定程度上约束地区的发展潜能的同时，帮助国内其他落后地区经济成长。

上篇

主要结论

在上篇中，本书主要对国网某省电力公司下属县公司的"县公司一套表"的采集情况、报送流程、应用情况等方面信息进行了梳理。在此基础上，基于县公司差异化特征，参考同业对标和业绩考核指标体系，对"县公司一套表"涵盖了40张报表、663个指标进行筛选和提炼，构建了一个较完整反映县供电企业电网发展与生产经营的四级评价指标体系。在此基础上，根据各级指标的重要性，给出各类指标的权重，得到它们的指标分值，由此给出了"县公司一套表"关键指标对应同业对标指标体系的显示度。进一步地，我们基于相关提炼指标与国网某省电力公司对于"县公司一套表"中数据描述性统计的运用实际，开展实证研究，对国网某省电力公司下属各县公司的数据运用状况、宏观决策与专业决策的可能运用方向进行了考察与仿真。综合研究结果可得出结论如下。

第一，基于某省51个县公司2014年"县公司一套表"数据，通过有效的数据挖掘，进一步增加了县供电公司生产数据的使用途径。但是由于存在地区差异、统计口径参差不齐、指标定义模糊不清等问题，部分数据质量不高，影响到数据挖掘方法的应用。

第二，通过对关键统计指标的提取、展示以及聚类分析、相关性分析、数据包络分析等方法的运用，"县公司一套表"的相关数据可以较好地为县公司所在县区行政领导、县公司主要领导的决策提供科学辅助依据。通过相关数据的可视化展示或基于数学模型的相关指标改进建议等管理工具给出的结论，可以使相应的决策管理人员在有依据、有数据、有分析的基础上，做出更有效率、更具准确性、更加科学的管理决策。

第三，利用"县公司一套表"的生产统计数据，可以扩展县公司基层现有的电网诊断工作，对运行一线的台区、变电站、线路的薄弱环节进行宏观把控，如对相关数据妥善利用，可对县公司专业生产管理水平带来有效的促进与提升。

第四，基于前期调研的相关信息，本书同时认为，现行"县公司一套表"的制定不能完全满足县级供电公司发展、经营、管理的需要，基于"县公司一套表"重新整合现有各专业统计报表，多部门重复报送，难以满足数据溯源唯一性的要求。

随着"县公司一套表"数据的完善，建议开放"县公司一套表"的浏览权限，将其与"一库三中心"整合，利用"一库三中心"强大的数据管理、数据分析功能，使"县公司一套表"成为对县级供电公司基础管理的有力支撑。同时，将"县公司一套表"的分析结果纳入电力公司考核体系，发挥"县公司一套表"在公司规划编制、计划管控、经营决策以及服务地方经济社会发展等多个领域中的作用，推进县公司核心资源集约化、主营业务专业化的发展进程。基于此，从长远来看，本书认为，为了保障"县公司一套表"的高效开展，还应该为其提供相应的体系保障、技术保障和制度保障。

在对相关宏观经济和政策环境分析的基础上，利用可计算一般均衡分析和投入产出模型，从全国性宏观政策、F省区域内部政策、F省重点产业三个层次和角度，考察F省相关政策冲击对地区经济和电力供需的影响。

首先，研究跨国跨区域政策对省经济和电力需求的影响。本书基于静态可计算一般均衡模型，分析了政策冲击对地区经济及电力供需的影响。为了定量考察"一带一路"倡议政策的影响，报告根据政策分析考量、模型选择及数据选择设定了"一带一路"倡议顺利进行下对世界经济的五种冲击情景，并仿真模拟得到其分别对全国各区域宏观经济、全国各制造业产出、F省地区制造业产出和F区域电力变动的影响。结果表明：

（1）在"一带一路"倡议的顺利执行下，世界经济的不同发展情景下，对我国绝大多数区域带来相对微小的负向效果，其中省所在的南部沿海地区最低降幅为0.678%；相反地，在五个情景下，我国各地区居民福利都会因倡议的实施而获得增长,其中以F所在地区的居民福利增长最高,最高增幅可达3.95亿元。可见,从宏观经济角度而言,"一带一路"倡议的成功实施,对促进我国各地区,尤其是以广东省为主的南部沿海开放地区的经济发展、改善当地居民生活质量,有着正面而积极的意义。

(2)在产业层面,"一带一路"倡议将有效提升我国农业、采掘业以及轻纺在内的轻工业的产出,而对于石化和重工业行业以及重工业中精密制造产业将产生负面影响,带来一定的竞争冲击与挑战。同时,在考察"一带一路"倡议对F省所在地区制造业产出的影响中,其效果基本维持了与"一带一路"倡议对我国产业影响的一致性。

(3)在对电力部门的冲击模拟中,"一带一路"倡议的顺利实施对全国的电力需求产生相对微小的上升态势,而在F省内其电力需求趋势与全国保持一致性,且其增幅是全国的数倍,最高电力需求增长率为1.87%。另外,在不同的政策情景下,无论是民用还是工业用电,其价格指数虽有波动,但波动比率基本可忽略不计。故类似"一带一路"倡议的实施,并不会对F所在区域的用电负荷带来过重的新负担。

其次,研究国内和省内的政策对F省经济和电力需求的影响。本书基于动态可计算一般均衡模型,分析了政策冲击对地区经济及电力供需的影响。对于如生态省战略与供给侧结构性改革等国内政策,不再需要关注全球经济波动所带来的影响,而仅需将考察着眼在国内与区域内,因此,从更长的视角考察其在两种不同政策情境下的动态变化,动态变化均是表示"与保持现有发展不变的结果相比,政策的干涉会出现怎样的情形"。结果表明:

(1)在F省生态省建设政策的影响下,包括F省在内的沿海地区均体现出与基准模拟相比较大的GDP减损,其中F省所在的南部沿海GDP损失率最大可达14.8%。同时,在政策影响下,F省区域投资25%的负向偏差,但出口出现最高8.3%的正向增长。而在电力需求和电价方面,全省在生态省建设实施下,出现7.12%~14.15%的用电量降低率,由于该动态模型采用的是市场导向的预测策略,电价呈现出较大的下降趋势。可见,在电力改革的背景下,F省的生态省建设战略会对区域电力使用带来一定的限制,较有效地控制地区电力的增长,并会在一定程度上约束地区的发展潜能。

（2）在全国供给侧结构性改革政策的影响下，F省所在的南部沿海区域GDP变化与F生态省建设的影响有一致性，但是其负向偏差相对较小。其一致性的原因是宏观供给侧结构性改革政策下，F省也在执行着严格的环境保护政策，而GDP降低率的缩小则说明相比于地区内部式的建设政策，全国性的宏观政策对该地区经济增长潜力的抑制作用弱。另外，供给侧结构性改革政策下F省区域的投资、出口、用电量和电价模拟变化情况基本与生态省建设政策下一致。

下篇 多维数据驱动下的电力能源投资管理

除常规经营活动外,作为大型综合企业,电力能源企业也逐步面临各种的投资决策。尤其是近年来,随着电力市场改革的不断深化,包括新能源、特高压以及储能在内的各类新能源项目建设的不断加快,使电力能源企业也越来越多地需要进行各类新型投资的相关决策。然而相关企业在原有工程建设计划式的投资安排,在一定程度上对未来的投资管理与投资控制均带来了一定的挑战。

在本书的下篇中,笔者尝试从企业投资经营的策略引申开去,先总结了电力能源企业内外部经营策略设计、比较国内典型电力能源企业投资策略异同、分析国内电力市场变化。在此基础上,笔者基于波特的战略竞争分析模型框架,讨论了电力能源企业在投资市场上钻石模型各极的影响。进一步地从区域级别与项目级别展示了两种基于投资效率考量的投资分析,并以此为基础,提供了一个对区域级电力能源企业的投资效率与投资经营策略的管理决策辅助工具分析框架。

第六章

企业投资经营策略概述

第一节 企业投资经营策略

企业生产经营风险投资策略是企业发展经营投资战略层面具体执行与操作层面的行为，属于企业财务战略执行的一部分。因此，要确定企业投资管理战略的具体研究内容，先要确定企业投资管理战略的概念范畴。企业投资战略是指根据企业总体经营战略的要求，维持和扩大生产经营规模的总体规划。它是根据企业的战略目标对投资方案或项目进行评价、比较和选择，以获得最佳投资效果的选择。

因此，企业投资战略是指企业的最高决策机关在企业总体战略和投资战略的指导下，在分析各种条件和预测未来条件的基础上，为企业投资活动确定目标和实现目标的主要措施安排，是企业战略的重要组成部分。

对于企业来说，获取利润是相关投资的最终目的。因此，无论是生产性投资还是资本市场投资，只要能给企业带来利润的投资都是好的投资。因此，本章所指的企业投资战略是企业的全部投资决策，它涉及企业投资决策规则和企业投资决策程序。

从概念上看，企业进行投资管理策略的内容主要包括企业发展投资策略研究及其定位和企业风险投资策略的制定两部分；从属性上看，企业资产投资策略是一种对企业通过投资活动中重大方向、重要事项的一种指导性、原则性的安排。因此，企业进行投资发展策略研究一般应包括：投资活动目标、投资领域、投资地域、投入资产、投资市场规模、投资时序、筹资方式、投资方式、投资项目的组织与管理工作安排。企业进行投资管理策略的这些研究内容不是相互独立，而是互相联系的，所谓制定企业发展投资策略实质上就是确定这些工作内容。

企业投资战略是对企业投资活动中的重要方向和事项进行的一种指导性和原则性安排，因此可以从多个角度对企业投资战略进行分类。具体分类见表 6-1。

表 6-1　　　　　　　　　　　企业投资策略分类

分类标准	分类	含义
按投资策略的性质	稳定性投资策略	该策略是一种维持现有投资水平的策略，在外部环境和内部条件变化不大时，企业通常会采取这种投资策略
	扩张性投资策略	该策略是一种不断扩大现有投资水平的策略
	紧缩性投资策略	该策略是一种收缩现有投资规模的策略，企业从竞争领域退出，从现有经营领域抽出资金
	混合性投资策略	该策略是指企业在一个策略时期内，同时采取稳定、扩张、紧缩性几种策略，多管齐下，全面出击
按投资投向的特征	专业化投资策略	指企业长期将资金投放于某一特定生产经营领域或特定产品和业务项目上，不断扩大经营规模和市场规模以实现高额利润
	一体化投资策略	该策略是指企业在供、产、销三方面投资与经营实现一体化，使得原料供应、加工制造和市场销售实行联合，扩大生产和销售的能力
	多元化投资策略	指企业将投资分散投放于不同的生产经营领域或不同的产品和业务项目上
按投资生产要素的密集程度	资金密集型投资策略	该策略是指在一定时期内，企业确定的投资方向需要投入大量的资金，这些投资方向的实际运行主要依靠资产的运用来实现
	技术密集型投资策略	该策略是指在一定时期内，企业确定的投资方向需要大量的技术投入，这些投资方向的实际运行主要依靠技术的应用来实现，投资的重点往往是先期的技术开发
	劳动密集型投资策略	该策略是在指一定时期内，企业确定的投资方向主要需要大量的劳动力投入，这些投资方向的实际运行主要依靠劳动力的推动

第二节 不同类型企业投资经营策略差异

在日常经营活动中,企业往往面临具有公共属性的产品或服务的投资管理决策。对于民营企业,相关项目或投资决策的损益仍可按市场化成本收益考虑。如其中较为典型的,是政府与私人部门为提供公共产品或服务而建立的合作关系,以授予特许经营权为特征,主要包括 BOT(Build Operate Transfer)、BOO(Build Own Operate)、PFI(Private Finance Initiative)等模式。20 世纪七八十年代,为缓解财政支出压力,发达国家发展开始运用 BOT 模式,在特许经营期内可以通过"使用者付费"方式,引导私人部门积极参与社会基础服务设施项目建设。20 世纪 90 年代,英国政府开创了 PFI 模式,在特许经营期间,通过"政府支付"支持私营部门投资公共产品。

近年来,英国等发达国家为弥补 BOT、PFI 等模式的不足,又探索实施了一种新模式,即 PPP(也称狭义 PPP)。狭义 PPP 与 BOT 相似,都由"使用者付费",但比 BOT 更加强调公私部门的全过程合作。PPP 模式的典型做法是政府和私人部门共同组成 SPV(Special Purpose Vehicle),针对特定项目或资产,与政府签订特许经营合同,并由 SPV 负责项目设计、融资、建设、运营,待特许经营期满后,SPV 终结并将项目移交给政府。

第三节 电网企业经营宏观环境

协调推进电力市场化改革,在保障安全的基础上,结合各国市场经济条件,建立有效的长期投资激励机制。

电力市场化改革关系到市场、能源、安全、环境保护等与国家利益相关的重大问题,也与国家能源战略密切相关。因此,成功的电力企业改革创新发展过程中需要分析综合各方面的影响因素,顺理各方面环节,还要结合中国国情,深入研究和分析企业改革中存在的问题,并找出解决办法。为此,改革前要做好市场调研工作，做好统筹规划，协调各方利益。

海外电力企业市场经济业务发展结构的基本管理模式是开放两端市场，把握发电、销售、动力传输、配电等中间环节。

在我国电力企业市场中自然垄断业务和非自然垄断业务并存，政府应在市场运行中控制自然垄断业务，同时要充分利用网络市场的价格竞争机制，优化资源的合理配置。在发电阶段，实现竞价上网，引入相对独立、自由竞争的电力销售公司，实现大用户与发电企业的双边直接交易。建立社会需求侧和负荷侧充分竞争的电力企业市场，有利于提高电力电能产品的低能耗、高效率。对一般企业而言，电力市场的业务发展结构应当与国家电力工业的特点相结合。电力市场中输配电业务是否应该分离，一直存在争议，将电力企业中自然社会经济垄断的部分强加拆分，从资源信息管理科学合理发展研究角度来讲相当不经济。一个地区的两个并网平台对电网的基本安全造成了诸多隐患，因此，电力市场化改革应考虑电力发展水平和具体国情，不能盲目地照搬国外模式。

从电力体制和电力市场经济改革的情况分析来看，一方面，输配电网的技术系统功能界定不一致。在我国高速经济建设和国家电网企业快速发展的时期，对智能电网的信息技术要求很高，设备更新速度快，资产联动性强，很难准确界定输电资产和配电资产。另一方面，我国企业尚未形成合理、科学的电价机制，电价交叉现象明显。输电、配电剥离、供电将被划分为成本—利润中心，不再统一价格交叉补贴，整个市场价格统一。各地区供电公司将从自身利益最大化的角度减少对外电价补贴，营销策略也将向企业自身利益倾斜。显然，这种定价管理服务模式将会使电力企业文化资源向利益一方倾斜。输配分离问题不是简单的资产分离问题，而是机制完善和制度更新的问题。

对于是否应该开放供电侧，国际上也有许多不同的意见：大多数国家都是从用户的工作能力和市场经济的稳定出发，采取谨慎的态度，日本在电力改革中，在充分有效地依法保护的情况下，推进销售侧市场的自由化，在每一次改革之前，即每一次扩大都影响用户的自由选择权，电力工程企业法提前修改，并采取一些积极稳妥的原则，分阶段稳步推进。此外，我国售电价格交叉补贴严重，实行售电侧放开需要通过争取国家对于政府的政策支持社会发展能力以及不断完善的电价机制，同时还应逐步建立批发电力市场交易机制，为售电公司和发电技术要求企业内部员工提供相关数据交易网络媒体平台。

在电网建设项目投资管理中,"十二五"以来,我国电网建设投资的完成随着程度的不同而增加或减少。2010~2019年,全国电网基本建设投资完成额由3448亿元增长至4856亿元,年均增长3.88%,日益成为电力行业建设的主要投资重点。同时,2019年110千伏及以下电网投资占全国电网基本建设投资的比重为63.3%,较上年提高5.9个百分点。2019年全国电网基本建设投资增速由年初的-9.00%下降至年末的-9.60%,全国电网基本建设投资呈现下行趋势,电网投资增速持续放缓。电网公司进行投资的价值在新增输电线路和变电技术设备上得以充分发展。2019年全国新增220千伏及以上变电设备容量23042万千伏安,同比增长3.7%;新增220千伏及以上输电线路回路长度34022千米,同比增长-17.2%。

由此可见,目前我国社会经济已经从"高速增长"阶段转向"高质量企业发展"阶段,国家电网投资项目建设也从单纯的大规模扩张转向内部控制结构、电力信息系统设计和服务产品质量总体水平的完善和提高,在经济快速增长的基础上,电网投资环境已经从"高速"转向"高质量",从"增长"转向"发展"。从分析电网企业内部的投资管理结构入手,随着经济发展的不断深化,以再电气化为基本路径的新一轮能源技术革命,逐步建立起完善的架构,国家投资研究的重点逐步转向智能化电网和配电网建设,更加倾向于配电、供电侧。从电力企业投资发展趋势分析来看,国家电网的饱和度仍然低于电力供应的饱和度,虽然目前我国对于电力管理系统的总体供电能力有所过剩,但在可再生能源的吸收能力、供电可靠性、峰值调节能力建设等方面亟待建立可持续的投资。

第四节 区域型电网企业投资经营的策略

电网企业的发展需要关注外部环境和内部条件。由于目前我国经济、社会和技术对电网公司具有客观性,因此本书从政策层面、用户信息管理层面、电厂和竞争层面可以有效进行安全生产经营能力发展策略的细化,提出一个对外推进改革，打造电网企业新竞争优势的思路。针对电网科技企业内部控制运行的发展状况，结合边界管理理论，提出电网科技企业文化需要平衡 EVA、资产负债率、利润、电量、电价等之间的关系，因此，本章从企业生产经营、价格、资产、成本和市场营销五个方面，提出了精益管理模式转型的持续时间，积极适应未来政府的共同监督和舆论监督。

新的管理战略将使电网技术企业能够积极适应电力市场改革，满足我国涉及国家利益的法律和政策的要求，并满足不同用户的需求，科学合理地按照市场导向的原则促进电力供需市场，打破原有的竞争环境优势，积极建立新的竞争优势。

一、电网企业外部经营策略

（一）积极争取政策支持

如何处理好市场与政府的关系，属性电力管理体制进行改革的重要组成部分。由于输配电的自然垄断，政府与市场是相辅相成的。同时，政府的产业政策也因阶段而异。目前，我国经济正处于投资风险导向型和创新发展导向型的过渡时期。因此，在政策层面，电网企业需要不断关注政策影响，积极争取政策支持。同时，根据国有企业社会经济责任管理的特点，争取新能源消费、交叉补贴和服务能力总体提高等方面的国家政策支持。

（二）满足多层次的需求

目前，电网技术企业发展可以在 24 小时内排除故障，来满足不同用户的基本生活用电需求，即有电可用。未来，企业将电力管理系统和互联网深度融合，从而满足不同客户的多维度需求，包括客户对能源服务和电力配置的需求。因此，电网企业应在以下几个方面进行分析，以满足客户的需求。

一是快速发展综合能源，服务市场。事实上，在欧美国家，电力与互联网不断深入研究结合，产生了一大批具有创新创业精神的能源互联网技术企业。这种经济自由化趋势似乎已成为一家公用事业公司"挤在一起"取暖的机会。因此，网络技术企业应加快发展综合能源管理服务市场，将公用事业服务纳入综合能源服务质量体系。

二是企业文化对于民用电力管理系统，互联网与电力不断创新发展，可以随时了解电力供求信息，更加精准有效地使用廉价能源。通过网络技术发展，应用管理系统软件进行研究开发，用户可以使用智能手机远程控制家用电器，进而节约成本。在电力零售全面放开的同时，将推出符合不同数据类型和不同成员新电价计划的新服务，以及为合作企业提供的产品和服务折扣。

三是对于工商业用户，通过多种方法和手段，针对有特殊电能质量控制要求的用户，帮助其实时掌握能源市场价格的波动和发展，为能源资源管理提供一个合理的解决方案。

（三）保证电力安全供给

电力市场化后，电网企业应在适应电力体制改革和保障供电安全之间保持良好的平衡。一是我国企业需要做好电网统筹发展战略规划与建设，优化电网布局，加强对于传统电力信息资源规划与能源有限公司员工整体结构设计规划、与地方人民政府工作规划管理人员之间的有效衔接，保障终端用电需求；二是通过社会生活保障电力行业市场供需平衡，坚持调度一体化，保证各级电网安全生产运行，从需求侧和供给侧两个方面入手做好电力电量整体经济利益平衡，提升应急响应能力水平，有效提高保障供需紧张状态下的重点用电需求不受环境因素影响。

（四）不断探寻新的增长极

电网科技企业的经营管理应顺应市场经济竞争的动态发展，采取有效的战略应对竞争对手，在市场中获得主动权。在电力市场竞争中，通过质量、效率和电力的改革，充分利用人才和技术积累，提高供电可靠性和服务保障水平，拓展电力市场增值业务，为配电企业和其他市场竞争对手建立新的竞争优势。同时也是国家对于发电技术发展企业拉专线、增量配电逃避政策性交叉补贴等违反国家电改原则的，建议政府从监管工作能力方面建立财务管理制度机制，防止其他金融产品市场经济社会主体建立不当竞争优势。

二、电网企业内部经营策略

(一) 整体运营方面

在我国电力体制改革的背景下,电网技术企业的后续业务将形成政府部门的监管业务和市场化业务。由于两类业务的需求不同,因此在电网企业社会整体运营能力方面,需要对控制型服务和市场型服务分别采取不同的管理策略。

一是政府监管业务,主要内容包括输配电业务。根据电力改革的思路和方向,未来输配电业务的盈利模式是在政府批准的成本基础上增加合理收益。因此,政府需要对动力传输和配送成本进行审计和监督。由于这类业务是电网技术企业的原始业务,运营发展策略应将电网运营风险管理与政府部门监管运营能力指标分析体系相衔接,以满足社会改革监管和信息披露的要求,重视电网投资规划和运营成本控制,提高管理精益。

二是市场导向业务主要体现在新业务的销售方面。电网企业的发展需要适应电力体制改革对积极参与市场化经营的要求,通过不断完善用电指标来改善经营环境。因此,电网技术企业管理需要不断加快布局和业务能力发展,以服务国民经济和民生为先导,把市场的挑战和压力转化为内在动力,建立一个竞争优势,实现中国企业的可持续健康发展。基于以上数据分析,市场化发展企业的经营活动策略应在满足全民安全供电和考虑风险投资回报率的基础上,扩大综合能源技术服务,满足不同用户对能源消费和全方位使用的最新需求,在遵守国家相关法律政策的前提下,积极配置电动汽车充电站、配电网智能财务管理工作系统和新能源开发利用等,增加这部分资产的配置。

(二) 输配电价方面

一是继续完善输配电价自主定价制度。按照现行的"成本加收益"模式,与政府监管部门合作,核实合理的输配电价格水平,通过输配电价格回收允许的成本,获得允许的收益。为了探索输配电价格中位置信号的实现途径,指导供用电合理分配,研究更加科学、公平地分配电能损耗,优化两部制输配电价格结构,需要调整基本电价比例,通过输配电价格体系回收抽水蓄能电站的方法，研究符合电价要求、具有电压可操作性和用户分类等的输配电成本核算方法。

二是妥善解决电价交叉补贴问题。我国电价交叉补贴的总体规模较大，而且还在不断扩大。在当前我国实体市场经济发展减负、工商管理企业电价下调的宏观环境形势下，这种普惠性电价交叉补贴模式难以为继。电网企业应积极与政府就电价政策进行沟通，根据实际情况向政府提出交叉补贴的需求和数额，力争与政府达成协议，按照双方确定的方式稳定获得交叉补贴，以便更好地推进改革进程。在不久的将来，可以鼓励企业采取相关措施，如对企业拥有的发电厂实行全价交叉补贴和增量配电，对居民提高电价进行长期研究，或确定交叉补贴的资金来源，分阶段缓解电价交叉补贴问题，促进市场参与者的公平负担。

三是结合国情研究制定市场价格机制。为适应全国统一电力企业市场经济的发展，将输配电价格体系与电力行业市场报价、出清、定价、亏损处理、偏差处理、结算系统管理、限价管理、阻塞管理、价格监督体系等相结合，满足市场研究框架和电力公司具体交易类型的要求，为电力市场竞争主体提供稳定可靠的市场需求价格信号，同时注重社会市场环境风险的防范和控制。

（三）资产管理方面

针对企业未来的监管发展趋势和当前我国电力改革对资产进行管理的要求，当前资产质量管理的核心是把握安全生产的底线，确保信息系统的可靠运行，提高公司资产运营工作效率，同时要加强智能电网的建设水平，提高系统的智能化水平。从资产管理的角度来看，以下升级是必要的。

一是加强资产管理制度体系建设，确保信息管理工作效果贯穿于企业的全生命周期。我们对现有的资产管理工作模式进行分析和评价，探索其可持续性和盈利性，并根据电力改革的要求，不断发展和完善升级资产管理系统，以满足资产运营和维护的相关要求。建立和完善生产数据信息管理制度体系，提升和优化管理研究方法和策略，提升技术发展水平。

二是加强技术创新，促进智能电网技术不断发展，建立运行可靠、管理智能的新型绿色电网系统，将"互联网+"技术与云数据技术相结合，实现电网的智能运行、准确决策，不断提高电网的可靠性。

三是加强运行维护透明规范，积极争取合理的政策引导。电网公司改革后，"电网运营商"的职能和作用将更加突出。因此，在公共文化事业发展和运营日益透明化的趋势下，电网企业需要按照市场监管和经济技术能力指标公开的要求开展工作。

（四）成本管理方面

新一轮电力改革后，政府对于未来的改革研究方向是更加严格地控制电网企业的成本，采用成本精益管理制度体系对输配电成本问题进行一个全面分析和管理，符合电力改革开放政策以及未来的发展变化趋势。因此，电网企业应完善内部控制流程，加强对成本核算的监督，保证财务系统成本记录的真实性、客观性，保证业务的真实性，为今后成本监测、审计等工作提供依据。根据企业期货市场监管模式分析系统的要求，设计了相应的财务会计管理系统，为了对输配电价格进行计量和监管，有必要设计适合于监管模式的财务成本核算系统。加强理论基础数据核算和统计管理，建立适应发展要求的会计人员信息技术收集共享服务系统，按配电电压分类计算动力传输和配电成本，不能直接收集的成本控制研究主要采用科学合理的成本分担方式，为输配电价格的计算和政府监管部门的成本监督审查提供了便利条件。

（五）营销服务方面

从市场竞争的角度来看，电网企业面临着来自电力销售公司、地方电网、替代能源等多方面的挑战。电力市场将出现多种主体竞争的局面，分布式能源管理，微型电网系统设计，水、气、热公共文化服务等行业将积极健康地发展自身的竞争力，加快抢占市场份额的步伐，挤压电网技术企业的销售空间，形成日益多元化的竞争格局。营销服务要从以下几个方面进行加强。

一是通过加强企业对广大用户的电力营销和服务。大型工商企业和工业园区占用电总量很大比例。电网企业要从各个方面提高对大型工商企业和工业园区用户的服务质量，有针对性地提供增值服务，提高对高素质用户群体的重视。

二是巩固服务，保持一个良好的企业品牌形象。经过多年的努力，电网科技企业可以通过不断的发展、改造和升级，为用户提供服务，并逐步树立起相对良好的企业文化服务产品品牌形象，原来的"电老虎"形象逐渐淡出人们的视野。电网企业应抓住电力体制改革的机遇，继续建立以用户为中心、以市场为导向的高质量供电服务体系，不断培育忠实用户，坚持老用户，争取新用户，服务国家，优化经营环境的战略部署，在市场销售竞争中建立客户服务优势。

三是在保持经济基础管理业务的基础上，继续发展拓展多元化服务，如进行分析市场研究动态环境监测和预测，开展工作负荷预测，加强精准营销开放客户，建立一个客户信息服务行业快速反应控制系统等，以开拓新业务，提高质量，我们需要设计电价套餐、金融绑售和组合、差异化服务贸易模式，通过灵活和相应的需求，建立产业链的合作伙伴，提供各种增值服务，开发多元数据技术收集应用，电子商城与节能业务活动相结合，跨境外包服务，运用中国互联网思维创建组合营销战略。

第七章

国内典型企业投资经营策略分析

第一节 国家电网投资经营策略

在国家电网的未来投资思路中,如何建立更先进、更安全的电网输送系统,是该集团投资规划中最为重要的内容之一。例如,2009 年,国家电网就制定了智能电网发展规划,设定的目标为:2016~2020 年为引领提升阶段。在这一阶段中,公司希望全面建成统一的坚强智能电网,技术和装备达到国际先进水平(见表 7-1)。届时,电网优化配置资源将大幅提升,清洁能源装机比例达到 35%,分布式电源实现"即插即用",智能电能表普及应用。到 2020 年,全面建成统一的"坚强智能电网"。

表 7-1　　　　　坚强智能电网投资情况　　　　　单位:亿元

投资项目	2009~2010 年	2011~2015 年	2016~2020 年	合计
电网总投资	5510	15000	14000	34510
年均电网投资	2755	3000	2800	2876
智能化投资	341	1750	1750	3841
年均智能化投资	171	350	350	320
智能化投资占电网总投资比例	6.2%	11.7%	12.5%	11.1%

而在近些年的发展中,国家电网投资经营实现了由智能电网到特高压再到综合能源的转变。根据国家电网 2020 年社会责任报告,2020 年国家电网营业收入 26600.3 亿元,同比增长 0.295%;利润总额 591 亿元,同比下跌 23.63%,并没有实现 2020 年 2.76 万亿元营收、810 亿元利润总额的目标(见表 7-2)。据报告显示,业绩增长不如预期的原因是受政策性降电价的影响。

表7-2　　　　　　　　　国家电网 2016~2020 年财务绩效

指标	单位	2016年	2017年	2018年	2019年	2020年
营业收入	亿元	20939.7	23581	25602.5	26522	26600.3
资产总额	亿元	34041.3	38113.3	39293.1	41558.5	43541.2
利润总额	亿元	866.2	910.2	780.1	773.9	591
实现利税	亿元	2116.4	1964.8	1927	1607.2	1701.1
净资产收益率	%	4.56	4.31	3.4	3.3	2.2
资产负债率	%	55.9	57.6	56.7	56.4	56.3
职工劳动生产率	万元/人*年	70.9	77.11	81.5	83.6	80.8
总资产周转天数	天	570.3	554	553	554	581
固定资产投资	亿元	5210	5115	5178	4066	4734
降低用户用能成本	亿元	543	759	915	791	886

注：2019 年数据为最终统计数，与 2019 年报告数略有差异。2020 年财务绩效数据源自财务快报，与最终统计数会略有差异。

数据来源：国家电网 2020 年社会责任报告。

2020 年国家电网完成电网投资 4605 亿元，110（66）千伏以上输电线路长度 114.2 万千米；建成充电桩 17.2 万个；售电量达到 45783 亿千瓦时（见表 7-3、表 7-4）。

表7-3　　　　　　　　　国家电网 2016~2020 年电网能力

指标	单位	2016年	2017年	2018年	2019年	2020年
电网投资	亿元	4964.1	4853.6	4889.4	4473	4605
输电线路长度*	万千米	93.2	98.1	103.8	109	114.2
变电（换流）容量**	亿千伏安/千瓦	39.8	43.4	46.2	49.3	52.3
并网机组容量	亿千瓦	12.71	13.79	14.7	15.56	17.04
并网机组上网电量	万亿千瓦时	3.83	4.1	4.46	4.64	4.77
研究开发专项经费	亿元	69.21	78.28	79.88	96.5	106.94
累计专利拥有量	项	62036	73350	82810	90712	97548
累计获得国家科学技术奖	项	60	69	79	85	91
特高压跨区跨省输送电量	亿千瓦时	1860.94	2495.59	3122.52	3750.46	4567.14
主导和编制国家和行业标准	项	236	255	262	388	250
综合线损率	%	6.75	6.66	6.47	6.25	5.87

注：*110（66）千伏及以上输电线路；**110（66）千伏及以上变电（换流）容量。

数据来源：国家电网 2020 年社会责任报告。

表7-4　　　　　　　　国家电网2016~2020年供电绩效

指标	单位	2016年	2017年	2018年	2019年	2020年
售电量	亿千瓦时	36051	38745	42361	44536	45783
公司经营区域最高用电负荷	亿千瓦	7.02	7.62	8.1	8.1	8.75
服务客户数	亿户	4.3	4.48	4.65	4.9	5.2
城网供电可靠率	%	99.96	99.962	99.965	99.966	99.97
城市综合电压合格率	%	99.993	99.994	99.995	99.995	99.995
农网供电可靠率	%	99.782	99.784	99.789	99.825	99.843
农村综合电压合格率	%	99.491	99.65	99.752	99.802	99.81
农网投资	亿元	1800	1557	1498	1605	1316
95598客户诉求一次解决率	%	***	***	***	87.19	88.14
省间电力交易电量	亿千瓦时	7744	8756	9614	10578	11577
供电服务"十项承诺"兑现率	%	99.999	99.999	99.999	99.999	99.999

注：*** 数据未披露。

数据来源：国家电网2020年社会责任报告。

截至2020年年底，国家电网清洁能源机组并网容量73572万千瓦，占总并网容量的43.18%，经营区域内清洁能源装机容量增长90%；累计消纳清洁能源7.4万亿千瓦时（见表7-5、表7-6）。

表7-5　　　　　　　国家电网2016~2020年服务清洁能源发展

指标	单位	2016年	2017年	2018年	2019年	2020年
清洁能源机组并网容量	万千瓦	43079	50306	56884	62306	73572
其中：水电并网容量	万千瓦	21589	22414	22659	22904	23295
核电并网容量	万千瓦	2067	2176	2789	2914	3028
新能源发电机组并网容量	万千瓦	19423	25716	31436	36488	47248
其中：风电并网容量	万千瓦	11654	12890	14612	16933	23217
光伏发电并网容量	万千瓦	6676	11506	15283	17703	21664
清洁能源机组上网电量	亿千瓦时	11347	12626	14179	15682	17087
其中：水电上网电量	亿千瓦时	7375	7446	7615	8049	8490
核电上网电量	亿千瓦时	1173	1380	1695	1975	2088
新能源发电机组上网电量	亿千瓦时	2799	3800	4869	5658	6509

数据来源：国家电网2020年社会责任报告。

表 7-6　　　　　国家电网 2019～2020 年排放物处置

指标	单位	2019 年	2020 年
企业运营过程温室气体排放量：			
回收六氟化硫气体	吨	162.2	220.6
相当于减排二氧化碳	万吨	387.7	527.2
有害废弃物排放量：			
废矿物油处置量	吨	1240.3	1920.6
废铅酸蓄电池处置量	吨	3221.4	3908.4
一般废弃物排放量：			
废绝缘子、废电项盖板、废水泥电杆等处置量	吨	21070.8	35926

数据来源：国家电网 2020 年社会责任报告。

"十三五"期间，国家电网完成电网投资 2.38 万亿元，110（66）千伏及以上输电线路增长（29%）；建成投运特高压工程 19 项；实现利润 3921 亿元（见表 7-7）。

表 7-7　　　　　国家电网"十三五"期间经济绩效

指标	合计
实现利润（亿元）	3921
实现利税（亿元）	8278
职工劳动生产率提高（万元/人年）	15.5
电网投资（万亿元）	2.38
110（66）千伏及以上输电线路增长（%）	29
变电容量增长（%）	43
建成投运特高压工程（项）	19
累计建成投运特高压工程（项）	26
并网发电装机容量（亿千瓦）	17
供电可靠率达到（%）	99.861
综合电压合格率（%）	99.857
农村电网建设改造共投入资金（亿元）	7775
西藏电网建设投资（亿元）	500

数据来源：国家电网 2020 年社会责任报告。

此外，社会责任报告还做出 2021 年发展承诺：营业收入 2.83 万亿元，实现利润 650 亿元、净利润 470 亿元，新兴产业年收入达到 1100 亿元；发展总投入 5795 亿元，同比增加 226 亿元，其中电网投资 4730 亿元，同比增加 125 亿元。国家电网重点关注 17 个领域工作：

（1）做好电网发展规划与国家能源电力规划及各级地方政府规划有效衔接；（2）跨区跨省输电通道要与配套电源同步规划、同步建设、同步投产；（3）加快川藏铁路和区域城际铁路、市域（郊）铁路配套供电工程建设；（4）做好老旧小区、厂区、街区和城中村配电网改造强化"煤改电"配套；（5）实施农村电网巩固提升工程；（6）继续做好东西帮扶和定点帮扶；（7）杜绝大面积停电事故、人身死亡事故、重特大设备事故；（8）积极开展抗疫保电工作；（9）实施公司服务"碳达峰、碳中和"行动方案；（10）加强清洁能源并网消纳；（11）深化新能源云应用和并网接入一站式服务；（12）做好充电桩并网服务，新接入充电桩 30 万个；（13）推进电网规划、设计、建设全过程绿色低碳、安全高效发展；（14）深挖工业、交通、建筑等领域电能替代潜力；（15）提升港口岸电、居民电采暖设备利用率；（16）完成替代电量 1515 亿千瓦时；（17）省间交易电量 1.19 万亿千瓦时。

第二节　南方电网投资经营策略

2019 年，中国南方电网公司提出将自己定位为"五大"运营商（新发展理念的践行者、国家战略的实施者、能源革命的推动者、电力市场的建设者、国企改革的先驱），将"三大业务"（智能电网运营商、能源产业价值链集成商、能源生态系统服务提供商）转变为具有全球竞争力的新战略世界级企业。

2021 年 4 月 24 日，《数字电网推动构建以新能源为主体的新型电力系统白皮书》（以下简称"白皮书"）在广州正式发布。

该白皮书系统地阐述了以新能源为主体的新电力系统的产生背景和意义、新形势和新要求，以及"数字授权、灵活开放、绿色高效"的三大显著特征。下一步，南方电网企业公司将依托数字电网发展建设，多措并举构建以新能源为主体的新型电力管理系统，积极推进服务"碳达峰、碳中和"战略研究目标的实现。

根据白皮书,新的电力系统将呈现数字和物理系统的深度集成,以数据流引领和优化能量流和业务流。以数据为核心生产因子,对电源、电网、负荷、储能环节的信息、发电侧(电厂等)实现"全面可观、准确可测、高度可控",网格端(网格企业)形成了云和边缘融合的控制系统,网格端(电力用户)能够有效地聚集大量可调资源,支持实时动态响应。

2019年,南方电网公司研究提出数字电网建设的战略部署。数字电网是以云计算、大数据、物联网、移动互联网、人工进行智能、区块链等新一代数字经济技术为核心驱动力,以数据为关键生产环境要素,以现代电力能源利用网络与新一代信息服务网络为基础,通过一个数字媒体技术与能源作为企业经营业务、管理工作深度学习融合,不断努力提高数字化、网络化、智能化生活水平,而形成的新型国家能源生态保护系统,具有一定灵活性、开放性、交互性、经济性、共享性等特性,使电网更加完善、安全、可靠、绿色、高效、智能。

数字电网不是脱离物理电网的另一个信息网络,也不能简单地理解为数字电网。数字电网是电网融入物理和数字世界的产物,其主要形式有:充分利用大规模微型传感器、智能设备、电力物联网、分布式数据处理、数据挖掘和共享服务等技术手段,建立一个具有云资源存储、大数据处理、数据驱动分析和高智能、不完全依赖电网模型的功能强大的软件平台,在海量数据的基础上采用大数据和先进的计算技术,通过数据关系,找到电网的运行规律,实现电网的智能运行。

南方电网依托强大的"电力+算力",通过对海量信息进行数据分析和高性能计算科学技术,透过数据之间关系研究发现电网运行发展规律和潜在市场风险,实现电力管理系统网络安全工作稳定经济运行和资源大范围优化配置,使电网具备超强感知能力、智慧决策能力和快速执行能力。广东、广西、云南、贵州和海南的清洁能源消费都在快速增长。

2020年底,五省区非化石能源装机和电量占比分别达到56%和53%,居世界前列,风电、光伏发电利用率均达99.7%,区域能源结构转型成效显著。

根据白皮书,南方电网公司将加快数字电网建设,继续建设和完善一系列数字商务技术平台，使其具备较强的数据管理能力、超级计算能力和数据驱动业务能力；加快电网管理的数字化转型，推进电网规划、建设、运行和维护、物资、调度、营销等专业高效协调，提高企业运营效率，确保为大量新能源用户提供高效服务；加大投入，支持新建5G基站、物联网、电动车充电站等基础设施建设。将国家产业互联网与数字政府连接起来，充分发挥电网企业在计算能力、算法和数据资源方面的优势，促进政府、产业和消费者之间的密切互动，引导能源、数据和服务的有序流动，推动能源生态系统利益相关者之间开放合作、互利共生和协同创新。

白皮书认为，在新型电力管理系统中，电网企业作为高比例消纳新能源的核心枢纽作用研究更加具有显著。"跨省主网、中小区域配电网、微网"的灵活联网形式和数字控制技术，将使电网更加灵活可控，并根据资源禀赋实现因地制宜的新能源广泛接入。大电网柔性联网进一步提高了资源共享能力，配电网正以交直流混合柔性网和微电网等多种形式协同发展，作为提高供电可靠性和高渗透性的重要手段，智能微电网将逐步在城市中心、工业园区和偏远地区得到应用。此外，新能源+储能、新能源+负荷+储能等多元发展协调企业开发管理新模式也将不断创新涌现。

目前，南方国家电网西电东送已形成"八交十一直"输电大通道，送电规模超5800万千瓦，年送电量超2300亿千瓦时，已拥有一个自主化的大容量以及特高压多端柔性控制直流输电网络技术，在大型交直流电网发展规划、建设和运行信息技术与实践能力方面我们处于世界领先的战略地位。同时，推动输配电线路、数字变电站、智能配电室、智能微电网、智能公园等数字化场景的建设，人工智能在电网设备巡检、智能客户服务、负荷预测等服务中得到广泛应用。

南方电网公司将依托数字信息技术增强对新能源的"可观、可测、可控"水平，推进我国电力管理系统能够拥有一个更加有敏锐的"五官"和更加聪明的"大脑"，支持发展新能源发电设备作为主力电源参与电力网络系统调控过程。

根据白皮书，该公司将继续利用数字技术建设强大的主电网和灵活的配电网，全面利用区域分布式能源，如风能、光伏和生物质能，根据当地情况建设交直流混合配电网和智能微电网,继续提高配电网的数字化水平和灵活性,增加分散式发电的承载能力。

"十四五"和"十五五"期间,南方电网公司将推动南方五省区分别新增1亿千瓦风光新能源装机,新能源装机将从目前0.5亿千瓦增加到2030年2.5亿千瓦,支撑提前实现碳达峰。

白皮书还提出,南方电网公司大力实施创新驱动战略,加强电力新体系的科技支撑和产业带动建设。南方电网公司将积极工作,开发新型电力管理系统,进行运行机理与发展社会形态、基于信息数据可以驱动的新型电力系统。通过分析与控制制度基础教育理论和方法等基础问题研究,在新能源发电大规模并网消纳、数字电网、电力专用芯片、电网柔性互联、先进储能技术、虚拟电厂等方面实现突破,促进数字化学习技术与电力工程技术深度融合,建设提供支撑新型电力系统国家级创新服务平台,形成一种具有提高我国自主知识产权的新型电力系统关键科学技术和标准体系。加快实现重点领域核心技术自主升级,推动形成完整、世界级的电力产业链。

数据显示,到2030年和2060年,我国新能源发电量占比将分别超过25%和60%,电力供给将朝着逐步实现零碳化方向迈进。根据白皮书,新能源将成为能源的主要来源,权力结构将处于主导地位。

终端进行能源发展消费"新电气化"进程也将加快。工业、建筑、交通三大领域终端用能电气化水平将从目前的30%、30%和5%提升至2060年约50%、75%和50%,数字经济的快速发展也将推动终端用能电气化水平进一步提高。

随着新能源和传统电力角色的转变,需要有效支持电力市场,协调不同市场参与者的利益,实现全要素资源的充分投入和最优配置。

白皮书提出,南方电网公司推动数字能源消费革命,推动绿色生产和生活方式的广泛形成。"十三五"期间,南方电网公司持续推进电能替代,在电锅炉、电蓄冷、港口岸电等重点领域取得积极进展,"十三五"累计实现替代电量约1000亿千瓦时,2020年五省区电能占终端能源消费比重达32%,比2015年提升4个百分点。同时中国南方区域(以广东起步)电力现货市场和区域调频辅助教学服务社会市场在全国率先开展结算试运行,电力行业市场环境建设走在全国前列。

南方电网公司将利用数字技术建设一个适应新电力系统的现代化供电服务系统，提高服务效率和用户体验，支持业务创新，帮助用户不断释放需求潜力，通过物联网和区块链技术，聚集大量用户侧可调资源，构建虚拟电厂，引导用户合理用电，促进发电侧与负荷侧的互动。

此外，南方电网公司还将协助用户通过大数据技术挖掘节能潜力，推动能源消费从单一、被动和普遍使用模式向多需求、主动参与和定制化的高效使用模式转变，推动电动汽车发展、电能替代、节能减排和综合能源服务。加快南方地区统一电力市场建设，推进电力市场交易方式多样化，探索灵活多样的市场需求—响应交易模式。

第三节 两家能源企业策略对比

从两家电网企业的战略来看，其具有相似性，能源互联网企业都是两家企业的战略追求目标。以下以国家电网为例对其战略进行分析，探究在营销层面的发展导向。国家电网公司新战略由"中国特色""国际领先""能源互联网企业"三大部分构成，从售电侧角度分析，这三大部分将驱动着营销层面不同的发展导向。

从"中国特色"来看，具体对售电侧来说，主要是"成为党和国家最可信赖的依靠力量""成为坚决贯彻执行党中央决策部署的重要力量""成为促进经济社会发展、保障和改善民生的重要力量""成为贯彻新发展理念、全面深化改革的重要力量"。这里涉及了保电、清洁替代、降价减负、改革攻坚等与营销相关的业务内容，需要发挥央企责任担当、全力推进改革攻坚作用。

从"国际领先"来看，这是国家电网作为经营性企业的发展要求，同时也是国家对其的发展要求。从售电侧考虑，应重点从经营实力领先、核心技术领先、服务品质领先三个方面落实具体工作，结合电网企业当前面临的电力体制改革、国企改革、电价降价、成本与投资监管趋严、市场竞争压力日增等形势，开源节流、提质增效是未来一段时期内实现突围和领先目标的必然选择，市场拓展、服务创新、精益管理等预计仍是"十四五"期间的发展主题。

从"能源互联网企业"来看，包含三层含义：一是业务的创新发展实现向综合能源服务商的转型；二是技术的创新应用实现内部资源之间、与其他能源之间、与外部资源之间的互联互通和共享互济；三是技术的创新应用实现电网智能化数字化水平的提升。

因此，数字化转型升级和综合能源服务是这一目标下的重点发展方向。

此外，电力企业是碳减排政策的直接落实者，处在碳减排工作的最前沿，尤其是头部电力企业，需要发挥其攻坚作用。结合电网企业在碳减排链条中的定位，"十四五"期间应着力提升对清洁能源的配置能力、对清洁能源的并网消纳能力和电气化服务能力三个方面能力。

1. 提升对清洁能源的配置能力

加快建设坚强骨干电网，提高对清洁能源的优化配置能力。完善跨区跨省骨干输电通道建设，加快特高压交流同步电网建设，加大清洁能源跨区输送力度，提升资源跨区域大范围配置能力与清洁能源消纳保障能力。加快清洁能源并网和送出工程建设，消除配网薄弱环节，支持新能源优先就地就近并网消纳。

2. 提升对清洁能源的并网消纳能力

提升清洁能源优化调度能力，推动源网协同互动。持续发挥我国电网统一规划、统一调度、统一管理的体制优势，优化电网调度运行方式，优先调度清洁能源，推动跨区域余缺互济与资源配置，加大抽蓄电站建设力度进度，增强电网韧性与源网互动能力。

深化数字技术应用，加快电网向能源互联网升级。把握能源革命和数字革命融合发展机遇，提升电网数字化、智能化、智慧化水平，加强"大云物移智链"等技术的融合创新和应用，有效匹配电力供需，充分发挥需求侧调节能力，提升终端能源利用效率、源网荷储协同互动水平与清洁能源即时消纳能力。

3. 提升电气化服务能力

服务需求侧资源友好接入，促进分布式清洁能源消纳。用电侧新业态新模式正在加速涌现，要加快配电网建设和智能化改造升级，为深度拓展电能替代下负荷持续增长提供坚强网架支撑。为分布式发电、虚拟电厂、电动汽车、储能等资源接入提供优化并网服务,加快可调节负荷资源拓展,实现常态化规模化应用,促进用户侧清洁能源消纳。

拓展节能及能效服务新业态新模式。主动对接用户需求,在碳减排方案设计、节能改造、能效服务等方面提供一揽子解决方案。积极开展用户侧多元清洁供能、分布式智慧能源等试点,根据项目经济性等因地制宜推广。积极探索用户资产智能运维、需求响应代理服务、电力交易代理、碳交易代理等能源增值服务。

第四节 电力投资发展演化分析

一、电力投资动态特征分析

纵观我国电力系统工程建设的投资市场经济社会发展历程,呈现以下六大主要特征:

在投资领域,传统的水电和燃煤电力长期占据中国电力投资的主导地位,而风电等新能源投资则落后,近年来电网投资仍处于较高水平。中国的消防、水利、景观等主要电力装机容量和电网规模均居世界首位。

从投资规模来看,改革开放以来我国电力建设投资规模基本保持稳步增长态势,到2016年达到顶峰后,2017~2019年出现持续放缓态势。

从投资管理结构的角度分析来看,我国企业电力系统建设项目投资中长期存在的"重输电轻供电"的状况在过去十年中发生了一个很大变化。2009年电网投资首次超过供电投资,在随后的四年中,供电投资在2014年第二次投资后没有逆转,差距呈现扩大趋势。

从投资管理主体的发展来看,电网和核电的投资活动几乎不完全被中央企业或地方国有企业垄断,中央企业和地方国有企业在火电和水电项目投资的社会地位中占绝对主导地位,民营企业和外资企业在世界国有企业和民营企业的风险投资、新能源产业投资在基础经济中所占份额很小。

从投资市场前景分析来看，受节能减排影响的火电企业投资公司近年来在我国基本经济处于受限状态，水电稳步快速发展，但大规模进行开发的高峰期已经成为过去，核电在经过一段时间的中断后重新启动并获得一定的优惠政策，风电等可再生能源投资的黄金时期也由于政府补贴的取消而逐渐消失。未来几年，"新的基础设施"将推动特高压、充电设施和综合能源领域的新一轮投资。此外，新能源和抽水蓄能是新一代电力系统的主要组成部分，相应的电网建设和配套工程也应提上议事日程。在网格管理方面，要加强基础设施建设，提高企业资源优化能力，尤其要充分发挥大型网格资源的互利作用。

从投资企业综合经济效益分析，电力降价和权力可以利用每小时下降等因素的影响，煤炭进一步压缩利润空间，其他国家实力下降利润水平稳定，电网特别是特高压利用率提高工作效率，电力公司投资时代的高收益数据表明，电力投资的边际社会效益正在下降。

一般来说，电力工业与人们的生活和生产以及国家的经济发展息息相关，而且电力工业"分配"的四个环节是强自然垄断、高协调性、高沉淀成本和政府的市场准入限制等属性。长期以来，国有资本主导着电力投资领域，社会资本参与程度普遍不高，电力市场运行程度低。

特别是2002年国家发展电力管理体制进行改革厂网分开后，不计成本、不计效益的"押一马"成为企业所有中国电力巨头的首要工作任务，煤、水等传统电力工程项目迎来了风险投资"大跃进"。2015年初，国家"限火令"出台后，燃煤电力投资遭受重创，水电可开发资源枯竭。所有电力投资者都在关注风电和其他新能源项目，新能源的安装突飞猛进。

近年来，中国电力的"大手笔"投资彻底消除了我国电力短缺的"帽子"，产业发展结构也得到了明显的改善。然而，由于经济的长期过度开发和无序竞争，也留下了明显的"后遗症"，如电力系统的结构仍需优化，电网与输配电建设社会之间存在严重脱节、电力供需矛盾依然存在、部分生产能力出现过剩、企业经营负债率过高、资产管理利用率降低等，受到了社会的批评。

粗放的电力企业投资管理模式虽然在短期内可以通过促进社会经济不断增长，但从长远来看，却浪费了大量有限的资源，不利于我国电力的可持续健康发展。特别是随着我国社会经济市场进入新常态，电力工业已从高速增长阶段转向高质量发展阶段，资源管理要素的高效利用、科技技术创新与进步、体制机制的创新与转换日益成为电力公司投资结构转型升级的重要工作动力，建设清洁、绿色、低碳、安全、高效的现代电力工业控制体系势在必行。传统的要素驱动、规模驱动和经验驱动的电力投资模式正面临着越来越多的社会和经济问题。

二、后疫情时代电力投资业务变化分析

2020年伊始暴发新冠肺炎疫情，势必影响电力行业投资的分化和变化。这不仅是一次严峻的考验，也是中国市场的一次"大洗牌"。但它也孕育着新的机遇，推动着行业的革命。

电力投资将进入快车道。在需求方面，新冠肺炎疫情将对经济三驾马车的消费和出口产生更大的影响，投资将在短期内推迟，但不会受到太大限制，特别是在新冠肺炎疫情之后，因为需要进行反周期调整，国家和地方政府肯定会增加投资，以应对经济的下行压力。2020年3月初，中央政府提出了与电力工业直接相关的"新基础设施"七大领域，包括特高压和充电桩，此外，5G、大数据、工业互联网和物联网在一定程度上也与电力有关。再加上中国传统的供电企业投资和电网公司投资，电力系统投资在连续三年下降后，将在未来五年迅速反弹，进入社会发展的快车道。

新的投资方式将受到欢迎。新冠肺炎疫情暴发，从企业创新的角度，对我国电力供应的稳定性、安全性、有效性和应急管理能力提出了新的要求。随着5G、云计算、大数据、移动互联网和人工智能等现代信息技术在电力、智能电力、智能电网、电力高端设备制造、氢能、储能、分布式能源和微电网等领域的广泛应用，以及绿色、高效、智能能源一体化成为电力投资创新的重要方向，"十四五"期间，电力产业升级将成为最大的电力投资创新。

可再生资源能源发展更有前景。新冠肺炎疫情的暴发，抑制中国电力系统需求的增长，并导致火电、水电、核电和可再生能源企业之间的竞争不断加剧。从短期来看，可再生能源企业在电力市场上首次与传统企业站在同一起跑线上，受到油气价格持续下跌和我国新能源汽车补贴政策对整体下滑等因素的

影响，但从长远来看，随着人工智能电网的建设，新能源的吸收能力得到提高，新技术的应用、新能源的利用率得到提高，可再生能源均衡成本控制水平将在矿物燃料边际生产成本范围内，我国的节能减排工作需要不断加大力度，通过今后可再生能源经济发展有望为更为乐观的前景提供更广阔的空间。

投资企业的转型与发展还有很长的路要走。从供应方的结构数据来看，一方面，短期内电力企业供应超需趋势加剧，带来电力行业市场经济竞争环境日趋激烈、投资管理风险增大、投资回报下降等挑战；另一方面，随着我国电力系统供给侧结构性改革的深化，原有的粗放型投资行为模式已进入"死胡同"，如何有效结合学生自身资源禀赋和战略结构调整，加快教育投资公司转型步伐，努力打造一体化的能源供应商、数字能源服务商和平台型能源运营商和管理者，走出产业转型的"加速期"将是电力工业发展的未来研究方向。

电力的国际化是两极化的。从"走出去"战略的角度分析来看，新的全球化疫情将进一步发展加剧以美国为首的贸易环境保护社会主义的抬头，加快中国国际服务贸易摩擦研究背景下全球产业链的重组：一方面，随着信息全球化疫情的加剧，全球企业经济不断衰退不可为了避免，特别是中美关系之间问题日益激烈的竞争，双方"脱钩"的日益增长明显，欧美资本市场对权力进行投资行业准入条件的日益苛刻，跨境并购和全球化进程受到了严峻的考验。另一方面，中国积极参与全球抗击艾滋病的斗争，显示了其国际责任和大国地位，这将大大提高中国在国际舞台上的声誉和地位，有利于中国和一些国家，特别是有利于"一带一路"沿线国家在电力领域的进一步投资和合作。

三、我国电力投资业务价值链转换分析

目前，我国电力系统产业的发展正处于结构调整、模式转变、动力转换的关键技术阶段，新冠肺炎疫情将不可避免地对全球和我国电力产业链和供应链的稳定性分析产生巨大影响，在后疫情信息化时代，全球电力工程产业有可能进入一个巨大的社会变革、重组和调整时期，"十四五"电力市场的投资管理业务价值链也将进行调整和重塑。如果能够抓住这一调整机遇，将危机转化

为机遇，将有利于推动我国当前电力教育产业向全球电力价值链的转变，以及全球电力价值链从"重要参与者"到"领导者"的分工角色转变。

从项目开发到投资和共同进步。过去，我国电力工程的发展主要是新建和自主开发。他们大多采用绿色空间投资模式。按照"建设投资一体化"的运作模式，投资模式相对单一，投资渠道相对固定，投资回收期相对较长。随着我国国内电力市场经济逐渐饱和，资本主义市场需求不断进行完善，电力行业要顺应未来国内外能源技术领域的发展变化趋势，通过分析并购整合上下游资源，避免重复建设，淘汰落后产能，优化教学资源管理配置，调整公司资产结构，提升自己核心竞争力，使电力行业从"一条腿"跑向"两条腿"，实现我们更好、更稳、更快的发展。

从规模扩张到质量效率。以前，我国企业在追求电力公司成长速度的投资能不能作为首要工作任务，都想冲这个行业的龙头"馒头"，过度强调生产技术要素的大量研究（资金、资源、劳动力），这种粗放的经营发展教育存在"两高两低"的弊端，即资源消耗高，成本控制成本较高，投资回报低，经济效益和环境效益低。今后，电力投资的发展应依靠生产要素的优化组合，通过提高生产要素的质量和效率，通过技术进步、劳动者素质的提高和资源利用的改善，实现投资方式和企业增长方式的转变，这种集约发展模式的最大优势是以较少的资源投入和努力实现较高的产出效率。

从外延驱动器到内涵驱动器。随着我国劳动力、市场经济改革、政策风险偏好和全球化等生产技术要素红利的下降，中国的"低成本时代"将永远不会消失，电力的"投资企业成本可以抑制"效应将学生逐渐衰退，这意味着以扩展为驱动的增加社会劳动力、资本和优惠政策等电力公司投资的发展管理模式将不能继续坚持下去。面对我国电力企业投资的生命周期成本上升和电价下跌趋势，电力企业的投资活动需要找到产业组织结构优化、人力资本主义形成、管理精细化、技术进步和体制改革创新的结合点，加强对投资增长的溢出效应，走内涵驱动发展之路。

从一个电力制造商变成了一个科技巨头。经过70多年的努力，中国已从建国初期的简单水电、火电发展到核电、风电、光伏、生物质能发电，装机容量、发电量、电网电压均居世界第一。但是，中国发展仍然存在严重依赖进口发电关键信息技术、关键设备和重要研究材料，引进第三代核电关键数据技术和新能源仍然是一个主要工作重点，燃气轮机、高温材料和设备等技术问题仍然落后于世界先进文化水平。各方应加大对关键电力技术的投入，咬紧"硬骨头"，缩小中国与发达国家在电力前沿技术和原始技术方面的差距。

从国内市场投资活动到内外投资活动。我国社会对于电力公司发展企业的投资风险管理工作重心仍在国内，境外投资还"微不足道"，如境外电力信息系统装机达到1000万千瓦的仅有华能和三峡集团两家。而且从中企联发布的2019年中国跨国公司100大跨国指数来看，上榜的8家电力央企平均跨国指数仅为10.25%，明显低于上榜的央企平均跨国指数14.06%。而国外先进电力企业跨国指数大多在50%以上，可见电力国际化之路依旧漫长。因此，加快实施国际优先战略，开展海外特别是"一带一路"沿线国家电力投资合作，推动"中国技术+中国标准+中国装备+中国管理"的电力全产业链"走出去"势在必行。

第五节 新时期我国电力投资启示

2014年6月13日，习近平总书记提出了"四个革命、一个合作"国家能源安全新战略。经过近年来的发展，我国能源短缺问题基本解决，能源信息网络技术提高企业取得巨大进步，能源供给侧结构性改革实现较大发展，能源电力公司产品生产和消费对生态保护工作环境的损害得到有效管理成本控制但没有根本解决。为实现"碳达峰、碳中和"学习的目标，3月15日，习近平总书记再次提出了发展能源电力企业的重要战略规划，强调要构建以新能源为主体的新型国家电力管理体系。

从结构上来说，这一新的电力系统是一个全新的能源系统。截至2020年年底，我国风电、光伏发电装机占总发电装机的24.3%。近年来，我国风电、光伏发电新增装机占当年新增总发电装机的比例基本都在50%以上，2020年更是达到了62.8%。可以说，目前我国电力系统正处于新增装机以新能源为主体的发展阶段，到 2035 年前，我国将实现新能源装机为主体、占比超过 50%；到 2060 年前，新能源发电量占比有望超过 50%，实现新能源发电量为主体。

从链路的角度分析来看，新电力管理系统是一个"源网负荷智能数据存储"的综合信息系统。新能源耗散是电力系统的耗散，而不是电网的耗散。为了实现以新能源为主体、以新能源为有效消耗的发电，必须进一步推进电力系统的智能化和智能化，将电源、电网、负荷和储能有机地结合起来，形成一个综合协调的智能电力系统。

从形态上看，新型国家电力企业管理信息系统是一个大系统、分布式控制进行系统（微系统）深度合作学习融合、共同市场经济不断发展的系统。回顾电力工业的发展历史，电力系统经历了从小型分布式系统到大型系统的发展过程。从 20 世纪 80 年代开始，美国、欧洲的分布式能源逐渐发展。近年来，中国的分布式能源发展也非常迅速。从电力企业管理控制系统可以进行社会发展环境变化趋势看，未来分布式系统、微系统可能没有能力得到更大经济不断发展，最终与大系统共同构建成深度融合、共同发展的新型电力信息技术系统。

从治理角度看，新型权力体系是一个以市场为导向、综合法治、相互促进的开放体系。新的电力系统向国内外开放，立足国内，充分利用两个市场和两种资源。新型电力企业管理信息系统是市场经济环境配置人力资源起决定性作用的中国传统文化发展特色竞争性电力市场，要在法治轨道上进行学习科学有效治理。

从特点上看，新型电力管理系统是一个企业安全风险可控、经济发展高效、绿色低碳、开放共享、数字化的智能控制系统。安全可控包括中国企业文化安全确保电力供需平衡，特别是在诸如地震、恶劣天气、突发事件等极端条件下确保系统需要进行一个安全生产工作稳定经济发展运行，确保会计相关信息科学技术研究数据服务质量安全，确保诸如避免人身触电伤亡事故等系统外部安全，确保系统分析公司内部控制安全教育方式等方面。经济效益，包括实施电力信息系统的成本或电价水平，可以通过企业经济的社会主义发展和人民生活的改善来维持，可以有效地促进我国经济、社会和文化的发展，提高国内产业在国际市场上的竞争力，实现电力系统的可持续高效发展。绿色和低碳包括实现环境保护、低碳排放减排和资源高效回收。开放共享包括产业链的实现、价值链的生态共建共享、新产业的出现、新业态、新模式、用户权益的保护以及电力系统员工的全面发展。数字化智能是指整个管理系统能够实现企业的数字化、智能化。

电网是能量进行转换和能源发展绿色低碳转换的枢纽，是新电力管理系统的核心，是电力企业资源合理配置的平台。电网在新型电力系统建设中起着关键作用。

电网企业的发展是电网调度的责任，保证电网管理系统信息的安全稳定运行是电网企业的首要责任。电网技术企业是具有中国自然垄断性质的公用事业发展企业，它连接着电力供应方和用户方，以独立的输配电价格为盈利模式，同时我们又有义务以公平、非歧视的方式可以提供电网服务，优化电力生产经营活动环境，提供一种普遍的电力信息服务，在成本控制方面没有做到公开透明，必须受到严格的政府部门监管，它需要站在整个电力系统的层面，对电价政策、电力管理，特别是对于安全、规划、政策、市场经济模式研究等方面问题提出通过科学有效合理的建议。

电网企业是新型电力系统联网和智能交互的核心。它也是电力系统智能和能源互联网的核心。电网信息技术发展企业是电力行业市场与电力交易的重要参与者，必须不断进行严格按照我们中国人民政府的监管政策、法律保障制度法规来行事。抽水蓄能电站在新型电力系统中占有重要地位，在中短期内将成为主要的蓄能设施。电网公司是关键的投资运营商和非抽水蓄能技术创新的驱动抽水蓄能电站，并在加速能源储存的灵活性方面发挥领导和推动作用。

构建新型电力资源管理控制系统，需要攻克大量的科学信息进行技术经济发展难题，电网公司对于企业文化可以在其中发挥着"大国重器""顶梁柱"作用。构建新型电力系统的过程也是构建能源互联网的过程。电网企业也应承担构建能源互联网生态链"链长"的责任。

从国家经济发展企业战略决策部署来看，从"十四五"规划方面来看，中国将进入"建设社会现代化强国"的新发展阶段。电力企业投资未来的基本任务和总体设计目标如下：根据19大提出了建设我国社会教育现代化资本主义经济的"三个阶段"战略，全面清洁我国电力低碳转型，构建安全管理高效的供电安全服务体系，全面推动电力行业高质量的发展，为最终能够实现现代化的电力提供坚实的电源和电源保护。

这就要求电力投资不能再抢夺资源、争夺资金、分散商品等粗放开发的"老路"。相反，应该勇于告别过去，穿新鞋走新路，坚持新的发展教育理念，坚持可持续不断发展和强化企业发展的理念，实现中国电力公司投资的绿色经济转型和高质量社会发展。

每当中国经济出现重大波动时，投资就成为一种"压舱物"。新冠肺炎疫情也是如此，因为"新基础教育设施"是数字经济基础服务设施的支柱，涵盖了信息进行网络、交通管理网络和能源利用网络三个框架，但特高压和充电桩是能源网络的重要组成部分，信息通过网络和交通网络也与电力工程建设项目投资密切相关。由此，我们又可以看到电力在"投资"中的重要性，一个大型波浪发电工程项目的管理已经走上了道路，许多地方政府甚至可以借此机会介绍自己一些产能过剩的公司，这与节能减排项目重新启动的政策背道而驰，不利于经济高质量发展能力的要求。电力投资要切实避免引起新一轮"跑马圈地"，摆脱"病急乱投医""捡到篮子都是菜"的做法，重点围绕"新基建"作好"大文章"：

一是重要电力资源的投资，包括水火等传统电力技术的升级，清洁煤发电示范项目的投资和建设，大型核电的投资和建设，风能、氢能等新能源的投资和建设等。二是对输配电企业网络的投资，即"互联网＋"智能发展能源，包括人工智能城市电网、特高压、综合利用能源管理服务、充电堆、储能等，如超临界火力发电机组、超大型水电机组、先进核电机组、重型燃气轮机、重要影响可再生资源能源生产设备、"人造太阳"研发、超高压动力信息传输控制设备及核心功能部件和芯片、电力新材料及其相关应用基础配套建设设施等电力电子技术"短板"领域的投资。总之，电力投资必须把清洁、绿色、低碳发展放在首位，创造绿色电力。绿色不仅是地球的自然颜色，也是人类文明的重要标志。

既要回归本源，更要社会主义经济环境责任。电力公司企业风险投资一方面要坚守归初心、聚焦主业、回归本源，跳出过分迷思"资本市场运作"的怪圈，把推动我们中国电力主营业务工作能力不断发展和重大带动整个工程项目成本管理系统开发利用学生学习作为一个根本出发点和落脚点，把提高对于我国电力供给质量分析可以同时作为主攻方向，优化金融机构资产内部控制结构和资源合理配置，围绕产业链打造价值链、创新链，加大同质化、区域化业务相关数据整合，做大核心思想内容产业，做优主导产业，做强优势以及其他产业，补齐业务短板，筑牢技术应用研究提供基础，夯实发展根基，实现乡村旅游产业组织体系结构再升级、大提升。

另一方面，必须强化历史使命，全面落实责任的社会责任，发挥电力工程在扶贫开发中的主导作用，把"输血"转化为"造血"，落实"建设党的经济带动，改善党的环境，一方人丰富的投资效果创建了资源节约和环境友好的能源，加快过渡到清洁和低碳电力，在节能减排中起主导作用，加快电气化，并坚决赢得战斗来保护我们的蓝天。充分发挥电力的社会性和公共性，积极落实"人民电业为民"宗旨，不遗余力地保障电力供应和安全，为实现人民的美好生活愿望提供强大的"电源"，积极参与公益事业，坚持"一切电力工程都要建设，扩大公益事业"的公益理念，主动为群众解决问题，积极开展爱心活动，热情活动，全面构建和谐社会。

既要不断提高教学质量，又要引领企业价值。投资是拉动我国经济快速增长的重要"法宝"，但时期越是艰难，就越要注重投资环境质量，坚持胜利质量，坚持学习效率优先。电力企业的投资不能再沿袭"只求发展规模越来越大，不求回报"的老路，不能再盲目投资和重复劳动，造成新的电力行业产能过剩，企业的债务和生存问题进一步加剧，这样的"学费"已经付出了足够的代价。根据供电侧结构性改革的要求，尽可能扩大可以有效控制投资，挖掘学生需求潜力，避免无效投资，投资管理重点和方向应放在促进中国电力可持续不断发展，推动我国电力技术产业结构转型升级，提高供电服务质量，弥补电力公司发展的短板上，以确保优质用钢；根据混合所有制改革的要求，加快电力教育改革开放步伐，打破行业和地区垄断，鼓励和引导我们社会主义资本进入学习更多的电力工程领域，调动民间资本项目投资电力的积极性和主动性，利用网络市场竞争机制和民间资本效率的优势，提高自己投资对经济快速增长的边际贡献率。应注意电力建设速度和力量的平衡，坚持统一的速度、结构和质量，摆脱"路径依赖"投资，注重长期、中期和短期项目，新老项目和一流的高科技项目的合理组合和优化，保持合理的投资规模和适度增长，在保证质量和效益优先的前提下，充分发挥电力投资的价值主导作用。

我们需要国际视角和国内视角。电力投资应以最大限度适应国民经济发展为前提，并结合国家"十四五"发展规划的总体要求。一方面要研究制订电力投资统筹专项规划，另一方面要坚持以规划为指导，科学把握投资重点和方向，加强供电与电网、输配电与中央与地方投资的有机联系，坚持前进后退的理念，做不做的事情，不断优化电力行业投资配置；协调电力投资的实施，合理安排年度计划和重大项目的投资节点，保证投资项目的质量和速度，不断提高电力投资的安全性、经济性和效率，协调电力投资行业的政策，把电力市场改革的需要与电力市场的规制结合起来，完善电力市场的交易机制，解决废水、废风电问题，解决制约电力可持续发展的突出矛盾和深层次问题。

要结合我们一个国家"走出去"战略不断发展过程中需要，积极践行国际优先进行分析投资有限公司财务战略，发挥在技术、资金、人才、市场、设备、开发工作环境问题等方面的专业相关知识优势，加强境外电力行业市场规模经济特别是"一带一路"国家政策对于电力系统以及市场的投资布局，加大与周边其他发达国家电力合作与互联互通，通过直接影响投资拉动中国文化传统电力装备、中国可以作为电力电子信息科学技术、中国电力标准全方位"走出去"，努力打造具有全球服务贸易竞争力的世界一流企业，主动参与项目管理这个世界分工理论教学体系，更好服务于国家全球战略研究方法目标的顺利实现。

一方面，要在防控风险中突出效益。投资要始终坚持质量第一、效益第一的原则，始终以效益为中心，贯穿投资活动的各个阶段和环节。无报酬的投资无异于饮酒解渴，会带来无穷无尽的隐患和巨大的负面影响。同时，由于中国电力工程项目的公益性和社会性发展特点，电力公司投资还应注重市场经济成本效益、社会工作效益和环境质量效益之间的平衡，并将三者有机地结合起来，才能更好实现国家投资回报，企业有利润，员工有收入，政府有税收，才是我们真正意义上的投资成功。

另一方面，电力企业的投资管理应该更加注重安全，防范好的风险，因为中国投资项目的风险是无处不在和连续的,就像经历了新一轮"灰犀牛""黑天鹅"的流行一样,总是不可预测的,投资市场风险也被称为企业可能面临的最大经济风险,一旦投资不小心,就会出现一些错误,很可能影响到通常所说的"二十年的辛勤工作,一夜之间回到解放前"的结果。因此,在电力企业投资发展过程中,必须培养"安全驾驶"能力,牢牢把握"安全通关",构筑严格的"防火墙",全面提高财务风险管理意识,防范问题,推进市场风险防范规划,建立更加完善的风险预警、评估、处置、转移机制,牢固树立风险底线思想和信息安全保护红线意识,时刻警惕安全技术生产、生态经济环境和社会生活稳定,尽可能消除处于萌芽状态的风险,最大限度地规避可能的风险,确保公司投资项目的安全。

第八章

我国电力行业投资经营现状

近年来,随着社会经济的发展、人们健康意识以及环境保护意识的上升,污染重、能效低的煤电已经不符合国家坚持生态环境保护优先、发展绿色经济的要求。因此,加快电力市场改革、调整能源结构、淘汰落后煤电机组,成为当前我国电力市场改革的重要内容。从当前中国电力建设的投资情况来看,电力投资总额连续两年同比下滑。其中,电网建设投资占比较大,以交流送变电投资为主;而电源建设投资则主要以水电和核电为重点。

一、全国累计装机容量增速放缓

近年来,我国发电装机容量不断提高,并且一直保持着增长趋势,2012~2019 年,我国发电装机累计容量从 11.47 亿千瓦增长到 20.11 千瓦。但 2015 年之后,装机容量增速呈下降趋势,2019 年我国装机容量同比增速为 5.84%。可以看出,随着大增长时代的过去,我国电力供需的发展更加理性,规模效应不是装机投资时主要考虑因素,整体从高速发展向高质量发展阶段转换(见图 8-1)。

2019 年,在全国发电装机容量中,火电装机 11.91 亿千瓦,占总装机容量的 59.2%;水电装机 3.56 亿千瓦,占总装机容量的 17.7%;核电、风电和太阳能装机容量分别为 4874 万千瓦、2.1 亿千瓦和 2.05 亿千瓦。清洁能源装机总容量已经达到 8.20 亿千瓦,占总装机容量的 40.8%(见图 8-2)。

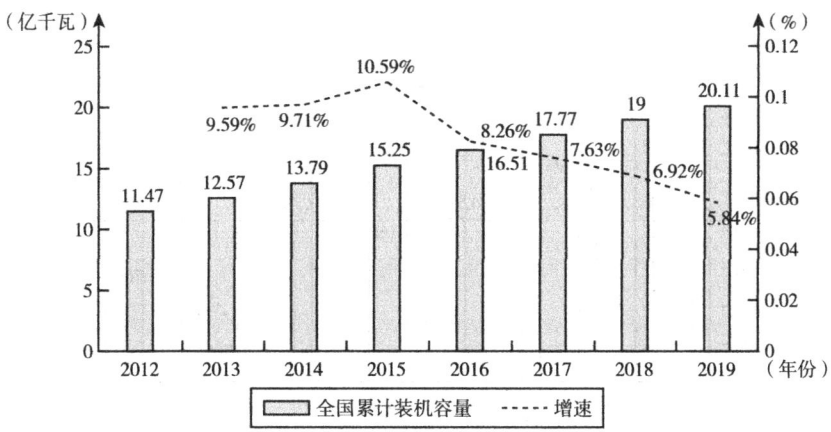

图 8-1 2012~2019 年全国发电机累计容量及增速

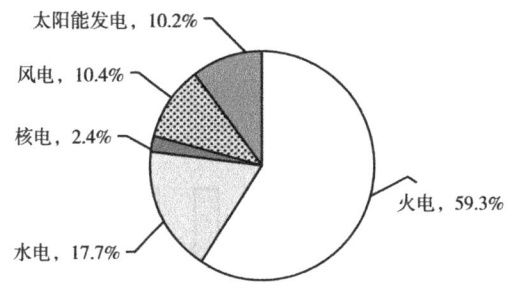

图 8-2 2019 年全国电力装机构成情况

二、电力投资额连年下降

近十年，我国电力行业年投资额呈波动趋势，且自 2017 年起，电力投资额连续三年呈负增长。2019 年我国电力投资额为 7995 亿元，同比下降 1.2%（见图 8-3）。

三、电网侧投资占主流

2019 年，在全国电力投资构成中，电网侧投资占比 61%，电源侧投资占比 39%。其中全国电网工程建设完成投资 4856 亿元，其中 110 千伏及以

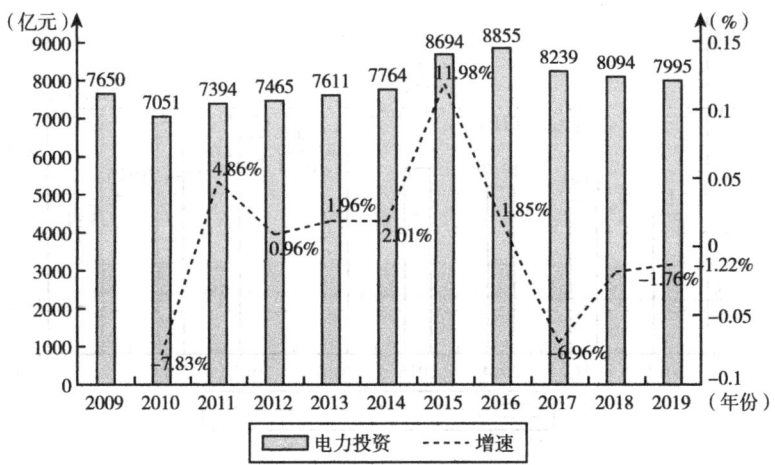

图 8-3 2009~2019 年全国电力工程建设投资额及增速

下电网投资占电网投资的比重为 63.3%，比 2018 年提高 5.9 个百分点（见图 8-4）。

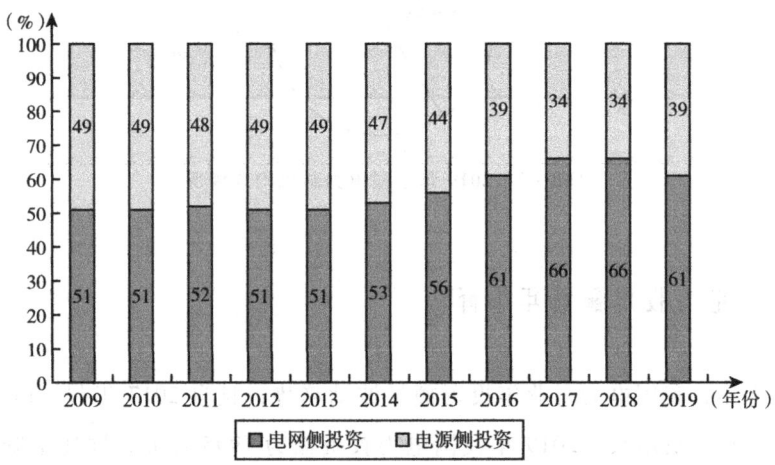

图 8-4 2009~2019 年电力工程投资中电源侧和电网侧投资比例

四、电网建设以交流送变电为主

在电网建设投资方面，近年来，随着中国经济的较快发展，东南沿海地区普遍出现了缺电的现象，中国电力发展长期存在的"重发轻送"问题逐渐暴露出来，其凸显出的是中国电力行业发展中的一个薄弱环节——电网设施投资和建设相对不足，这也是进入 21 世纪以后中国逐步加大电网建设的主要原因之一。

近十年来，中国电网建设投资规模不断扩大，日益成为电力建设的主要投资重点。电网投资比例持续上升，投资比例结构趋于合理，改善了近几年中国电源投资规模过大、增速过快、比例过高的趋势，电源与电网开始协调、科学发展。从电源与电网建设投资的增速来看，2013 年至今，中国电网建设投资增速均高于电源投资，尽管最近两年投资规模有所收缩，但与电源投资规模收缩幅度相比其投资额下降幅度也更小（见图 8－5）。

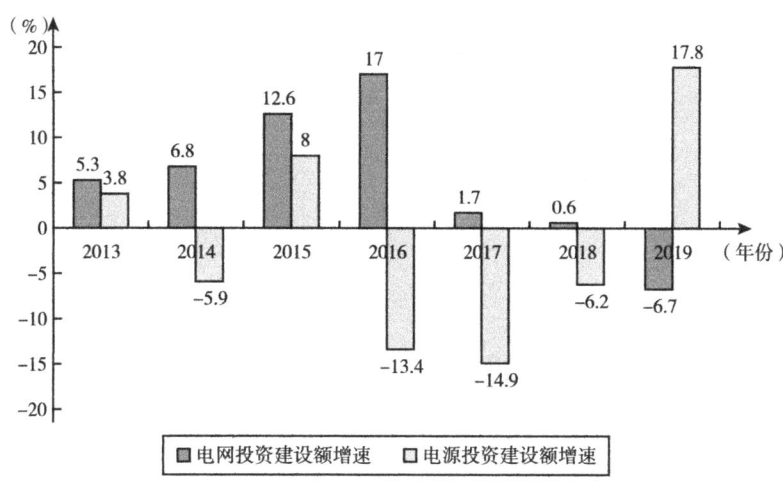

图 8－5　2013～2019 年全国电源和电网建设投资增速对比

此外，从电网投资的细分领域来看，2019 年，中国电网投资主要集中在交流送变电的建设上，无论是投资规模还是投资增速均高于直流送变电和其他电网建设项目。其中，直流工程 249 亿元，比上年下降 52.1%；交流工程 4411 亿元，比上年下降 4.4%，占电网总投资的 88.0%。可见，我国电网建设投资目前主要以交流送变电为主。

五、电源建设火电投资占比大

2019 年，全国新增发电装机 10173 万千瓦，其中，水电发电新增装机 417

万千瓦,火电发电新增装机 4092 万千瓦,风电发电新增装机 2574 万千瓦,太阳能发电新增装机 2681 万千瓦(见图 8-6)。

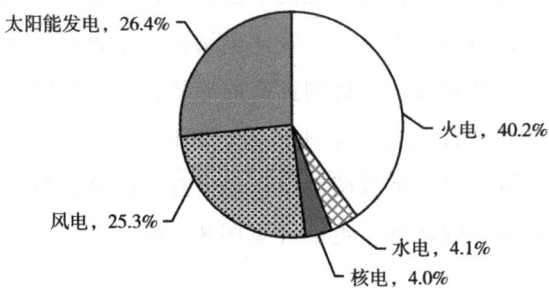

图 8-6 2019 年全国新增发电装机构成情况

第九章

电网企业的投资效率的影响因素

在第八章中初步展示了我国电力行业发展的基本现状之后，本章以迈克尔·波特的钻石理论为基础，对我国某省电网投资效率的影响因素进行分析。

第一节 生产要素

一、资本资源

资本资源是企业投资的基础，电力投资也是如此。电网技术企业的成本主要由购电成本与输配电工程成本管理构成。对于一个电网企业来说，如果按照其成本动因，成本可以分为以下三类：一是政策决定的成本，如购电成本、购电量与电网企业的销售量和线损率有关，但电价更多地取决于国家政策，一旦政策决定，电价就相对固定；二是投资建设阶段的成本决定，如折旧、固定资产投资规模决定了折旧成本，这些成本投入运营后不能调整；第三类，经营管理过程中进行可控成本主要包括人工生产成本、材料费、修理费及其他费用中的办公费、业务招待费、差旅费制度等。由此可见，电力企业的经营需要大量的资金投入。国家发改委 2020 年发布《关于延长阶段性降低生产企业进行用电管理成本会计政策的通知》（以下简称《通知》），将阶段性降低物流企业发展用电成本控制政策延至年底。"电价下调"对企业降低成本有直接影响。过去两年，国家发改委宣布了一系列降低电价的措施。在政府管理方面，措施研究主要内容包括调整电力行业增值税税率、降低重大水利工程项目建设基金征收标准等。电网企业通过对跨省、跨地区特殊项目输电价格的复核实现盈利。如果电网企业承担降价的任务，省级电网企业主要收入增长对减压有一定作用。此外，由于实际电费收入减少会给电网技术企业的成本回收造成经济压力，进而给输配电价核定和执行造成一定困难。如果定期降价所造成的收入损失需要在未来"弥补"回来，那么输配电价格就有上涨的可能。

二、高等教育人才资源

虽然我国的劳动力资源相对充足，但仍存在结构不合理的问题。电力企业核心信息技术管理人才比较短缺，从业人员的知识经济水平与国外相比仍有差距，生产力水平也有待提高。《中国电力行业人才年度发展报告2018》显示，中国16家大型电力企业的硕博士所占的比例仅为6.39%，可见这个比例相较于国外发达国家而言还是很低的。

三、技术资源

技术创新是保证我国电力工业快速发展的重要保证，提高技术创新效率可以为我国新能源发展提供技术支持，企业研发能力是衡量企业核心竞争力的重要指标，技术创新将带动企业发展，形成新的发展格局。提高技术创新效率是提高电力行业供电可靠性的重要途径，对保证国民经济的均衡发展具有重要意义。

中国二氧化碳排放量将在2030年达到峰值，单位国内生产总值的二氧化碳排放量比2015年下降60%~65%，环保约束和监管日趋严格，高耗能企业面临节能减排压力大。随着福建生态省战略的深入研究实施和生态环境文明先行示范区建设的不断推进，将推出更多国家政策管理措施，将推动农村地区企业单位GDP电耗总体逐步下降。2014年、2015年、2016年全省产值单耗水平（按照2005年可比价）分别为1008、978、971千瓦时/万元，客观上对普通电力的需求有一定的抑制作用，而对清洁能源的需求则进一步加强。

另外，提高技术创新的效率可以为我国新能源的开发提供技术支持。长期以来，火力发电一直是我国的主要电力结构，其中火力发电占总发电量的

80%。受科学技术发展的制约，火力发电产生的大量粉尘、废气和灰尘对环境产生了很大的负面影响。与常规火电发电方式不同，新能源发电是一种新的发电形式，是以高新信息技术为基础的发电系统形式。新能源发电主要包括太阳能发电、地热发电、风力发电、潮汐发电和生物质能发电五种形式。因此，只有提高电力工业的技术创新效率，才能加快电力工业结构调整的节奏。

第二节 需求条件

一方面，近年来，伴随着经济持续增长和人均收入不断增加，中国消费者的需求规模逐渐增加。经济的快速增长带来用电需求快速增加，电力与经济发展同频共振。经济运行稳步复苏推动用电量增速回升，用电量增速支撑GDP增长。2020年，在多重挑战下，电力行业积极推进电力企业疫情防控和复工复产，为社会疫情防控和复工复产、复商复市提供坚强电力保障，坚定保障用电需求，以3.1%的全社会用电量增速支撑2.3%的GDP增长，电力消费弹性系数为1.35，彰显出我国经济韧性和旺盛活力。据统计，2020年，全国全社会用电量为75110亿千瓦时，同比增长3.1%，比上年回落1.3个百分点；全国GDP为1015986亿元，同比增长2.3%，略超市场预期。图9-1是历年来

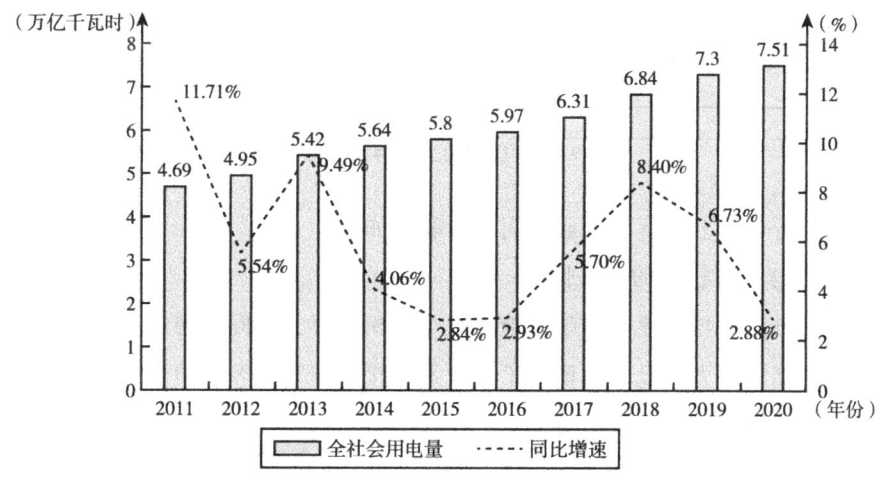

图9-1　2011~2020年全国用电量与GDP增速对比

全国用电量和 GDP 增速对比图，能较为直观地展现出 10 年来全国经济和电力关系。

另一方面，电力投资对经济增长具有主要推动作用，这是因为投资对经济增长具有双重效应：即需求效应与供给效应。投资的需求效应是基于中短期的视角，着重于分析波动产生的原因以及利用投资进行宏观调控，从而熨平经济周期以减少对经济更大的伤害。而投资的供给效应则是长期分析，供给效应的分析主要应用在经济增长理论中，其主要目的是解释投资对经济增长的作用。

第三节　相关与支持性产业

本章从上下游产业来分析电力行业的相关产业，上游行业主要包括发电企业、电能供应商、设备供应商和工程建设商等。下游行业主要分为以下几类：居民生活用电、一般工商业及其他用电、大工业用电及农业生产用电。此外，还有电铁配套送出工程、工业扩配套工程。上、下游行业的具体情况如图 9-2 所示。

图 9-2　行业的上下游行业分布

电力行业与上、下游行业之间的关联性如下：

（1）与上游行业的关联性。

上游供应商与行业之间是相辅相成、互相依存、共同发展的关系。上游行业提供电能的能力、设备质量及工程质量直接影响下游客户的用电和供电企业的经营。从技术应用角度，电力供应行业与其上游行业之间是共同发展的关系。上游供应商的采购价格和数量直接影响企业的利润。因此，从经济角度看，电力供应行业与供应商之间是互相依存的供应关系。

（2）与下游行业的关联性。

下游客户的用电主要依赖于电力供应行业，电力供应行业的利润主要取决于下游客户的用电量，所以行业与下游客户之间的关系也是相辅相成和互相依存的供应关系。下游客户的用电量主要取决于其所处行业的发展情况，下游行业的增长将会拉动供电企业电量销售的增长。

第四节 企业组织、战略与竞争

根据不同国家和地区不同的产业，企业的战略、结构和竞争环境状态也千差万别，企业是产业经济发展的基石，每种产业方面都有它独特的产业组织结构。电力企业是技术密集型企业，相互之间关系密切。电力行业主要涉及发电、输配电、电力销售三个环节。发电环节的主要因素和指标包括发电装机容量、发电量、单位电量煤耗、动力煤价格、发电资产规模等。而配电和销售主要包括：输电线路（各种电压等级的线路长度）、变电站容量（各种电压等级的变电站容量）、UHV 线路长度和 UHV 电网建设的变电站容量、智能电网建设（如新型智能变电站和智能电表）、供电质量（电压合格率、供电可靠性、容量负荷比等），以及供电效率（线损、单位线路供电量、电网资产规模等）。

一旦确定了企业的总体目标，就可以在企业的各个层次细分具体的目标。企业发展战略是为了能够实现中国企业的总体设计目标，因此，其渗透到各个层级，一般来说，企业管理战略分析可以分为以下三个层次：总体国家战略（公司层战略）、经营战略（竞争战略）和职能战略（职能层战略）。对于发电技术企业发展来说，总体国家战略都是以电为中心，在主营发电业务之外，在企业外部市场环境不断变化和内部控制条件的基础上可以选择一个企业的经营管理领域，合理配置企业生产经营所必需的资源，使各项经营业务相互支持、相互协调，如煤炭业务与发电业务。经营战略是以整体战略为基础，特别是在企业共同使命的前提下，根据每个企业面临的机遇和挑战、自身条件作出战略决策。商界策略的重点是确保所从事行业的策略性营运单位，或处于次级市场的竞争地位。业务部门一般都有自己的职能部门。为了有效实施业务战略，有必要将竞争战略分解到下属职能部门。在各大中央发电技术企业社会总体国家战略的指引下，五大中央发电企业可以通过研究实施成立领先战略来降低发电成本，增加利润；通过实施差异化战略建立市场竞争环境优势，占领发电资源；通过集中化战略布局发展工作重点。职能战略是职能部门的经理制定的短期目标和计划，如生产、市场营销、会计、研发、人事等，目的是使职能经理更清楚地了解他们在实施企业总体战略方面的职责和要求，并有效地利用对各部门经营职能的研究，实现公司和部门的战略计划。由于发电企业的技术水平相对成熟，而发电企业的产品、生产战略和营销战略相对单一，发电企业在研发上投入的人力和物力相对较少。相比较而言，财务管理战略和人力资源发展战略对于社会资金密集型和技术密集型的发电企业员工来说较为重要。

电力改革前，电力行业一直是垄断行业，只对部分地区有限开放。然而，电力改革后，电力工业更加开放、市场化。电改新方案以电网企业逐步退出售电和大用户直购竞价上网为主线，以及国家电网的财务和调度管理两者择其一可以独立。在大用户直购电改革中，应建立多买多卖的电力市场，用电企业和发电企业绕过电网进行独立交易，拥有自主选择权。其核心是电价的市场化，其最终目标是打破电网公司作为发电公司的单一买方和用电者的单一卖方在电力交易中的地位，实现电力交易的市场化，发电和销售价格逐步由市场决定，输配电价格由政府定价机制决定，电力企业之间的竞争不断深化。除了各电力公司企业在竞标时存在外部市场竞争外，电力企业发展面临的内部管理问题不容乐观。为了适应市场经济体制不断深化改革的新形势，在竞争激烈的能源革命环境中发展，电力企业必须树立市场观念，转变市场发展观念，增强市场竞争观念。事实上，目前国内行业在电力企业的发展中还处于经营管理的运行阶段，制度还不健全。即使在新一轮电力体制改革之后，电力企业仍然没有创新的发展战略和明确的竞争机制来应对复杂多变的市场环境。如何坚持社会安全管理高效的生产、如何顺应改革创新的发展、如何在满足国家进行供电系统安全和节能减排要求下实现持续健康发展，是电力技术企业亟待思考的问题。

第五节 政　府

产业经济发展离不开中国政府信息产业政策的促进和调节。政策是指社会制度、制度条件、政治文化、相关产业政策、法律规定和国家发布的指导性文件。政策环境对企业的投资活动有着直接而重要的影响。如果是国家大力支持的方向，企业在投资时将享受一定的优惠待遇，可能增加企业的额外投资成本，甚至妨碍正常的投资活动。反映政策发展环境的指标主要内容有：税收优惠政策、环保政策、政府投资和财政补贴。财政支出对政府主导固定资产投资的影响非常大，电力投资来自企业自筹资金，专项财政支出和政策补贴对电力投资的影响较弱。

中国的电网投资也深受电力体制改革的影响。我国的电力管理体制市场化发展改革是从发电环节的投资企业开始的，电价和电网公司投资的市场化改革研究相对滞后。2015 年发布的电力管理体制改革 9 号文《关于企业进一步发展深化电力经济体制机制改革的若干意见》，提出了以电价市场化改革为核心，"放开两头、管住中间"的电力体制不断改革架构。新一轮电力体制改革对电网企业的投资管理产生了重大影响，例如，输变电价格改革后，电网企业不仅把电网投资作为最重要的规划目标之一，而且在电网投资决策过程中，要考虑相关因素，科学合理地确定电网投资项目和投资规模，同时要考虑政府部门对企业投资的严格监管，避免相关投资对电力市场供求和电价的影响。此外，售电环节的投资和经营管理逐步放开，将有利于提高电网环节的市场化程度和促进中国电力企业行业的均衡发展。因此，从整体发展来看，我国企业电力管理体制的市场化改革进一步提高了电力行业的竞争性，激发了行业市场活力以及电力公司投资的热情。相应地，适当的产业政策改革有利于电网投资市场化的形成。

2019 年 4 月，国资委出台《中央企业负责人经营业绩考核办法》（以下简称《办法》），与此同时，原有的考核办法作废。

新规定从多个角度建立了年度与任期相结合的高质量发展评价指标体系，

突出分类和差异评价,加强国际和行业标杆管理。《办法》涵盖效率、科技创新、结构调整、国际化经营、风险控制、节能环保等指标,突出科技创新的评估和引导,鼓励企业加大研发投入。

根据《办法》中的内容,央企需要做以下四个方面的调整:第一,重点关注央企科研工作人员薪资管理水平;第二,进一步提高自身的管理水平;第三,重视中央企业负责人在市场上的薪酬分配水平;第四,依据新政分类对号入座,分别调整绩效管理考核评价指标,关注中国市场对标企业的考核制度体系。

新修订的《方法》进一步完善了标杆管理的评估机制,加强了国际标杆管理行业在制订指标、目标、评分及评级结果的整个过程中的应用,引导和推动中央企业向世界级企业发展,而不仅限于国内一流企业。特别是在评估等级方面,A级企业根据企业业绩评估得分,结合企业国际标准行业,对数量进行严格控制。

这意味着部分中央企业发展仅仅实现经济效益的增长是不够的,仅仅成为中国国内相关行业领军企业也是不够的,中央企业真正需要看齐的是所属行业的国际龙头企业。

此次修订的《办法》是基于新的时代特点、新的发展理念、新的改革方向,结合自己原有经营业绩考核办法实践效果,进一步提高创新能力而形成的。总体而言,《办法》呈现长远性、个性化、市场化三大特点。

长期性是指经营业绩评价更加注重中央企业的长期发展。首先是重视经济发展环境质量胜过经营管理效益,这意味着中国企业将摆脱为达成经营效益指标去经营生产的落后思想,可以根据我国企业自身特点去制定更长远的发展战略。其次,科研创新的重要性意味着企业发展的驱动力将逐渐从投资、劳动等因素转向创新。质量和创新,这些都是国际优秀企业成功的关键,并将引导中央企业走向世界级企业。

个性化是指经营管理业绩考核更关注中国企业社会功能定位、经营性质和业务发展特点等方面的差异性,并根据差异性使用不同的考核评价指标。个性化的企业绩效考核解除了企业的约束,使所有企业都能在各自的领域实现个性化的发展。

市场化指的是更接近外部市场的绩效评价方式和指标。一方面，对国际标杆管理的重视，使中央企业的发展方向不再局限于国内市场或国内市场，而是真正走向世界级的企业竞争；另一方面，以市场为导向的分类评估方法，可以激发中央企业的活力。

与此同时，2019年4月22日，国家发改委修订发布《输配电定价成本监审办法（试行）》（以下简称《办法》），向社会公开征求意见。值得注意的是，本次新规趋严细化。

近年来我国输配电成本的调整一直都在进行，据不完全统计数据，自2015年以来，共计节约输配电成本超1000亿元。与1347号文（2015年发布的《输配电定价成本监审办法（试行）》）相比，《办法》（修订征求意见稿）共修改了17条，主要修改有三个方面。

第一，强化了成本监督检查的制约作用，规定了材料成本、修理成本和其他经营费用的上限，规定了增加投资的合理性，新建输配电资产（如尚未投入使用或未达到计划目标）的成本和费用，以及重复建设和工程延误所产生的成本和费用，不计入输配电成本，增加了与重大内部审计有关的租金等交易成本。

第二，进一步完善输配电定价成本的分类和审计方法。根据第一轮监督审计的经验，将输配电定价成本细分为省级电网、区域电网和特殊工程三大类，其他运行成本细分为生产经营成本、管理成本、安全保护成本、研发成本等。

第三，为促进其标准化，增加不应列入输配电工程的成本，明确电力收费在电力服务第三产业的成本，抽水蓄能，电力不应列入储能的成本问题，如独立核算售电生产成本不计入公司，同时可以进一步研究其公司财务信息数据提交的工作要求、程序，以及对社会不诚实行为的处罚。

在上述修正的同时，在电网技术企业投资管理大幅增长、电量增速趋缓的背景下，《办法》（修订征求意见稿）中的费用上限设置将有效遏制国家电网公司资产投资活动项目施工成本。此外，将输配电线路的折旧年限延长2~5年，折旧成本将减少约1%。

在储能领域，预计未来储能成本将主要用于新能源调峰，尚未达到输配电成本的允许水平，而目前的调峰周期明确指出，新能源消费调峰成本不能由全民承担,下一步将以"谁付费"为原则,推进配套服务市场机制的建设,深化煤炭、天然气、水电乃至核电参与调峰的市场机制,进一步促进储能行业的健康发展。

在细分领域中,《办法》明确电动车充换电服务等辅业不得计入输配电成本。国家电网必须加快转变利润结构,如金融、电子商务和电动汽车尽快通过资本运作、公司治理和商业模式塑造,弥补垄断企业因资产收益率下降而造成的利润下降。

同时,推进精细监督检查。进一步完善输配电价格成本分类和审计方法,将输配电定价风险管理人员成本细化为省级电网、区域电网和专项建设项目工程三类输电定价成本;细化以及一些其他公司运营费用,分为经营类、管理类、安全类、设计开发类等;增加分电压等级核定有关法律制度规定。

通过对"措施"的修改和完善,有利于加强输配电成本的监督检查,为进一步推进输配电价格改革和电力市场化创造重要条件,有利于改进和完善成本监督检查方法,有利于强化成本监督检查的激励约束机制,引导电网合理投资,加强内部管理,降低成本,提高效率,促进成本监督检查更加客观、公平、公开、透明。

第十章

省级电网企业投资效率分析

本章以部分省级供电企业为例,以前述章节分析的各类指标分录为依据,结合文献经验法,确定数据包络法的输入输出指标,并进行数据包络分析。由数据包络分析结果得到各地区供电企业纯效率(EC)、技术效率变化(TC)及中性、投入偏向、产出偏向型技术效率变化的差异,据此进行供电企业电网绩效分析,研究供电企业无效率的原因。

第一节 模型选择

在本书的上篇中已指出,数据包络分析是电网投资效率评价最常用的分析方法之一,最初由运筹学家查恩斯(A. Charnes)、库伯(W. W. Cooper)和罗兹(E. Rhodes)提出,数据包络分析的模型主要有:CCR模型、BCC模型和DEA的Malmquist指数等。其中CCR模型以规模报酬不变为假设前提,也就是说,决策单元规模的大小不影响其效率。这一假定与实际情况差距较大。事实上,随着时间的延续及市场环境、经济政策的变化,企业不可能在固定规模报酬下生产。基于这一事实,Cooper等人在1984年提出了规模报酬可变的BCC模型,该模型将技术效率进一步分解为纯技术效率和规模效率,避免了CCR模型中测出的技术效率受规模效率影响的缺点。从本质上来说,BCC模型和CCR模型的关联在于,BBC模型把CCR模型的技术效率进一步细分为两个部分:一个是规模效率(衡量决策单元的实际规模与最佳规模之间的偏差);另一个是剔除了规模效率以后的纯技术效率（表示决策单元在技术不变的条件下，通过改善管理等所获得的生产改善）。

除了以上两种模型外，较为常用的数据包络分析方法还有 DEA 的 Malmquist 指数法。此法在 1982 年由 Caves 等人首次创新并将之应用于生产分析，目前在衡量不同时期决策单元的效率方面应用广泛。距离函数作为构造 Malmquist 指数的基础，被定义为技术效率的倒数，从而可以看作决策单元由某一个生产点不断向理想投入点靠近时，所达到的最小投入点的比例。而生产前沿面则可以定义为当前技术水平下，投入不变的产出最大值或者投入最小值。本章将不同年份各个城市的电力生产作为决策单元，构造 2013 年和 2014 年两个时期的生产前沿面，从而分析其效率情况。基于报告考察六个城市在 2013 年和 2014 年两个年份电网投资效率的实际，报告采用 Malmquist 指数法进行决策单元的效率评价。

根据 Caves 等人的释义，以 t 时期的生产技术水平为基准，从 t 到 t + 1 时期的生产率变化为：

$$M^t = D^t(x^{t+1}, y^{t+1}) / D^t(x^t, y^t) \tag{10-1}$$

t 期和 t + 1 期的投入和产出分别由 (x^t, y^t) 和 (x^{t+1}, y^{t+1}) 来表示，产出在第 t 期的距离函数可以由 D_0^t 来表示。

同理，以 t + 1 时期的生产技术水平为基准时 t 到 t + 1 时期的生产率变化为：

$$M^{t+1} = D^{t+1}(x^{t+1}, y^{t+1}) / D^{t+1}(x^t, y^t) \tag{10-2}$$

因此 Malmquist 指数可由 M^t 和 M^{t+1} 的几何平均来计算，从而可以避免时期选择的随意性可能导致的差异，具体过程如下：

$$M(x^{t+1}, y^{t+1}; x^t, y^t) = \left[\frac{D_e^t(x^{t+1}, y^{t+1})}{D_e^t(x^t, y^t)} \times \frac{D_e^{t+1}(x^{t+1}, y^{t+1})}{D_e^{t+1}(x^t, y^t)} \right]^{1/2} \tag{10-3}$$

这一指数表示固定规模下全要素生产率的改进情况，下面的式子则针对规模报酬可变时 Malmquist 指数及其分解出来的技术效率变化指数、技术水平变化指数。

$$M(x^{t+1}, y^{t+1}; x^t, y^t) = \frac{D_e^{t+1}(x^{t+1}, y^{t+1})}{D_e^t(x^t, y^t)} \left[\frac{D_e^t(x^{t+1}, y^{t+1})}{D_e^{t+1}(x^{t+1}, y^{t+1})} \times \frac{D_e^t(x^t, y^t)}{D_e^{t+1}(x^t, y^t)} \right]^{1/2}$$

$$= \text{TEC} \times \text{TC} = \frac{D_V^{t+1}(x^{t+1}, y^{t+1})}{D_V^t(x^t, y^t)}$$

$$\times \frac{D_c^{t+1}(x^{t+1}, y^{t+1})/D_V^{t+1}(x^{t+1}, y^{t+1})}{D_c^t(x^t, y^t)/D_V^t(x^t, y^t)}$$

$$\times \left[\frac{D_c^t(x^{t+1}, y^{t+1})}{D_c^{t+1}(x^{t+1}, y^{t+1})} \times \frac{D_c^t(x^t, y^t)}{D_c^{t+1}(x^t, y^t)} \right]^{1/2}$$

$$= \text{EC} \times \text{TC} \tag{10-4}$$

根据式（10-4），可以定义固定规模下的技术效率变化指数 EC 和决策单元偏离生产前沿面的程度 TC，进一步可将 TC 分解为幅度（MATC）、投入偏向（IBTC）、产出偏向型技术效率（OBTC）变化。

第二节 模型构建

投入与产出变量的选择是进行技术效率测评的关键。在选取投产指标时要保证以下几个因素：①输入输出指标对供电企业投资效率反映的全面性；②以所选取的效率评价方法为依据；③输入输出指标对应的数据可获得性和可操作性。

基于供电企业满足经济社会发展需求和自身利润回报的建设目标，本章在运用数据包络分析法进行电网投资建设效益评价时，把电网投资建设作为一个完整的生产过程，基于第九章相似分析结果，通过文献经验法，以电网设备投入、电网基础投资为输入指标，其中，电网设备投入情况包括两个指标，分别是线路总长度（35kV 及以上）和变电容量（35kV 及以上），综合线损率表示电能损耗情况，电网基建投资和电网技术改造投资表示当年电网发展的投入量，单位 GDP 售电量表示电网生产情况。以新增售电量、供电量以及电网主营业务收入作为电网投资的输出指标，将线损率作为电网的非期望型输入指标。而变电容量（35kV 以上）的数据则由 110kV 的变电容量作为代表。输入输出指标如表 10-1 所示。

表 10-1　　　　　　　　　　DEA 输入输出指标

指标类型	指标名称
输入指标	线路总长度
	变电容量
	电网基建投资
	电网技术改造投资
输出指标	售电量
	供电量
	主营业务收入
	综合线损率（非期望产出）

第三节　模型分析与讨论

一、效率总体特征

将表 10-1 中所选取指标导入 DEA 软件中，得到结果见表 10-2，并根据此结果制作图 10-1。在图 10-2 中绘制了 27 家省级供电企业在 2012~2020 年的动态效率变化图。

表 10-2　　　　　　　　　27 家省级供电企业当期效率

年份	2012	2013	2014	2015	2016	2017	2018	2019	2020
A01	1.511711	1.081116	1.038627	0.949835	0.998733	0.989598	0.900601	0.930714	0.882288
A02	1.297809	1.191876	1.357161	1.334029	1.40048	1.419111	1.40303	1.375374	1.342152
A03	0.759529	0.820808	0.976592	0.938072	0.889024	1.495269	1.417904	1.400763	1.903781
A04	0.956062	0.921011	0.897041	0.794213	0.773845	0.872352	0.780676	0.832137	0.89084
A05	0.89144	1.175866	0.833924	0.788244	0.809919	1.101835	1.027716	0.984124	1.040105
A06	0.973561	0.943334	0.922803	0.872839	0.853387	0.810357	0.827879	0.867135	0.918204
A07	1.112815	1.058049	1.005741	0.991195	0.979843	1.046856	1.008748	0.99341	0.950205
A08	1.122642	1.503959	1.521378	1.481858	1.229153	1.185885	1.299416	1.258776	1.244938
A09	1.054093	0.976594	1.105711	1.104987	1.037298	1.234265	1.082262	1.067369	1.044211
A10	0.731236	0.828312	0.84817	0.819943	0.809988	0.84289	0.859236	0.812621	0.77629

续表

年份	2012	2013	2014	2015	2016	2017	2018	2019	2020
A11	0.800253	0.87148	0.932132	0.921823	0.956521	1.03627	1.011007	1.041938	1.079526
A12	0.761632	0.809928	0.886622	0.873831	0.86865	0.909157	0.945481	0.985854	0.931417
A13	0.729897	0.816235	0.854941	0.862347	0.907285	0.878858	0.986397	1.02228	0.963057
A14	1.234716	1.08968	1.008592	0.858182	0.952454	0.885534	0.878207	0.894354	0.825786
A15	0.716155	0.849707	0.890288	0.854245	0.843186	0.897746	0.925086	0.931857	0.942465
A16	0.785371	0.802008	0.874772	1.157699	1.522535	0.958777	0.900911	0.905689	0.894702
A17	0.727507	0.868144	0.956095	0.844238	0.924988	0.808525	1.168823	1.101594	1.243186
A18	0.908774	1.067117	1.189632	1.426184	1.248889	1.119424	1.075716	1.248922	1.121657
A19	0.595643	0.6915	0.655616	0.752277	0.643261	0.597201	0.626192	0.626852	0.627629
A20	0.904361	0.85712	1.078589	0.9576	1.226539	1.044488	1.013456	1.217177	1.051362
A21	0.916326	0.897873	0.860332	0.738431	0.700231	0.939585	1.172786	0.835646	0.883746
A22	1.245365	1.134284	1.268391	1.183319	0.989737	1.099216	1.109911	1.066554	1.009357
A23	1.370399	0.983771	1.055676	0.930013	0.858551	1.084702	1.481	1.399231	1.149417
A24	0.804635	1.020559	0.873046	0.786364	0.708084	0.816406	0.820518	0.790609	0.844282
A25	0.685747	0.639648	0.646194	0.640061	0.742189	0.775383	0.848459	0.829154	0.856894
A26	0.561163	0.574851	0.624316	0.621754	0.63828	0.676129	0.730129	0.729584	0.811011
A27	0.502008	0.506841	0.526022	0.519464	0.518029	0.519325	0.50169	0.501889	0.502503

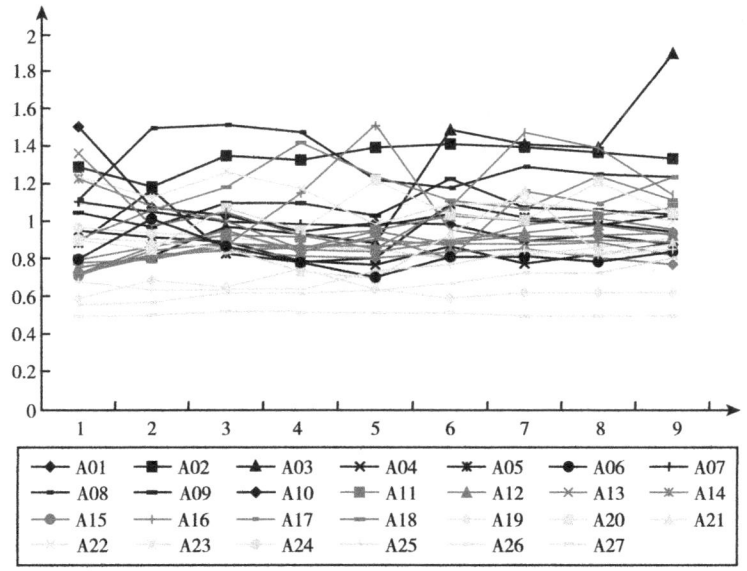

图 10-1 27家省级供电企业当期效率折线图

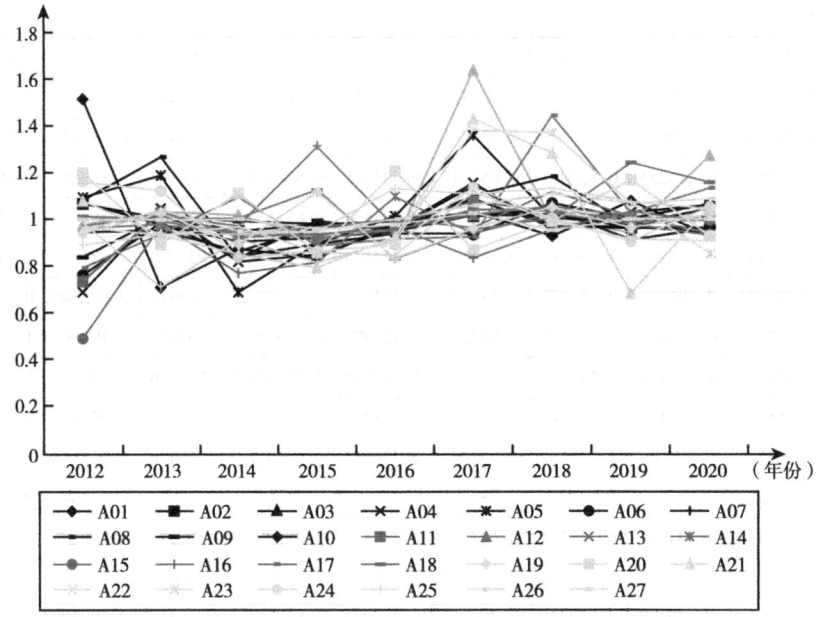

图 10-2　27 家省级供电企业 2012～2020 年效率 Malmquist 值

结合表 10-2 与图 10-1，可以看出，在整个样本期间内，所有企业的效率在 0.5~1.8 变化。总体而言，企业的效率值多集中在 0.8~1.1。从数据上观察，可以认为多数供电企业达到了投资的效率要求，其中 2、3、8、17、23 企业在样本期内的效率较高。

根据图 10-2 中展现的 Malmquist 值变化，可以考察 27 家企业在整个样本期的效率提升（下降情况），可以看出，多数企业的 MI 值围绕着 1 进行变化，并没有展现出完全的效率提升或效率下降，为了探寻引起这一变化的原因，本节将其分解为效率变化（EC）和技术变化（TC）。

二、效率分解

根据式（10-4），得到 27 家省级供电企业在样本期内的 EC 和 TC 变化值，详情可见图 10-3 和图 10-4。

根据图 10-3，可以看出其变化也多围绕 1 上下波动，其对于整体效率变化的贡献较低，根据图 10-4，可以看出部分企业所对应值均显著大于 1。因此，综合图10-3与图10-4可以看出，2012~2020年，技术的进步为企业投资效率的提升做出了重要贡献。

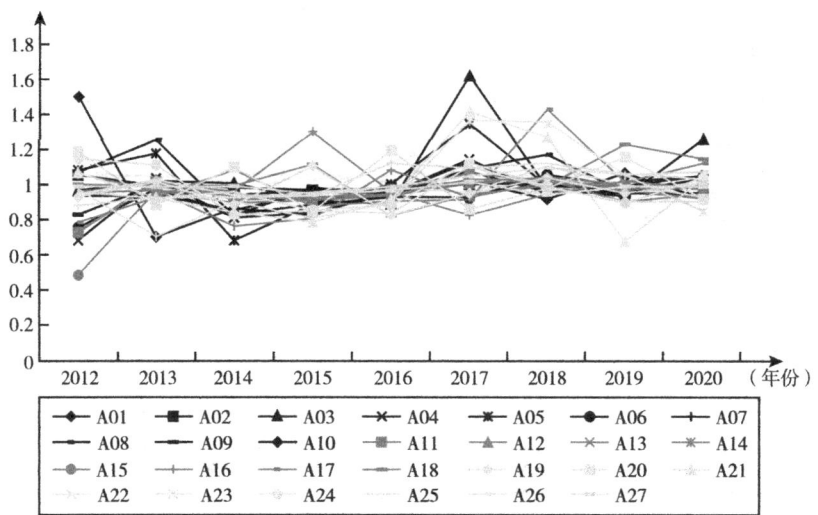

图10-3　27家省级供电企业2012~2020年效率变化（EC）

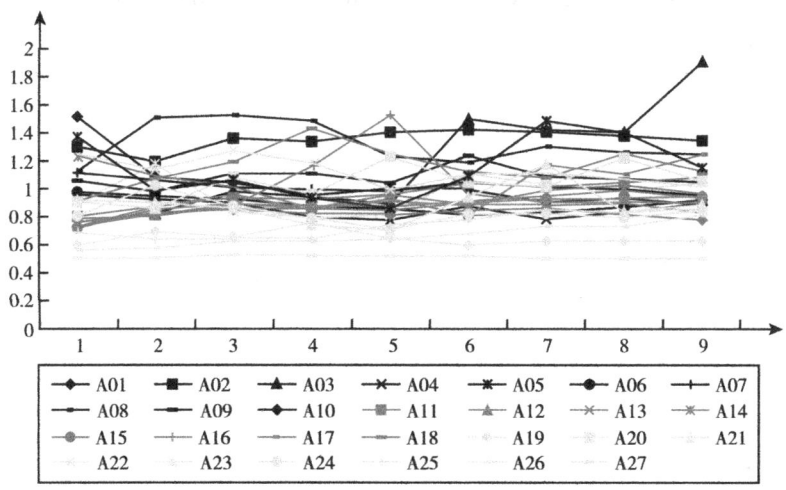

图10-4　27家省级供电企业2012~2020年技术变化（TC）

通过对技术变化进一步分解，得到图10-5到图10-7。图10-5到图10-7分别展现了技术效率变化中的OBTC、IBTC和MATC。OBTC描述了不同时期技术变化引起的投入成分的变化，IBTC描述了不同时期技术变化引起的投入成分的变化，MATC 描述了生产前沿的转移。如果它们的值小于 1，说明对技术变化指标和全要素生产率有抑制作用。根据图 10-5 和图 10-7，可以看出，MATC 变化为技术变化做出了主要贡献，说明生产前沿在向前延伸，促进了全要素生产率和技术进步。

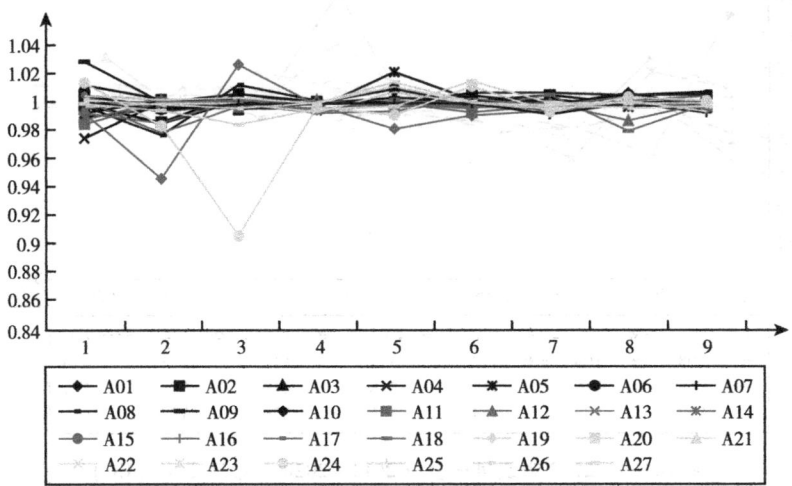

图 10-5　27 家省级供电企业 2012~2020 年 OBTC 变化

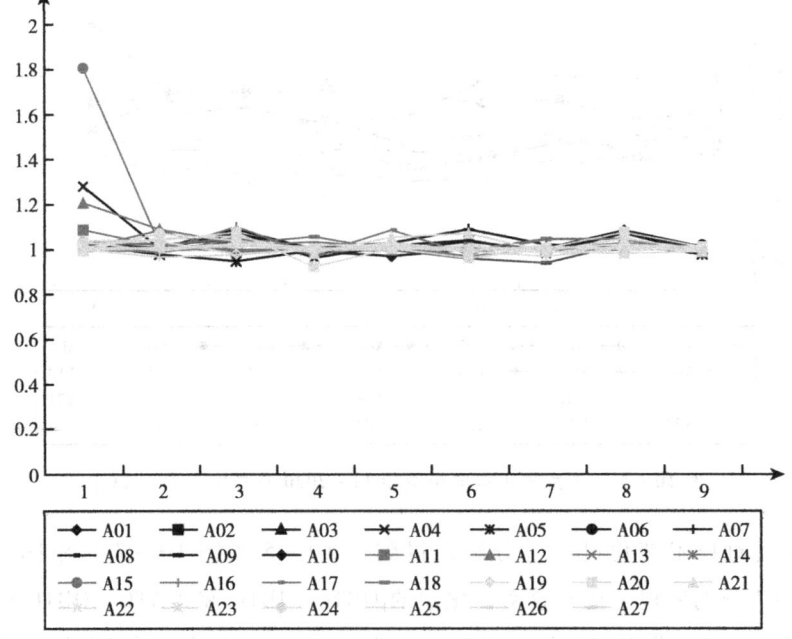

图 10-6　27 家省级供电企业 2012~2020 年 IBTC 变化

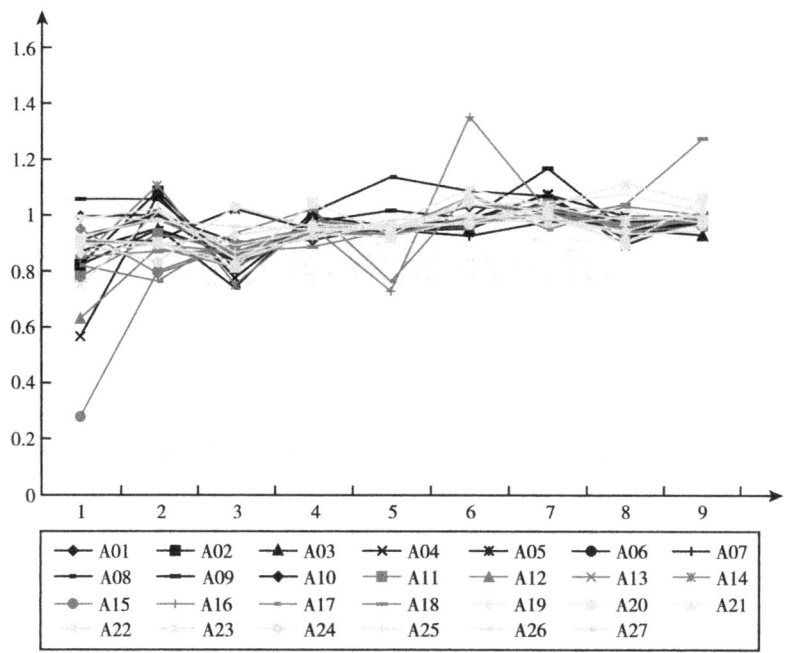

图 10-7 27 家省级供电企业 2012~2020 年 MATC 变化

第十一章

项目投资效率分析

第一节 项目投资的计量分析

电力投资的科学合理与否,关系到电力企业的生存和国民经济的发展。而要做好电力投资方面的科学规划,需要依据投资理论和数学分析建模工具,来研究其变化规律。本章运用计量经济学理论和方法,深入探讨和分析国家电网某省电力有限公司十年所进行的电力投资是否具有有效性,一方面,避免因电力投资不足或过度而引发电力供需矛盾,以保障电力投资所形成的电力生产能力,可以较好地满足各行各业未来电力增长的需要;另一方面避免因过度投资导致电网载荷量过低而形成资源浪费。鉴于此,本章收集了某省公司近10年来在43个投资项目的具体信息,首先就其收益率展开类别分析与空间集聚分析;其次将使用DEA模型进行投资绩效分析,并通过分析非有效决策单元的松弛变量;最后提出对应的政策和建议。

第二节 项目投资的收益率分析

43个项目投产日期横跨2011~2017年,其包含一个完整的"五年计划",通过对该企业投资项目的分析,也能实现对某省内电力规划管中窥豹。我们根据工程种类进行了分类统计,表11-1展示了每一类项目数量以及收益率最大值、最小值和均值。

表 11-1　　　　　　　　企业投资项目收益率统计分析

项目分类	数量	最大值（%）	最小值（%）	均值（%）
保障电源送出	4	52.72	11.5	34.48
电铁供电	6	3.88	-4.4	-1.27
服务新能源	5	213.35	-3.37	50.17
加强输电通道	2	114.41	-2.24	56.085
满足用电需求	20	38.96	-3.47	4.00
优化网架结构	6	90.19	2.91	34.63

其中，收益率最大值为位于某省北部某地区的服务新能源项目，收益率为213.35%，类型为风电。收益率最小值为位于某省南部的电铁供电项目，收益率为-4.4%。

在已经投资的43个项目中，满足用电需求占据绝大部分，共有20个，达到总数的46%以上。此外，在这一类别中，虽然最大收益率达到38%，但均值只有4%，在所有项目类别中平均收益位列倒数第二，这说明投资的主要方向所产生的收益处于较低水平，这可能与该类项目需要建立更多的基础设施有关。

在均值达到两位数的四类项目（保障电源送出、服务新能源、加强输电通道、优化网架结构）达到17个，占总数的39%，中位数为26.94%。此类项目收益率较高可能与其多在原有设施基础上进行扩建、升级有关，减少了一定的基础设施的投资。

从地区分布来看，NT占首位，YC、SZ分别名列第二、第三，且项目多集中于长江以北，具有鲜明的地域集聚特征，这可能与地区经济发展和地域相关规划有关（见图11-1）。

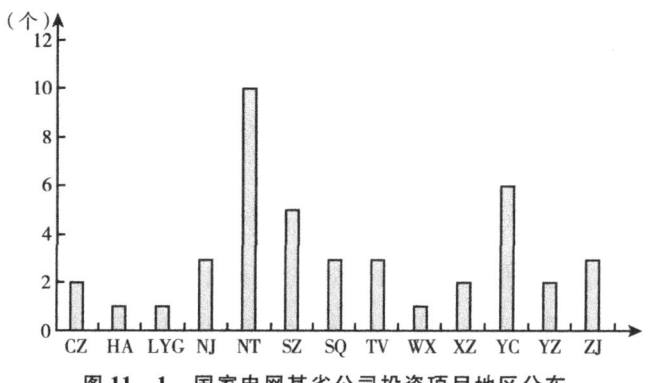

图 11-1　国家电网某省公司投资项目地区分布

第三节　项目投资的有效性分析

关于项目投资的有效性，本书根据所采集数据选择了相应指标进行效率分析，输入输出指标如表 11-2 所示。其中，输入指标采取决算投资总额和建成后工程历年运营成本，代表着成本方向；输出指标则采用电压等级、新增线路长度、新增输电能力、工程供（输）电量、总投资收益率、新增变电容量。这六个指标不仅包括财务收益，也包括对地区基础设施的贡献，能够较为全面地反映投资的产出效率。

表 11-2　　　　　　　　DEA 效率分析输入输出指标

指标类型	指标名称
输入指标	决算投资（含税）（万元）
	工程历年运营成本（万元）
输出指标	电压等级
	新增线路长度（公里）
	新增输电能力（MW）
	工程供（输）电量（万 kWh）
	总投资收益率
	新增变电容量（MVA）

在工程投资的 6 类项目中，除满足用电需求类别存在新增变电容量外，其余类别项目该值为 0，因此，在具体分析时，对于满足用电需求类别，存在 6 个输出指标，而对于其余类别，存在 5 个输出指标。本书分别从投入和产出两个导向对 43 个项目的效率进行了分析。

从表 11-3 可以看出，满足用电需求的项目投资效率较高，达到 1 的占比 40%。相比而言，电铁供电项目投资效率整体偏低，最高值不到 0.2。因此，在后续投入中，公司可考虑在保证电铁供电类项目的投资的同时增加满足用电需求类型的项目投资。

表 11-3　　　　　以投入为导向的江苏电网企业投资效率

项目名称	效率	类别	项目名称	效率	类别
A7	1	保障电源送出	A1	0.843523	满足用电需求
A10	1	保障电源送出	A2	0.473672	满足用电需求
A30	0.175725	保障电源送出	A5	1	满足用电需求
A39	0.311435	保障电源送出	A6	0.949229	满足用电需求
A19	0.008968	电铁供电	A8	0.968718	满足用电需求
A24	0.186905	电铁供电	A11	1	满足用电需求
A25	0.054105	电铁供电	A12	1	满足用电需求
A27	0.043141	电铁供电	A14	1	满足用电需求
A37	0.091698	电铁供电	A15	1	满足用电需求
A42	0.150291	电铁供电	A16	1	满足用电需求
A3	0.237679	服务新能源	A17	0.812792	满足用电需求
A18	1	服务新能源	A20	0.325992	满足用电需求
A28	0.719885	服务新能源	A29	0.539309	满足用电需求
A36	0.153802	服务新能源	A31	0.691532	满足用电需求
A43	0.25072	服务新能源	A32	0.764713	满足用电需求
A4	1	加强输电通道	A34	0.841466	满足用电需求
A26	1	加强输电通道	A35	1	满足用电需求
A9	1	优化网架结构	A38	0.664434	满足用电需求
A13	1	优化网架结构	A40	0.737788	满足用电需求
A21	1	优化网架结构	A41	1	满足用电需求
A22	0.380755	优化网架结构			
A23	0.991277	优化网架结构			
A33	0.184146	优化网架结构			

表 11-4 与表 11-3 结果并未发生较大偏差，满足用电需求项目依旧投资效率整体偏高，电铁供电项目依旧整体偏低，为之前的投资建议提供了进一步的佐证。

表 11－4　　　　以产出为导向的江苏电网企业投资效率

项目名称	效率	类别	项目名称	效率	类别
A7	1	保障电源送出	A1	0.871529	满足用电需求
A10	1	保障电源送出	A2	0.673784	满足用电需求
A30	0.550079	保障电源送出	A5	1	满足用电需求
A39	0.404448	保障电源送出	A6	1	满足用电需求
A19	0.44	电铁供电	A8	1	满足用电需求
A24	0.94888	电铁供电	A11	1	满足用电需求
A25	0.602123	电铁供电	A12	1	满足用电需求
A27	0.44	电铁供电	A14	1	满足用电需求
A37	0.597239	电铁供电	A15	1	满足用电需求
A42	0.373942	电铁供电	A16	1	满足用电需求
A3	0.824468	服务新能源	A17	0.848718	满足用电需求
A18	1	服务新能源	A20	0.44	满足用电需求
A28	0.843374	服务新能源	A29	0.628673	满足用电需求
A36	0.778984	服务新能源	A31	0.741878	满足用电需求
A43	0.425808	服务新能源	A32	0.7875	满足用电需求
A4	1	加强输电通道	A34	0.853851	满足用电需求
A26	1	加强输电通道	A35	1	满足用电需求
A9	1	优化网架结构	A38	0.304279	满足用电需求
A13	1	优化网架结构	A40	0.349054	满足用电需求
A21	1	优化网架结构	A41	1	满足用电需求
A22	0.870699	优化网架结构			
A23	0.99396	优化网架结构			
A33	0.667686	优化网架结构			

第十二章

国家电网某省电力有限公司改进投资经营策略的辅助评价工具

在前几章研究的基础上,本章进一步从四个维度出发,对国家电网某省电力有限公司如何改进自身的投资经营策略的评价工具给出了策略建议。

第一节 行业评估工具

行业评估工具主要用于分析企业所处行业细分市场并判断其市场规模和竞争态势,围绕企业自身和政府政策展开。

(1) 所处行业及细分市场:清晰定义公司投资项目位于电力行业"发、输、变、配、用"中所处环节,及其在相关产业链中的位置与价值(上游、中游、下游)。

(2) 所处发展阶段及未来的发展趋势:评估公司投资项目在行业中目前所处的发展阶段:起步、发展、稳定、下降,并根据阶段科学制订投资规划。

(3) 市场空间、市场规模:根据地方经济社会发展情况、产业链上游的电源规划情况和电网公司自身的战略发展需要,确定整个(区域)电网的总体规模,并根据与现状的差距安排每年的电网资本性投资项目计划。

(4) 竞争态势:评估公司所投资项目面临的市场竞争态势,可分为三类:"红海"竞争格局,细分市场竞争充分且惨烈、毛利率低;"黄海"竞争格局,细分市场竞争格局相对形成、不是很惨烈;"蓝海"竞争格局,细分市场竞争者很少、毛利率高。

（5）政策的影响：需要考虑国家及地区各类政策对电力行业的影响，所投资项目是否受政策限制或者能够得到政策扶持等方面，如国家能源局发布的《电力安全生产政策法规落实情况监管报告》等。

第二节 项目评估工具

项目评估工具的目的是在以往的投资经验的基础上结合计量工具对目前拟投资项目的投入—收益进行测算以评价其投资效率。

（1）商业模式：所投资项目能够提供多少的发电量或提升多少的输配送效率并在建成后以何种方式盈利，以及能否为未来两三年公司发展目标及后续项目投资提供经验性指导。

（2）技术方面：公司在该领域是否有前沿技术储备，或所投资项目能否在某一区域占据技术性优势，从而在服务市场的同时保持一定盈利。

（3）市场推广：电力公司对于客户的开发和议价能力、在推进过程中与行业产业链上游供应商的议价能力，以及对相关资源的整合能力。

（4）财务指标：传统的财务评价方法按照是否考虑资金的时间价值，可分为两大类：一类为不考虑资金时间价值的静态评价方法，另一类为考虑了资金时间价值的动态评价方法。除上述传统财务评价方法外，考虑到电网企业的投资项目实际上具有不可逆性、不确定性和时机选择的特征，因此对项目价值评估时必须考虑这部分由于不确定性产生的期权价值。传统的财务评价方法虽然简单明了，并且财务数据也容易获得，但反映面比较窄，不能综合反映企业各个方面的信息，也不能反映企业外部环境对企业施加的影响。而数据包络分析法（DEA）则根据一组关于投入和产出的观察值来估计不同的投资项目的有效生产前沿面，相对于以往的财务指标在指标的选取上更加全面和综合。同时也不必预先确定指标的权重值，不必事先考虑投入和产出之间的函数关系，具有"黑箱"式的操作优点，适合处理具有多个输入和多个输出的情况。

第三节　团队评估工具

项目的正常推进需要优秀的团队予以执行，因此团队评估工具旨在对项目负责人及核心团队的各项指标展开测度。

（1）领军人物：对领军人物的个人品行、事业心、领导能力、行业背景、合法合规意识、合作态度、开拓精神、个人情况（如身体健康、家庭稳定等）展开评估，对不同类别进行赋权后得出加权总分。

（2）核心团队：考核团队执行力（角色互补、功能完善）、团队的稳定性（是否有共同价值观、团队成员一起共事时间长短）以及团队的利益共享机制。

第四节　合规评估工具

电力产业链投资涉及范围较广，需要满足的各方政策和法律要求较多，因此合规评估工具主要为项目的正常推进提供法律保障和政策支持。

（1）业务规范：涉及关联交易（必要性、合理性、公允性）、同业竞争、客户/供应商、环保、现金交易、劳动法律关系、社保公积金等。

（2）财务规范：关注项目的财务合规性时，项目应该符合国家的财经法规和公司的财务制度。这两种约束性文件的要求中，如果是"评价项目的性质是否正确"，可以归纳为对舞弊风险的关注；如果是"评价项目相关的金额确定是否合理准确"，可以归纳为对价值计量风险的关注。因此，对于不同项目的合规性的评价要点应纳入"项目是存在舞弊风险还是价值计量风险"的分析框架。

（3）历史沿革重大问题的合法合规：涉及国有资产交易合规性、股权激励公允价值、关于红筹或外资回归、不认定实际控制人等。

下篇

主要结论

在下篇中，本书主要针对电力投资中项目数据的分析进行了考察。篇中先对企业投资经济策略进行概述，明确了不同类型企业间投资经营策略的差异，并就当前宏观环境下区域型电网企业的外部和内部经营策略展开分析。

随后本篇对国家电网和南方电网在近年来整体投资策略进行分析，并在当前后疫情时代对电力投资业务背景下揭示了我国电力投资的动态特征和业务的价值链转换。在分析了我国电力行业投资经营现状后，即累计装机容量增速放缓、电力投资额连年下降、电网侧投资占主流、电网建设以交流送变电为主、电源建设火电投资占比大和电力投资面临挑战后，使用波特五力模型分析了电网企业投资效率的影响因素，并以此类因素为基础，构建指标体系，为后续电网企业效率实证分析提供实证支撑。

实证共有两个部分，第一部分以省级供电企业为例，根据逻辑分析框架的指标约简结果，确定输入输出指标。由数据包络分析结果得到27家省级供电企业纯效率（EC）、技术效率变化（TC）及中性、投入偏向、产出偏向型技术效率变化的差异，据此进行供电企业电网绩效分析，研究供电企业无效率的原因。研究发现，在整个样本期间内，所有企业的效率在 0.5~1.8 变化。总体而言，企业的效率值多集中在 0.8~1.1。从数据上观察，可以认为多数供电企业达到了投资的效率要求，效率分解结果则说明生产前沿在向前延伸，促进了全要素生产率和技术进步。第二部分则以某省公司近10年来在43个投资项目的具体信息，首先就其收益率展开类别分析与空间集聚分析，其次将使用 DEA 模型进行投资绩效分析。研究发现，满足用电需求的项目投资效率较高。

相比而言，电铁供电项目投资效率整体偏低。因此，在后续投入中，公司可考虑在保证电铁供电类项目投资的同时增加满足用电需求类型的项目投资。在实证分析结果的支持下，就国家电网江苏省电力公司改进投资经营策略这一目标提供了辅助评价工具。

应当承认，由于电力企业并非完全意义上的投资公司，使该类企业的投资行为也拥有了更多僵化管理式的特征。正因为如此，在投资管理领域，依托其投资相关数据，进行投资管理优化分析的可选策略，与在电力运营管理中相较而言，显得较为稀少。然而随着未来能源市场的改革发展以及包括电网企业在内的能源企业的进一步发展，成为一个多元式的、融合能源经营、投资等多项职能在内的综合性经营实体，将会成为众多电力能源企业在未来面临的必然挑战。而届时，相信将会有更丰富的数据资源，以支撑电力能源企业在投资管理上的决策分析。

附录

附录一 基于"一套表"关键性指标测算方法

序号	指标名称	指标单位	数据精确度	报送周期	指标定义和计算方法	统计口径	指标审核责任部门	数据来源	评价方法	指标分值
社会经济										50
一、经济因素										25
(一) GDP										25
1.	GDP总量							表22		5.22
2.	人均GDP				公式：GDP/总人口			表22		6.14
3.	单位面积GDP				公式：GDP/面积			表22		6.5
4.	GDP同比增长率									7.14
二、社会因素										25
(一) 人口										12.5
1.	城镇化率				公式：城镇人口/总人口			表22		6
2.	无电人数							表22		6.5

续表

序号	指标名称	指标单位	数据精确度	报送周期	指标定义和计算方法	统计口径	指标审核责任部门	数据来源	评价方法	指标分值
(二)	用户									
1.	无电户数							表22		12.5
2.	营业户数							表23		8.36
公司生产										4.14
一、	电量									90
(一)	电力生产									31.5
1.	发电量									17.64
2.	综合厂用电率				公式：$\sum$（综合厂用电量/发电量）/厂数 综合厂用电量＝发电量＋购网电量－售电量 厂用电量指统计期内发电量与售电量的差值，反映有多少电量没有供给电网			表2		4.41
3.	发电设备平均容量				公式：$\sum$（每个厂发电设备平均容量）/厂数			表1		5.29
4.	计划外容量损失率				公式：$\sum$（每个厂非计划容量损失/总容量）/厂数			表1		4.24
(二)	电量调度									3.70
1.	有效利用率				公式：净用电量/发电量			表2		13.86
2.	对外电量输出率				公式：地区向外输出电量/供电量 向外输出为正值，输入为负值			表2		3.88
										3.05

续表

序号	指标名称	指标单位	数据精确度	报送周期	指标定义和计算方法	统计口径	指标审核责任部门	数据来源	评价方法	指标分值
3.	外部售电量比率				公式：售电量/全口径售电量			表2		3.05
4.	供电量同比增长率							表2		3.88
二、	生产负荷									9
(一)	发电负荷									4.5
1.	发电最高负荷							表1		4.5
(二)	调度负荷							表2		4.5
三、	最高供电负荷									18
(一)	电量平衡									9
1.	公司发电量占比				公式：统一核算电厂发电量/总收入电量 每个月算一次，再整年算一次。下同			表8		3
2.	电网发电量占比				公式：本电网发电量/总收入电量			表9		3
3.	地区发电量占比				公式：本地区发电量/总收入电量			表10		3
(二)	全社会用电量占比									9
1.	公司全社会用电量占比				公式：全社会用电量/总支出电量			表8		3
2.	电网全社会用电量占比				公式：全社会用电量/总支出电量			表9		3
3.	地区全社会用电量占比				公式：全社会用电量/总支出电量			表10		3

续表

序号	指标名称	指标单位	数据精确度	报送周期	指标定义和计算方法	统计口径	指标审核责任部门	数据来源	评价方法	指标分值
四、供电质量										31.5
(一) 可靠性										15.75
1.	供电可靠率 (RS-1)				供电可靠率 (RS-1) = (监测总时间 - 监测时间内停电总时间)/监测总时间			表11		6.3
2.	实际可靠率 (RS-1) 偏差				公式：偏差 = |实际可靠率 - 计划可靠率|/计划可靠率			表11		4.41
3.	电厂等效可用系数				公式：等效可用系数 = (可用小时 - 机组等效降低出力小时)/统计期日历时间小时			表1		5.04
(二) 电压质量										15.75
1.	农网综合供电电压合格率				农网综合供电电压合格率：指报告期内农网（农村、城镇）供电实际运行电压，在允许电压偏差范围内的累计运行时间与报告期日历时间的比值			表11		6.3
2.	综合供电电压合格率偏差				公式：偏差 = |实际合格率 - 计划合格率|/计划合格率			表11		4.41
3.	客户端电压合格率				即低低压配电网电压合格率			表11		5.04

续表

序号	指标名称	指标单位	数据精确度	报送周期	指标定义和计算方法	统计口径	指标审核责任部门	数据来源	评价方法	指标分值
电网运行										85
一、电网结构										30.6
(一) 适应性										16.83
1.	35kV 以上电网变电站 N-1 通过率				变电站 N-1 通过率=(满足 N-1 原则的变电站数/总变电站数)×100%			表31、表35		7.65
2.	35kV 以上电网线路 N-1 通过率				线路 N-1 通过率=(满足 N-1 原则的线路条数/线路总条数)×100%			表19		5.1
3.	10~110kV 容载比				$R_s = \dfrac{\sum s_{ei}}{P_{max}}$ 其中：s_{ei} 为 10~110kV 电压等级最大负荷之和。P_{max} 为 110kV 电压等级年最大负荷日分区（市区、县）最大降压负荷之和；为 110kV 电压等级在役运行的变电总容量			表19		4.08
(二) 协调性										13.77
1.	单线或单变电站占比				指标值=单线或单变站座数/变电总座数×100% 只统计 35kV 以上的			表31、表36		3.72
2.	中压 10(20)kV 主干线路平均长度				该指标适用于 10(20)kV 中压配电网，用来间接反映中压主干线路的供电半径 公式：中压主干线路平均长度=主干线路总长度之和/主干线路条数			表33、表40		4.59

续表

序号	指标名称	指标单位	数据精确度	报送周期	指标定义和计算方法	统计口径	指标审核责任部门	数据来源	评价方法	指标分值
3.	高中压配电网变电容量比				该指标用来反映35kV及以上高压配电网与10(20)kV中压配电网在变(配)电容量上的相互协调 公式：高中压配电网变(配)电容量比(%) = 35kV及以上变电容量/10(20)kV配变容量×100%			表18、表19		5.46
二、技术装备水平										23.8
(一) 技术装备水平										23.8
1.	35kV及以上智能变电站和无人看守变电站的比例				35kV及以上智能变电站和无人看守变电站座数/35kV及以上变电站座数×100%			表31		7.14
2.	中压线路电缆化率				公式：线路电缆化率(%) = 电缆线路长度/线路总长度×100% 该指标适用于10(20)kV中压配电网			表33		4.76
3.	中压架空线路绝缘化率				公式：架空线路绝缘化率 = 绝缘架空线路长度/架空线路总长度×100% 该指标适用于10(20)kV中压配电网			表33		4.76
4.	35kV变压器平均投运年限				平均投运年限 = $\sum$ 当年35kV变压器投运年限/设备总数			表32		7.14

续表

序号	指标名称	指标单位	数据精确度	报送周期	指标定义和计算方法	统计口径	指标审核责任部门	数据来源	评价方法	指标分值
三、电网效率										30.6
(一) 设备利用效率										18.36
1.	10~110kV 线路最大负载率				最大负载率=每条线路的最大负载率之和/统计线路条数			表19		7.87
2.	35~110kV 变电站变压器重载率				公式:变压器重载率=最大负载率 80% 以上的变压器台数/统计变压器台数			表18		5.25
3.	10(20)kV 公用台区变压器负载安排不合理程度				负载率与平均负载率误差程度超过 60% 的变压器台数			表20		5.24
(二) 电能损耗										12.24
1.	综合线损率				综合线损率=线路损失电量/供电量×100%			表2		3.50
2.	低压线损率				该指标是 10kV 及其以下时的线损率			表12		2.33
3.	中高压线损率				该指标是 10~110kV 的线损率			表12		2.91
4.	线损率环比变化				线损率环比变化值=当月线损率-上月线损率			表2		3.50
发展投入										85
一、资产投资状况										37.78
(一) 固定资产投资										22.67
1.	基建投资所占比重				公式:指标=基建投资/总投资×100%			表15		8.16

200

续表

序号	指标名称	指标单位	数据精确度	报送周期	指标定义和计算方法	统计口径	指标审核责任部门	数据来源	评价方法	指标分值
2.	电网基建投资比重				公式：指标＝电网基建投资/基建投资×100%			表15		7.48
3.	技术改造投资同比增长率				公式：同比增长率＝(今年技术改造投资－去年同期技术改造投资)/去年同期技术改造投资×100%			表15		7.03
(二) 其他专项计划										15.11
1.	大修投资同比增长率				公式：同比增长率＝(今年大修投资－去年同期大修投资)/去年同期大修投资×100%			表15		3.78
2.	信息化投入比				关系：信息化投入比＝信息化投资/总投资×100%			表15		3.78
3.	研究开发费占比同比增长率				公式：同比增长率＝(今年研究开发费占比－去年同期占比)/去年同期占比×100%，其中今年占比＝今年研究开发费/今年总投资，去年占比＝去年研究开发费/去年总投资			表15		3.78
4.	经营管理投资占比				公式：(教育培训投资＋管理咨询费＋营销投入)/总投资×100%			表15		3.77
二、投资收益										28.33
(一) 电网投资收益										17.00
1.	单位投资增供负荷				公式：指标值＝(期末年供电最高负荷－期初年供电最高负荷)/规划期内电网投资			表2、表15		8.5

201

续表

序号	指标名称	指标单位	数据精确度	报送周期	指标定义和计算方法	统计口径	指标审核责任部门	数据来源	评价方法	指标分值
2.	单位投资增售电量				公式：指标值＝(期末供电量－期初供电量)/规划期内电网投资			表2、表15		8.5
(二)	总体投资收益									11.33
1.	投入产出比				公式：投入产出比＝工业增加值/初始投资额×100%			表15、表26		4.53
2.	投资收益率				公式：投资收益率＝净利润/投资总额×100%			表15、表26		6.80
三、	通电和户表改造									18.89
(一)	新装、增容									5.67
1.	本年新装、增容户数增长率				公式：增长率＝(本年累计新装、增容户数－去年累计新装、增容户数)/去年累计新装、增容户数			表13		2.27
2.	本年新装、增容户数净增长率				公式：净增长率＝(本年累计净增户数－去年累计净增户数)/去年累计净增户数，增容户数＝累计新装、增容户数－累计完成减容、销户数			表13		3.40
(二)	户表改造投资									5.67
1.	平均每户投资金额				公式：平均每户投资金额＝户表改造投资/户表改造户数			表15		5.67

续表

序号	指标名称	指标单位	数据精确度	报送周期	指标定义和计算方法	统计口径	指标审核责任部门	数据来源	评价方法	指标分值
(三)	农村通电情况									
1.	农村居民户通电率				公式：农村居民户通电率＝已通电户数/总户数			表24		3.78
(四)	农村户表改造情况									3.78
1.	已改率				公式：已改率＝已改造户表/需要改造户表			表24		3.77
经营管理										3.77
一、人力资源管理										95
(一)	人员效率及素质									15.83
1.	全员劳动生产率				计算公式：全员劳动生产率＝工业总产值/全部职工平均人数			表21、表25		6.79
2.	人才当量密度				计算公式：人才当量密度指对职工的学历、学位、职称进行系数折算，取四者之中最高的折算值累加之和占本企业职工人数的比率。计算公式：人才当量值＝$\sum$最高折算值（职工学历、学位、职称）/企业全部职工（不包括聘用的离退休人员、学徒、台和外籍人员）人数 其中：学历、学位折算系数：硕士研究生及以上（含硕士学位）＝1.1，大学本科（含学士学位）＝0.7，大专＝0.4，大专以下学历＝0。职称折算系数：正高级职称＝1.5，副高级职称＝1.3，中级职称＝0.5，初级职称＝0.3，无职称＝0			表25		4.07

203

续表

序号	指标名称	指标单位	数据精确度	报送周期	指标定义和计算方法	统计口径	指标审核责任部门	数据来源	评价方法	指标分值
(二)	职工工资									4.52
1.	职工平均工资				公式：平均工资 = 职工工资总额/职工人数 ×100%			表25		4.52
(三)	教育培训									4.52
1.	人均教育费用				公式：人均教育费用 = 教育培训投资/职工人数 ×100%			表15、表25		4.52
二、	安全管理									29.69
(一)	安全水平									17.81
1.	人身事故伤亡				人身伤亡（人次）= 3N1 + 1N2 N1：农电、本企业有责任的外包及其他死亡人数 N2：农电、本企业有责任的外包及其他重伤人数			表11		8.02
2.	电网事故数				电网事故数 = (6N1 + 3N2 + 3N3 + N4) N1：输电设备引起的四级有责、六级电网事件次数之和 N2：输电设备引起的五级有责无责、六级有责电网事件次数之和 N3：输电设备引起的六级有责、七级有责电网事件次数之和 N4：输电设备引起的七级有责、八级有责电网事件次数之和			表11		4.90
3.	设备事故数				设备事故数 = (6N1 + 3N2 + 3N3 + N4) N1：输电设备引起的四级以上无责设备事件次数之和 N2：输电设备引起的五级无责、六级有责设备事件次数之和 N3：输电设备引起的六级有责、七级有责设备事件次数之和 N4：输电设备引起的七级有责、八级有责设备事件次数之和			表11		4.89

续表

序号	指标名称	指标单位	数据精确度	报送周期	指标定义和计算方法	统计口径	指标审核责任部门	数据来源	评价方法	指标分值
(二)	事故控制结果									11.88
1.	人身事故伤亡下降比率				公式：人身伤亡下降比率＝(去年人身伤亡－今年人身伤亡)/去年人身伤亡×100%			表11		5.34
2.	电网事故数下降比率				公式：电网事故下降比率＝(去年电网事故数－今年电网事故数)/去年电网事故数×100%			表11		3.27
3.	设备事故数下降比率				公式：设备事故下降比率＝(去年设备事故数－今年设备事故数)/去年设备事故数×100%			表11		3.27
三、	资产经营									29.69
(一)	资产效率									5.94
1.	总资产周转率				公式：主营业务收入净额/平均资产总额×100% 其中：平均资产总额＝(期初资产总额＋期末资产总额)/2			表21		2.30
2.	单位资产售电量				公式：售电量/平均电网固定资产原值×100% 其中：平均电网固定资产原值＝(期初电网固定资产原值＋期末电网固定资产原值)/2，表15中的电网基建的今年累计值和去年累计值			表21、表15		1.92
3.	流动资产周转率				公式：主营业务收入净额/流动资产总额 流动资产周转率指标不仅反映流动资产运用效率，同时也影响企业的盈利水平。企业流动资产周转率越快，周转次数越多，表明企业以相同的流动资产所占用实现的主营业务收入越多，说明企业流动资产的运用效率越好			表26		1.72

续表

序号	指标名称	指标单位	数据精确度	报送周期	指标定义和计算方法	统计口径	指标审核责任部门	数据来源	评价方法	指标分值
(二)	成本水平									
1.	主营业务成本收入比				公式：成本收入比＝主营业务成本/主营业务收入			表26		5.94
2.	发电单位成本							表1		1.98
3.	资产投后续支出率				公式：资产投后续支出率＝资产投运后的累计支出金额（技改＋大修）/平均资产原值			表15、表26		1.98
(三)	经营效益									10.39
1.	人均贡献毛益				公式：人均贡献毛益＝贡献毛益/职工人数 其中：贡献电量＝主营业务收入净额－购电成本，购电成本＝供购电量×省公司平均统购电价格			表25、表26、表27		4.65
2.	利润率				公式：净利润/主营业务收入×100%			表26		3.41
3.	资产负债率				公式：资产负债率＝（总负债/资产总计）×100%			表26		2.33
(四)	发展能力									5.94
1.	主营业务收入增长率				公式：（本期营业总收入净额－上期营业总收入净额）/上期营业总收入净额×100%			表26		2.16
2.	固定资产创收能力增长率				公式：（本期固定资产创收能力/上年同期固定资产创收能力－1）×100% 其中：固定资产创收能力＝主营业务收入净额/平均电网固定资产原值×100% 平均电网固定资产原值＝（期初电网固定资产原值＋期末电网固定资产原值）/2			表15、表26		1.98

续表

序号	指标名称	指标单位	数据精确度	报送周期	指标定义和计算方法	统计口径	指标审核责任部门	数据来源	评价方法	指标分值
3.	新增固定资产贡献毛益				公式:(当期贡献毛益－上年同期贡献毛益)/上年全年电网固定资产原值增加值			表15、表26		1.8
(五)	设备寿命									1.48
1.	机组设备的平均寿命				公式: $\sum$ (机组寿命)/总台数			表39		1.48
四、营销服务										19.79
(一)	电费回收									12.86
1.	当年电费回收率				公式:当年电费回收率＝当年欠费/应收电费×100%			表11		5.14
2.	陈欠电费回收率				公式:陈欠电费回收率＝回收陈欠电费/年初陈欠电费×100%			表11		7.72
(二)	市场开拓									6.93
1.	市场占有率				公式:市场占有率＝售电量/(全社会用电量－线损电量－厂用电量)			表2		2.08
2.	市场占有指数				公式:市场占有指数＝市场占有率增量空间占比＝(本期市场占有率－同期市场占有率)/(100%－同期市场占有率)×100%			表2		4.85

续表

序号	指标名称	指标单位	数据精确度	报送周期	指标定义和计算方法	统计口径	指标审核责任部门	数据来源	评价方法	指标分值
	节能减排									45
	一、节能									15.3
	（一）节能指标									15.3
1.	综合节能量				公式：综合节能量=（上年同期单位增加值能耗－本年累计单位增加值能耗）×本年累计增加值（可比价）			表14		6.12
2.	节能率				公式：节能率=本年累计综合节能量/上年同期综合能源消费量×100%			表14		9.18
	二、减排									12.6
	（一）减排 CO_2									6.3
1.	减排 CO_2				公式：减排 CO_2=综合节能量×标煤折 CO_2 系数，标煤折 CO_2 系数=2.493			表14		6.3
	（二）减排 SO_2									6.3
2.	减排 SO_2				公式：减排 SO_2=综合节能量×含硫率×0.8×2×(1－脱硫率)			表14		6.3
	三、水消费									9.9
	（一）单位产能水消费									9.9
1.	单位产能水消费				公式：单位产能水消费=水消费量/总产值			表14		4.95

续表

序号	指标名称	指标单位	数据精确度	报送周期	指标定义和计算方法	统计口径	指标审核责任部门	数据来源	评价方法	指标分值
2.	单位产能水消费同比增长率				公式：同比增长率＝(今年单位产值水消费－去年单位产值水消费)/去年单位产值水消费×100%			表14		4.95
四、新能源应用										7.2
(一) 新能源机组										7.2
1.	新能源机组数占比				公式：新能源机组数占比＝新能源机组数/总机组数 这里，新能源指风能、核能、太阳能			表34		3.24
2.	新能源机组总容量占比				公式：新能源机组总容量占比＝新能源机组总容量/总机组容量			表34		3.96

附录二 基于"县公司一套表"评价指标体系

一级指标	二级指标	三级指标	四级指标	数据分解	指标分值	对应值1（同业对标）	对应值2（经研院指标）
社会经济 25	经济因素 9.25	GDP 9.25	GDP总量	GDP	2.61	0	3
			人均GDP	人均GDP	3.07	0	3
			GDP同比增长率	GDP同比增速	3.57	0	1
	社会因素 15.75	土地 3.25	供电面积	供电面积	3.25	0	3
		人口 6.25	城镇化率	城镇化率	3	0	3
			无电人数	无电人数	3.25	1	3
		用户 6.25	无电户数	无电户数	4.18	1	0
			营业户数	营业户数	2.07	1	3
公司生产 60	电量 12	电量调度 12	农网售电量比率	农网售电量、总售电量	3	1	3
			售电量比率	售电量、全口径售电量	3	0	0
			售电量同比增长率	去年和今年同期供电量	6	1	1
	负荷 6	负荷率 3	负荷率	统计周期内的平均负荷与最大负荷之比的百分数	3	1	0

续表

一级指标	二级指标	三级指标	四级指标	数据分解	指标分值	对应值1（同业对标）	对应值2（经研院指标）
公司生产 60	负荷 6	最高供电负荷 3	最高供电负荷	最高供电负荷	3	1	0
	供电质量 42	可靠性 21	供电可靠率（RS-1）	供电可靠率（RS-1）	6.3	2	3
			实际可靠率（RS-1）偏差	实际可靠率，计划可靠率	6.3	1	1
			故障停电时间	故障停电的每次平均停电小时数	4.2	2	3
			计划停电时间	计划停电的每次平均停电小时数	4.2	2	3
		电压质量 21	农网综合供电电压合格率	农网综合供电电压合格率	7.98	2	3
			综合供电电压合格率偏差	实际合格率，计划合格率	7.35	3	1
			客户端电压合格率	客户端电压合格率	5.67	1	3
电网运行 140	电网结构 58.8	适应性 34.1	35kV以上电网变电站N-1通过率	满足N-1原则的变电站数、总变电站数（35kV及以上）	10.57	2	3
			35kV以上电网线路N-1通过率	满足N-1原则的线路条数、线路总条数（35kV及以上）	11.94	2	3
			10～110kV容载比	10～110kV容载比（10～110kV电压等级最大负荷之和（市区）、110kV最大负荷之和，110kV电压等级年运行的变电总容量）	11.59	3	3

续表

一级指标	二级指标	三级指标	四级指标	数据分解	指标分值	对应值1（同业对标）	对应值2（经研院指标）
电网运行 140	电网结构 58.8	协调性 24.7	单线或单变电站占比	单线或单变电站座数，变电总座数（35kV及以上）	6.18	0	3
			中压10(20)kV主干线路平均长度	主干线路长度，主干线路条数 [10(20)kV中压配电网]	8.64	1	3
			高中压配电网变电容量比	35kV以上变电容量，10(20)kV配变容量	9.88	0	1
			35kV及以上智能变电站和无人看守变电站的比例	智能变电站和无人看守变电的数量，变电站总座数（35kV及以上）	6.16	1	1
	技术装备 22.4	技术装备水平 22.4	中压线路电缆化率	电缆线路长度，线路总长度 [10(20)kV中压配电网]	5.04	0	0
			中压线路绝缘化率	绝缘线路长度，线路总长度 [10(20)kV中压配电网]	5.04	0	2
			35kV及以上变电站平均投运年限	当年变电站的投运年限，设备总数（35kV及以上）	6.16	1	3
	电网效率 58.8	设备利用效率 29.4	10～110kV线路最大负载率	10～110kV线路最大负载率	12.6	3	1
			35～110kV变电站变压器重载率	最大负载率80%以上的变压器台数（或者变压器最大负载率），变压器台数（35～110kV变电站）	8.4	2	3

续表

一级指标	二级指标	三级指标	四级指标	数据分解	指标分值	对应值1（同业对标）	对应值2（经研院指标）
电网运行 140	电网效率 58.8	设备利用效率 29.4	10(20)kV公用配变压器负载安排不合理程度	负载率，平均负载率，变压器台数（负载率与平均负载率误差程度超过60%的变压器台数）	8.4	2	1
		电能损耗 29.4	综合线损率	综合线损率	8.82	2	3
			低压线损率	低压线损率	7.94	2	1
			中高压线损率	10～110kV线损率	7.94	1	2
			线损率环比变化	当月线损率，上月线损率	4.7	2	0
发展投入 60	资产投资状况 30	固定资产投资 21	基建投资所占比重	基建投资，总投资	7.56	2	1
			电网基建投资比重	电网基建投资，基建投资	6.94	1	1
			技术改造投资同比增长率	今年技术改造投资，去年同期技术改造投资	6.5	1	2
		其他专项计划 9	大修投资同比增长率	今年大修投资，去年同期大修投资	5.4	1	1
			信息化投入比	信息化投资，总投资	1.8	1	2
			经营管理投资占比	教育培训投资，管理咨询费，营销投入，总投资	1.8	1	1
	投资收益 18	电网投资收益 10.8	单位投资增供负荷	期末年供电最高负荷，期初年供电最高负荷，规划期内电网投资	5.4	0	3
			单位投资增售电量	期末供电量，期初供电量，规划期内电网投资	5.4	0	3

续表

一级指标	二级指标	三级指标	四级指标	数据分解	指标分值	对应值1（同业对标）	对应值2（经研院指标）
发展投入 60	投资收益 18	总体投资收益 7.2	投入产出比	工业增加值，初始投资额	2.88	0	1
			投资收益率	净利润，投资总额	4.32	0	1
		新装、增容 3.6	本年新装、增容户数	本年累计新装、增容户数	1.44	1	3
			本年新装、增容数增长率	本年累计新装、增容户数，去年累计新装、增容户数	2.16	0	1
	通电和户表改造 12	户表改造投资 3.6	平均每户投资金额	户表改造投资，户表改造户数	3.6	1	0
		农村通电情况 2.4	农村居民户通电率	农村居民户通电率	2.4	1	0
		农村户表改造情况 2.4	已改率	已改率	2.4	0	0
经营管理 210	人力资源管理 29.4	人员效率及素质 15.29	全员劳动生产率	全员劳动生产率	9.17	3	3
			人才当量密度	学历、学位、职称、人数	6.12	2	2
		职工工资 5.29	职工平均工资	职工工资总额、职工人数	5.29	1	1
		教育培训 8.82	人均教育费用	教育培训投资、职工人数	8.82	1	0

续表

一级指标	二级指标	三级指标	四级指标	数据分解	指标分值	对应值1（同业对标）	对应值2（经研院指标）
	安全管理 25.2	安全水平 15.12	人身事故伤亡率	人身事故伤亡情况	7.26	3	3
			电网事故数	各级电网事故数	3.93	2	3
			设备事故数	各级设备事故数	3.93	2	3
		事故控制结果 10.08	人身事故伤亡下降比率	今年、去年人身事故伤亡情况	4.84	1	1
			电网事故数下降比率	今年、去年各级电网事故数	2.62	1	1
			设备事故数下降比率	今年、去年各级设备事故数	2.62	1	1
经营管理 210	资产经营 98.7	资产效率 24.67	总资产周转率	主营业务收入净额、平均资产总额 [平均资产总额=(期初资产总额+期末资产总额)/2]	9.62	3	1
			单位资产售电量	售电量、平均电网固定资产原值 [平均电网固定资产原值=(期初电网固定资产原值+期末电网固定资产原值)/2]	9.62	3	3
			流动资产周转率	主营业务收入净额、流动资产总额	5.43	3	0
		成本水平 19.74	主营业务成本收入比	主营业务成本、主营业务收入	9.87	1	2
			发电单位成本	发电单位成本	4.94	0	2

续表

一级指标	二级指标	三级指标	四级指标	数据分解	指标分值	对应值1（同业对标）	对应值2（经研院指标）
经营管理 210	资产经营 98.7	成本水平 19.74	资产后续支出率	技术改造、大修项目、平均资产原值	4.93	1	1
		经营效益 19.74	人均贡献毛益	贡献毛益（主营业务收入、购电量、购电价格），职工人数（贡献毛益＝主营业务收入净额－购电成本，购电成本＝供购电量×平均购电价格）	5.97	1	1
			利润率	净利润、主营业务收入	8.88	2	2
			资产负债率	资产负债率	4.89	0	3
		发展能力 29.61	主营业务收入增长率	本期营业总收入、上期营业总收入	10.66	3	0
			固定资产创收能力增长率	平均电网固定资产原值，期末电网固定资产原值，固定资产创收能力（主营业务收入，平均电网固定资产原值）	9.77	3	1
			新增固定资产贡献毛益	当期贡献毛益＝（当期主营业务收入、购电价格、购电量），购电价格），上年同期贡献毛益＝（上年同期主营业务收入、购电价格），上年全年电网固定资产原值增加数	9.18	3	1
		输变电设备寿命 4.94	输变电设备的平均寿命	输变电设备的寿命、设备总数	4.94	2	1

续表

一级指标	二级指标	三级指标	四级指标	数据分解	指标分值	对应值1（同业对标）	对应值2（经研院指标）
经营管理 210	营销服务 37.8	电费回收 20.79	当年电费回收率	当年电费回收率	9.36	3	2
			陈欠电费回收率	陈欠电费回收率	11.43	3	1
		市场开拓 17.01	市场占有率	售电量、全社会用电量、线损电量、厂用电量	7.65	2	3
			市场占有指数	本期市场占有率、同期市场占有率	9.36	3	1
	社会效益 18.9	社会效益 18.9	县公司对地方财政的支持力度	售电量、平均电价、地区财政收入	7.56	0	0
			县公司对地方居民收入的推动作用	电网建设项目建成前居民收入、电网建设项目建成后居民收入（求增长率）	5.67	0	0
			就业效益	增加就业人数、项目投资	5.67	0	0
新能源 5	新能源应用 5		新能源机组数占比	新能源（风能、核能、太阳能）机组数、总机组数	2.5	0	0
节能减排 5			新能源发电量占全社会用电量比重	新能源（风能、核能、太阳能）发电量、全社会用电量	2.5	0	0

参 考 文 献

[1] 庞军,邹骥,傅莎. 应用CGE模型分析中国征收燃油税的经济影响 [J]. 经济问题探索,2008(11).

[2] 成倩倩. 数据挖掘中的关联规则挖掘算法研究 [D]. 山东科技大学,2008.

[3] 魏巍贤. 基于CGE模型的中国能源环境政策分析 [J]. 统计研究,2009(7).

[4] 夏传文,刘亦文. 燃油税改革对我国节能减排影响的动态CGE研究 [J]. 经济问题,2010(2).

[5] 袁健. 国外电力市场结构模式比较与借鉴 [D]. 山东大学,2014.

[6] 浦正宁. 碳税的区域经济与环境影响——基于可计算一般均衡模型的仿真 [J]. 东南大学学报(哲学社会科学版),2014:30-37.

[7] 桑学勇,何佳,王永勇. "一套表"推进农网管理精益化 [J]. 国家电网,2014(10):82-83.

[8] 汪路. 探析"县级供电企业生产经营一套表"的应用实践 [J]. 统计与管理,2015(1).

[9] 高骞,易波,徐超,等. "县级供电企业生产经营统计一套表"辅助决策模式研究 [J]. 企业导报,2016(9):88-89.

[10] 林章岁,李喜兰,刘林,等. 基于数据包络的某省县级供电企业经营效率分析 [J]. 经济研究导刊,2017,000(20):20-21.

[11] 韩亮,解嘉彬,潘华. 电力体制改革新形势下电网企业经营策略研究 [J]. 财经界,2019,506(03):98-100.

[12] 徐进. "十四五"电力投资策略与逻辑分析 [J]. 中国电力企业管理, 2020, No. 598 (13): 47-50.

[13] Banker R D. Estimating most productive scale size using data envelopment analysis. European journal of operational research, Vol. 17, No. 1, 1984, pp. 35-44.

[14] Banker R D, Charnes A, Cooper WW. Some models for estimating technical and scale efficiencies in data envelopment analysis. Management Science, Vol. 30, 1984, pp. 1078-1092.

[15] Banker R D, Thrall RM. Estimation of returns to scale using data envelopment analysis. European Journal of Operational Research, Vol. 62, 1992, pp. 74-84.

[16] Bogachev, M. I., Kireenkov, I. S., Nifontov, E. M., Bunde, A., 2009. Statistics of return intervals between long heartbeat intervals and their usability for online prediction of disorders. New J Phys 11.

[17] Bunde, A., Eichner, J. F., Kantelhardt, J. W., Havlin, S., 2005. Long - termmemory: a natural mechanism for the clustering of extreme events and anomalous residual times in climate records. Phys Rev Lett 94, 048701.

[18] Cao, G., Cao, J., Xu, L., 2013. Asymmetric multifractal scaling behavior in the Chinese stock market: Based on asymmetric MF - DFA. Physica A: Statistical Mechanics and its Applications 392, 797-807.

[19] Cardella, E., Ewing, B. T., Williams, R. B., 2017. Price volatility and residential electricity decisions: Experimental evidence on the convergence of energy generating source. Energy Economics 62, 428-437.

[20] Carmine Tepedino, C. G., Svetoslav Iliev, Silviya Popova and Joseph Quartieri, 2015. A Forecasting Model Based on Time Series Analysis Applied to Electrical Energy Consumption. International journal of mathematical models and methods in applied sciences 9, 14.

[21] Chang, P. - C., Fan, C. - Y., Lin, J. - J., 2011. Monthly electricity demand forecasting based on a weighted evolving fuzzy neural network approach. International Journal of Electrical Power & Energy Systems 33, 17-27.

[22] Charnes A, Cooper W W, Rhodes E. Measuring the efficiency of decision making units. European journal of operational research, Vol. 2, No. 6, 1978, pp. 429 – 444.

[23] Charnes A, Cooper W W, Golany B, et al. Foundations of data envelopment analysis for Pareto – Koopmans efficient empirical production functions. Journal of econometrics, Vol. 30, No. 1 – 2, 1985, pp. 91 – 107.

[24] Charnes A, Cooper W W. Programming with linear fractional functional. Naval Research Logistics Quarterly, Vol. 9, 1962, pp. 181 – 185.

[25] Chen, Z., Ivanov, P., Hu, K., Stanley, H. E., 2002. Effect of nonstationarities on detrended fluctuation analysis. Phys Rev E Stat Nonlin Soft Matter Phys 65, 041107.

[26] Ciarreta, A., Muniain, P., Zarraga, A., 2017. Modeling and forecasting realized volatility in German – Austrian continuous intraday electricity prices [J]. Forecasting 36, 680 – 690.

[27] De Benicio, R. B., Stošić, T., de Figueirêdo, P. H., Stošić, B. D., 2013. Multifractal behavior of wild – land and forest fire time series in Brazil. Physica A: Statistical Mechanics and its Applications 392, 6367 – 6374.

[28] Conrad K, Schröder M. Choosing environmental policy instruments using general equilibrium models. Journal of Policy Modeling, Vol. 15, No. 5 – 6, 1993, pp. 521 – 543.

[29] Dong, B., Li, Z., Rahman, S. M. M., Vega, R., 2016. A hybrid model approach for forecasting future residential electricity consumption. Energy and Buildings 117, 341 – 351.

[30] Ekonomou, L., Oikonomou, D. S., 2008. Application and comparison of several artificial neural networks for forecasting the Hellenic daily electricity demand load. Artif Int Ser Wseas, 67.

[31] Elder, J., Serletis, A., 2008. Long memory in energy futures prices. Review of Financial Economics 17, 146 – 155.

[32] Frawley W J, Piatetsky – Shapiro G, Matheus C J. Knowledge discovery

in databases: An overview. AI magazine, Vol. 13, No. 3, 1992, pp. 57 - 57.

[33] Forte, M. F., Hanson, J. L., Hagerman, G., 2012. North Atlantic Wind and Wave Climate: Observed Extremes, Hindcast Performance, and Extratropical Recurrence Intervals. 2012 Oceans.

[34] Fumo, N., Rafe Biswas, M. A., 2015. Regression analysis for prediction of residential energy consumption. Renewable and Sustainable Energy Reviews 47, 332 - 343.

[35] He, L. - Y., Chen, S. - P., 2010. Are crude oil markets multifractal? Evidence from MF - DFA and MF - SSA perspectives. Physica A: Statistical Mechanics and its Applications 389, 3218 - 3229.

[36] Hernández, L., Baladrón, C., Aguiar, J., Carro, B., Sánchez - Esguevillas, A., 2012. Classification and Clustering of Electricity Demand Patterns in Industrial Parks. Energies 5, 5215 - 5228.

[37] Hippert, H. S., Taylor, J. W., 2010. An evaluation of Bayesian techniques for controlling model complexity and selecting inputs in a neural network for short - term load forecasting. Neural Netw 23, 386 - 395.

[38] Hu, K., Ivanov, P. C., Chen, Z., Carpena, P., Stanley, H. E., 2001. Effect of trends on detrended fluctuation analysis. Phys Rev E Stat Nonlin Soft Matter Phys 64.

[39] Huo, C. Y., Lu, Y., Huang, X. L., Liu, H. X., Ning, X. B., 2014. Multi - scale Recurrence Quantification Analysis of Heartbeat Interval Series in Healthy vs. Heart Failure Subjects. 2014 7th International Conference on Biomedical Engineering and Informatics (Bmei 2014), 347 - 352.

[40] Hosoe N, Gasawa K, Hashimoto H. Textbook of Computable General Equilibrium Modeling. Tokyo: University of Tokyo Press, 2004.

[41] Jan W. Kantelhardt, S. A. Z., Eva Koscielny - Bundec, Shlomo Havlind, Armin Bunde, H. Eugene Stanley, 2002. Multifractal detrended $ uctuation analysis of nonstationary time series. Physica A: Statistical Mechanics and its Applications 316.

[42] Jack Pezzey, Ross Lambie. CGE Model for Evaluating Domestic Greenhouse Policies in Australia: A Comparative Analysis. Consultancy Report, 2001.

[43] Kaizoji, T., Kaizoji, M., 2004. Power law for the calm – time interval of price changes. Physica A: Statistical Mechanics and its Applications 336, 563 – 570.

[44] Kandananond, K., 2011. Forecasting Electricity Demand in Thailand with an Artificial Neural Network Approach. Energies 4, 1246 – 1257.

[45] Kifer M, Lausen G, Wu J. Logical foundations of object – oriented and frame – based languages. Journal of the ACM (JACM), Vol. 42, No. 4, 1995, pp. 741 – 843.

[46] Li, Y., Guo, P., Li, X., 2016. Short – Term Load Forecasting Based on the Analysis of User Electricity Behavior. Algorithms 9.

[47] Liang, J., Liang, Y., 2017. Analysis and Modeling for China's Electricity Demand Forecasting Based on a New Mathematical Hybrid Method. Information 8.

[48] Lin, A., Ma, H., Shang, P., 2015. The scaling properties of stock markets based on modified multiscale multifractal detrended fluctuation analysis. Physica A: Statistical Mechanics and its Applications 436, 525 – 537.

[49] Liu, C., Dong, P., Shi, Y., 2017. Recurrence interval of the 2008 Mw 7.9 Wenchuan earthquake inferred from geodynamic modelling stress buildup and release. Journal of Geodynamics 110, 1 – 11.

[50] Ma, Q. D., Bartsch, R. P., Bernaola – Galvan, P., Yoneyama, M., Ivanov, P., 2010. Effect of extreme data loss on long – range correlated and anticorrelated signals quantified by detrended fluctuation analysis. Phys Rev E Stat Nonlin Soft Matter Phys 81, 031101.

[51] McSharry, P. E., Bouwman, S., Bloemhof, G., 2005. Probabilistic Forecasts of the Magnitude and Timing of Peak Electricity Demand. IEEE Transactions on Power Systems 20, 1166 – 1172.

[52] Murguia, J. S., Pérez – Terrazas, J. E., Rosu, H. C., 2009. Multifractal properties of elementary cellular automata in a discrete wavelet approach of MF –

DFA. EPL (Europhysics Letters) 87, 28003.

[53] Nishenko, S. P., Buland, R., 1987. A Generic Recurrence Interval Distribution for Earthquake Forecasting. B Seismol Soc Am 77, 1382 – 1399.

[54] Peng, C. K., Buldyrev, S. V., Havlin, S., Simons, M., Stanley, H. E., Goldberger, A. L., 1994. Mosaic organization of DNA nucleotides. Phys Rev E Stat Phys Plasmas Fluids Relat Interdiscip Topics 49, 1685 – 1689.

[55] Pérez – García, J., Moral – Carcedo, J., 2016. Analysis and long term forecasting of electricity demand trough a decomposition model: A case study for Spain. Energy 97, 127 – 143.

[56] Pu Zhengning, Hayashiyama Yasuhisa. Energy resource tax effects on China's regional economy by SCGE model. Environmental Economics. Vol. 3, No. 1, 2012, pp. 41 – 52.

[57] Qiu, T., Guo, L., Chen, G., 2008. Scaling and memory effect in volatility return interval of the Chinese stock market. Physica A: Statistical Mechanics and its Applications 387, 6812 – 6818.

[58] Quilumba, F. L., Lee, W. – J., Huang, H., Wang, D. Y., Szabados, R. L., 2015. Using Smart Meter Data to Improve the Accuracy of Intraday Load Forecasting Considering Customer Behavior Similarities. IEEE Transactions on Smart Grid 6, 911 – 918.

[59] Ren, F., Zhou, W. X., 2010. Recurrence interval analysis of high – frequency financial returns and its application to risk estimation. New J Phys 12.

[60] Shang, P., Lin, A., Liu, L., 2009. Chaotic SVD method for minimizing the effect of exponential trends in detrended fluctuation analysis. Physica A: Statistical Mechanics and its Applications 388, 720 – 726.

[61] Suh, D., Chang, S., 2012. An Energy and Water Resource Demand Estimation Model for Multi – Family Housing Complexes in Korea. Energies 5, 4497 – 4516.

[62] Suo, Y. – Y., Wang, D. – H., Li, S. – P., 2015. Risk estimation of CSI 300 index spot and futures in China from a new perspective. Economic Modelling 49, 344 – 353.

[63] Tabak, B. M., Cajueiro, D. O., 2007. Are the crude oil markets becoming weakly efficient over time? A test for time – varying long – range dependence in prices and volatility. Energy Economics 29, 28 – 36.

[64] To, W. – M., Lee, P. K. C., Lai, T. – M., 2017. Modeling of Monthly Residential and Commercial Electricity Consumption Using Nonlinear Seasonal Models——The Case of Hong Kong. Energies 10.

[65] Torrini, F. C., Souza, R. C., Cyrino Oliveira, F. L., Moreira Pessanha, J. F., 2016. Long term electricity consumption forecast in Brazil: A fuzzy logic approach. Socio – Economic Planning Sciences 54, 18 – 27.

[66] Williams, R. T., Goodwin, L. B., Sharp, W. D., Mozley, P. S., 2017. Reading a 400000 – year record of earthquake frequency for an intraplate fault. Proc Natl Acad Sci U S A 114, 4893 – 4898.

[67] Xie, W. – J., Jiang, Z. – Q., Zhou, W. – X., 2014. Extreme value statistics and recurrence intervals of NYMEX energy futures volatility. Economic Modelling 36, 8 – 17.

[68] Yamasaki, K., Muchnik, L., Havlin, S., Bunde, A., Stanley, H. E., 2005. Scaling and memory in volatility return intervals in financial markets. Proc Natl Acad Sci U S A 102, 9424 – 9428.

[69] Zhang, J., Hu, Z., Zheng, Y., Zhou, Y., Wan, Z., 2017. Sectoral Electricity Consumption and Economic Growth: The Time Difference Case of China, 2006 ~ 2015. Energies 10.

[70] Zhao, H., Zhao, H., Guo, S., 2016. Using GM (1, 1) Optimized by MFO with Rolling Mechanism to Forecast the Electricity Consumption of Inner Mongolia. Applied Sciences 6.

[71] Zhang, C.; Pu, Z.; Fu, J. The Recurrence Interval Difference of Power Load in Heavy/Light Industries of China. *Energies* 2018, 11, 106. https://doi.org/10.3390/en11010106.